普通高等教育"十一五"国家级规划教材
职业教育·道路运输类专业教材

桥涵水力水文

（第4版）

舒国明　主　编
高冬光　主　审

人民交通出版社股份有限公司
China Communications Press Co.,Ltd.

内 容 提 要

本书为普通高等教育"十一五"国家级规划教材、全国交通土建高职高专规划教材。全书共分十四章,内容包括:水静力学、水动力学基础、明渠均匀流、明渠非均匀流、河流基本知识、水文调查、水文基础、设计流量计算、小桥涵设计流量推算、大中桥设计流量推算、路基水文勘测设计、桥下冲刷、小桥涵水文勘测设计以及工程实例,并附有复习思考题、习题。

本书可作为普通高等学校高职高专道路桥梁工程技术等专业用教材,也可供从事公路桥涵设计、施工、工程监理等工作的工程技术人员参考。

图书在版编目(CIP)数据

桥涵水力水文 / 舒国明主编. — 4 版. — 北京:
人民交通出版社股份有限公司,2019.7
ISBN 978-7-114-15478-2

Ⅰ.①桥… Ⅱ.①舒… Ⅲ.①桥涵工程—水力学—高等学校—教材 ②桥涵工程—工程水文学—高等学校—教材
Ⅳ.①U442.3

中国版本图书馆 CIP 数据核字(2019)第 070859 号

普通高等教育"十一五"国家级规划教材
职业教育·道路运输类专业教材

书　　名	桥涵水力水文(第4版)
著 作 者	舒国明
责任编辑	刘　倩
责任校对	孙国靖　扈　婕
责任印制	刘高彤
出版发行	人民交通出版社股份有限公司
地　　址	(100011)北京市朝阳区安定门外外馆斜街3号
网　　址	http://www.ccpcl.com.cn
销售电话	(010)59757973
总 经 销	人民交通出版社股份有限公司发行部
经　　销	各地新华书店
印　　刷	北京虎彩文化传播有限公司
开　　本	787×1092　1/16
印　　张	15.375
字　　数	397 千
版　　次	2002 年 7 月　第 1 版 2005 年 7 月　第 2 版 2009 年 12 月　第 3 版 2019 年 7 月　第 4 版
印　　次	2024 年 8 月　第 4 版　第 3 次印刷　总计第 29 次印刷
书　　号	ISBN 978-7-114-15478-2
定　　价	42.00 元

(有印刷、装订质量问题的图书由本公司负责调换)

第4版 前言
Preface

高等职业教育目标是落实立德树人根本任务,弘扬劳模精神和工匠精神,适应技术进步和产业发展新要求的高素质劳动者和技术技能人才。造就一支素质优良的知识型、技能型、创新型劳动者大军。大力培养支撑中国制造、中国创造的交通技术技能人才队伍,构建适应交通发展需要的现代职业教育体系。

建设交通强国是以习近平同志为核心的党中央立足国情、着眼全局、面向未来作出的重大战略决策,是建设现代化经济体系的先行领域,是全面建成社会主义现代化强国的重要支撑,是新时代做好交通工作的总抓手。中共中央、国务院印发了《交通强国建设纲要》《国家综合立体交通网规划纲要》,统筹推进交通强国建设。培育高水平交通科技人才是实现交通强国的重要手段。

如何培养以职业需求为导向、以实践能力培养为重点,适应社会需要的理论功底扎实,实践动手能力强,具有较强创新意识,适应着岗位工作快的高素质的1+X人才,是高等职业技术教育的重要任务。教育部等九部门关于印发《职业教育提质培优行动计划(2020—2023年)》的通知中明确要加强职业教育教材建设。对接主流生产技术,注重吸收行业发展的新知识、新技术、新工艺、新方法,校企合作开发专业课教材。

2007年,本教材被评为"普通高等教育'十一五'国家级规划教材",2015年,新颁布《公路工程水文勘测设计规范》(JTG C30—2015),本书再版提上日程。

本教材针对高职学生的学情和接受能力,结合设计部门、施工单位对水文勘测设计的具体要求,有效控制难度,合理安排内容,更加注重实效,以《公路工程水文勘测设计规范》(JTG C30—2015)为指导,充分考虑教学需要,力求做到理论与实践并重,有利于学生技能素质的培养。

本书编写的特色为:紧扣现规范,繁琐化简单,案例为真实。将工程中用到的很多难懂的经验公式,用实际工程案例进行演示说明,让高职学生和一线工程人员一看就懂。在遇到同类工程时直接套用即可计算出结果,力求简单且实用。

全书根据大中桥设计净跨径目标为一条主线贯穿,分解计算过程,核心明确,要点清晰,对接最新规范,掌握桥涵水利水文计算需要的设计流量、设计水位、桥梁冲刷、基础埋深、桥梁净跨径计算。

授课大约需要30个课时左右,各学校可根据教学的实际情况进行安排。教学设计时,主要以使用各类经验公式为目标,每一章为一个模块,标题即为掌握的任务目标。

本书由河北交通职业技术学院舒国明主编,特邀长安大学高冬光教授,河北省交通规划设计院朱冀军担任主审,两位教授认真审阅了本书,并提出了许多宝贵的修改意见,在此向两位教授深表谢意。

本书具体编写情况如下:第一、二、三章由安徽交通职业技术学院徐炬平编写;第四、五章由韶关学院孙燕编写;第六至十二章由河北交通职业技术学院舒国明编写;第13章由河北交通职业技术学院闫新勇编写;工程案例由福建省交通规划设计院总工办郑庆平正高工编写。本书在编写过程中得到了人民交通出版社岑瑜编辑、河北省交通规划设计院张国清正高级工程师、贵州省交通规划设计院杨健正高级工程师、宁波市交通规划设计院陈孟冲正高级工程师的指导,也得到了其他院校的大力支持,再次深表谢意。

由于编者的水平有限,书中疏漏在所难免,敬请读者批评指正,以便再版时修订。

编　者

2019年4月

目 录
Contents

第一章 水静力学 ········· 001
  第一节 静水压强及分布规律 ········· 001
  第二节 静水总压力计算 ········· 006
  复习思考题 ········· 011
  习题 ········· 011

第二章 水动力学基础 ········· 013
  第一节 概述 ········· 013
  第二节 恒定流的连续性方程 ········· 016
  第三节 恒定流的能量方程 ········· 017
  复习思考题 ········· 025
  习题 ········· 026

第三章 明渠均匀流 ········· 027
  第一节 明渠均匀流的水力特性和基本公式 ········· 027
  第二节 明渠水力计算 ········· 034
  复习思考题 ········· 036
  习题 ········· 036

第四章 明渠非均匀流 ········· 037
  第一节 断面比能及临界水深 ········· 037
  第二节 非均匀流方程及水面曲线的定性分析 ········· 041
  第三节 水面曲线计算与绘制 ········· 046
  第四节 水跌与水跃 ········· 048
  复习思考题 ········· 050
  习题 ········· 050

第五章　河流基本知识 · · · · · · 052
第一节　地面径流 · · · · · · 052
第二节　河段分类 · · · · · · 057
第三节　泥沙运动 · · · · · · 059
复习思考题 · · · · · · 061

第六章　水文调查 · · · · · · 062
第一节　河床断面测量和水文观测 · · · · · · 062
第二节　水文调查 · · · · · · 067
第三节　流量观测、流量计算 · · · · · · 071
复习思考题 · · · · · · 074
习题 · · · · · · 075

第七章　水文基础 · · · · · · 076
第一节　水文统计基本知识 · · · · · · 076
第二节　经验频率曲线 · · · · · · 078
第三节　理论频率曲线 · · · · · · 083
复习思考题 · · · · · · 090
习题 · · · · · · 090

第八章　设计流量计算 · · · · · · 091
第一节　资料的准备和分类 · · · · · · 091
第二节　有观测资料时规定频率流量计算 · · · · · · 092
第三节　利用历史洪水位推算设计流量 · · · · · · 102
复习思考题 · · · · · · 104
习题 · · · · · · 105

第九章　小桥涵设计流量推算 · · · · · · 106
第一节　形态调查法 · · · · · · 106
第二节　暴雨推理法 · · · · · · 112
第三节　直接类比法 · · · · · · 124
第四节　小桥涵位设计流量的推算和各种计算方法的比较 · · · · · · 136
复习思考题 · · · · · · 138
习题 · · · · · · 138

第十章　大中桥桥孔与桥面高程 ········ 139
第一节　桥位选择和桥位调查 ········ 139
第二节　桥孔长度和桥孔布设 ········ 144
第三节　桥面设计高程 ········ 148
复习思考题 ········ 157
习题 ········ 157

第十一章　路基水文勘测设计 ········ 159
第一节　水文调查与勘测 ········ 159
第二节　水文分析与计算 ········ 160
第三节　浸水路基高度 ········ 163
第四节　冲刷防护 ········ 164

第十二章　桥下冲刷 ········ 165
第一节　桥下一般冲刷 ········ 165
第二节　墩台局部冲刷计算 ········ 169
第三节　确定墩台基底最小埋置深度 ········ 173
第四节　调治工程 ········ 178
复习思考题 ········ 180
习题 ········ 181

第十三章　小桥涵水文勘测设计 ········ 182
第一节　小桥涵布设 ········ 182
第二节　小桥孔径计算 ········ 185
第三节　涵洞孔径计算 ········ 195
复习思考题 ········ 200
习题 ········ 200

第十四章　工程实例 ········ 202
第一节　概述 ········ 202
第二节　设计流量的计算 ········ 203
第三节　设计水位的计算 ········ 205
第四节　桥孔设计 ········ 207
第五节　桥面高程计算 ········ 208
第六节　冲刷计算 ········ 209

附录1 量纲分析方法 ·········· 214
附录2 桥位设计河段分类表 ·········· 216
附录3 墩形系数及桥墩计算宽度 ·········· 219
附录4 一维河床冲淤数学模型 ·········· 223
附录5 皮尔逊Ⅲ型曲线的模比系数 ·········· 225
附录6 全国分区 C_s/C_v 经验关系表 ·········· 229
附录7 全国分区 C_v 表 ·········· 231
附录8 教学参考意见 ·········· 236
参考文献 ·········· 238

第一章
CHAPTER ONE
水 静 力 学

水静力学(Hydrostatics)研究液体处于静止状态下的力学平衡规律及其应用。因为处于静止状态下的液体与固体边壁之间不存在相对运动,不产生黏滞切应力,所以静止液体所受的力是边壁压应力和质量力(主要是重力)。

水静力学是水力学的基础,它总结的规律,可用于整个水力学中,也可在水工建筑物计算中直接应用。

本章主要讨论静水压强的特性,建立静水压强方程,进而研究静水压强的分布规律,进行静水总压力计算。

第一节　静水压强及分布规律

一、静水压强及其特性

1. 静水压强的垂直性

为了方便分析,用任意曲面 ab 将容器内液体分割为上下两部分(图1-1a),取出脱离体(图1-1b)分析 ab 曲面受力。

因为上下两部分液体没有相对运动,其层间黏滞力为0,层间不存在切应力,而且液体不能承受拉力,因此曲面只存在沿着内法线方向的压力,将其定义为静水压力。

在曲面上任取微小面积 ΔA,沿内法线方向作用静水压力 ΔP,那么该区域内的平均静水压力为 $\Delta P/\Delta A$。当区

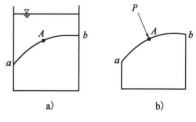

图 1-1

域元限小时,可以认为是一点的静水压强 p。

$$p = \lim_{\Delta A \to 0} \frac{\Delta P}{\Delta A} = \frac{\mathrm{d}P}{\mathrm{d}A} \tag{1-1}$$

从以上分析可以得出:静水压强总是沿着作用面的内法线方向,这就是静水压强的垂直性特征。

2. 静水压强的等值性

任一点静水压强的大小与受压面的方向无关,这就是静水压强的等值性。如图 1-2 所示,假设静止水体中存在一微小六面体,若该六面体各方向受到的压力大小不相等,则六面体将发生移动,这与静水这一前提相矛盾,所以作用于六面体各方向静水压强大小相等。下面通过一个例子说明该特性含义。如图 1-3 所示,平衡液体中有一垂直平板 AB,设平板上 C 点的静水压强为 p_C,p_C 垂直并指向受压面 AB。假定 C 点位置固定不动,平板 AB 绕 C 点转动变成图 1-3b)所示的情况。AB 改变方位前后,作用在 C 点的静水压强大小仍然保持不变。

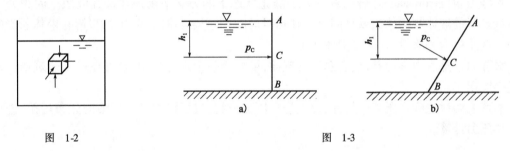

图 1-2　　　　　　　图 1-3

静水压强的垂直性和等值性两个特性,对于分析静水压强的分布规律和计算静水总压力具有重要意义。

二、静水压强公式及等压面

从中学物理中可知液体中任一点 M(图 1-4)的压强为

$$p = p_0 + \gamma h \tag{1-2}$$

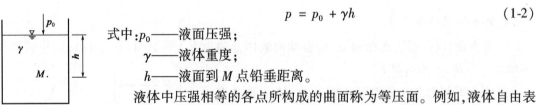

图 1-4

式中:p_0——液面压强;
　　　γ——液体重度;
　　　h——液面到 M 点铅垂距离。

液体中压强相等的各点所构成的曲面称为等压面。例如,液体自由表面即等压面,其压强为大气压。重力液体等压面是指同种液体,同一高程(或水平面)压强相同,两点间压差看高差,如图 1-5 所示。图 1-5a)中的 1-1 为等压面;图 1-5b)中 1-1 不是等压面,2-2 为等压面;图 1-5c)中 3-3、4-4 都不是等压面。注意:等压面概念使用时必须是相连的同种液体。

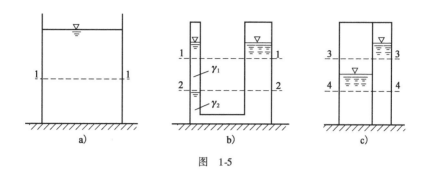

图 1-5

三、水静力学基本方程

液体同其他静止物质一样,具有一定势能。其势能可分为位置势能和压力势能。如图 1-6 中所示,假定 M 点存在一单位重量液体,其位置势能为 z,其压力势能为 p/γ,那么其总势能为

$$C = z + \frac{p}{\gamma} \qquad (1-3)$$

式(1-3)就是水静力学基本方程。其中各项具有长度单位,在几何上各项均为一段铅垂高度。在水力学上,"高度"习惯称为"水头"。

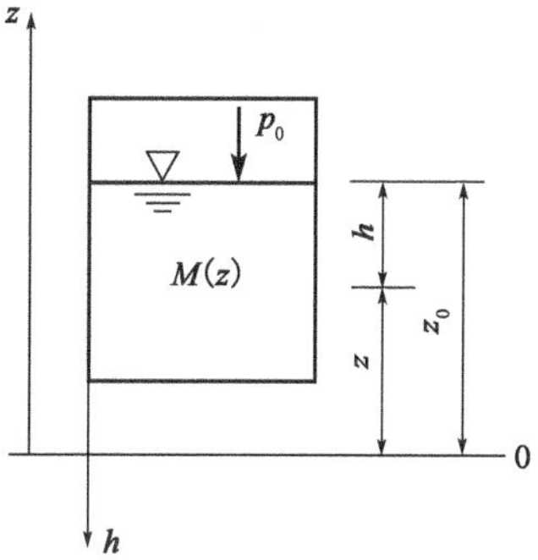

其中

$$p = p_0 + \gamma h$$

所以

$$C = z + \frac{p_0}{\gamma} + h$$

图 1-6

从图 1-6 中可以看出,同一液面 p_0 为一定值,$z + h$ 为液面到基准面的高差。所以静止液体中各点位置高度和压强高度之和 C 不变。位置高度小处,压强高度大;位置高度大处,压强高度小。

四、绝对压强与相对压强及其测定方法

在实际计算中,不同情况下采用不同的基准面来度量压强,即绝对压强与相对压强。

1. 绝对压强

以设想没有大气存在的绝对真空状态作为零点计量的压强,称为绝对压强,以 p' 表示。

2. 相对压强

相对压强是以当地大气压作为零点计量的压强,用 p 表示,其数值可正可负。地球表面大气压因海拔及纬度差异而不同。在国际单位制中,确定 98066.5Pa 为一个大气压。工程上习惯用 98kPa 作为大气压强,称为一个工程大气压,以 p_a 表示。相对压强与绝对压强的关系可表示为

$$p = p' - p_a \qquad (1-4)$$

如果液体中某点的绝对压强 p' 小于当地大气压强 p_a,或者说相对压强为负值,就称该点出现了真空。把大气压强与该点绝对压强的差值称为真空值,以 p_V 表示,即

$$p_V = p_a - p' \tag{1-5}$$

由式(1-4)、式(1-5)分析可以得知:真空值与相对压强的绝对值相等;真空值越大,意味着绝对压强越小。图 1-7 描绘了绝对压强、相对压强及真空值的关系。

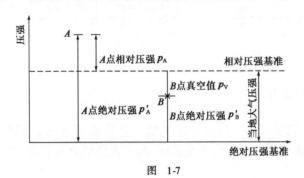

图 1-7

3. 压强的单位

水力学中,压强的单位除了常用的应力单位(Pa)外,还有另外两种表达形式:液柱高度和工程大气压。

在我们对基本方程进行分析时,曾得出压强的长度意义,即 p/γ 的单位是 m(液柱)。此液体是水压强的单位为 m(水柱);γ 是汞则压强的单位为 m(汞柱)。

工程上为了方便,还常用"工程大气压"(即 98kN/m²)作为计量单位。这些单位之间的换算关系是

$$1\ \text{工程大气压} = 73.5\text{cm 汞柱} = 10\text{m 水柱} = 98\text{kPa}$$

$$1\ \text{标准大气压} = 76\text{cm 汞柱}$$

4. 常用压强的测量

利用水静力学原理测量液体(或气体)压强的方式,主要有以下两种:

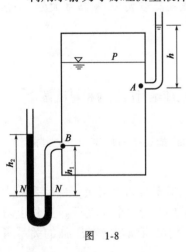

图 1-8

1)测压管:它是直接用同种液体的液柱高度来测量液体压强的仪器,如图 1-8 中 A 点测压管所示。依据静水压强基本方程,A 点的相对压强为

$$p_A = \gamma h \tag{1-6}$$

只需量出测压管高度即可得出测量点静水压强的大小。但当压强大于 20kPa 时,测压管水柱将达到 2m,使用不方便。这时可用 U 形水银测压计。

2)U 形水银测压计:如图 1-8 中的 B 点测压管所示,这个弯管就是 U 形水银测压计。它是根据连通器原理,确定等压面 $N-N$。设水银重度为 γ',按照水静力学基本方程,可求得 B 点的压强为

$$p_B = p_N - \gamma h_1 = \gamma' h_2 - \gamma h_1 \tag{1-7}$$

U形水银测压计是常用的压强测量装置，比压计也是利用相同的原理。

5. 压强图示

水静力学基本方程的几何表示，即用线段长度表示各点压强大小，用箭头表示压强的方向，如此绘制成的压强分布图形，称为压强分布图。按式(1-2)有

$$p' = p_0 + \gamma h = p_0 + p$$
$$p = \gamma h$$

由此可知，静止液体中的压强由两部分压强组成。p_0 为表面压强，按帕斯卡原理(加在密闭液体任一部分的压强，必然按其原来的大小，由液体向各个方向传递)，它等值传递到液体中各点，与计算点所处深度无关，其压强分布图形是平行四边形或矩形。p 为液体重力产生的压强，它与水深呈线性关系，自由表面处，$h=0$，$p=0$，沿水深的压强分布图为直角三角形。压强分布图的绘制与应用要点：

(1)压强分布图中各点压强方向恒垂直指向作用面，两受压面交点处的压强具有各向等值性。

(2)压强分布图与受压面所构成的体积，即为作用于受压面上的静水总压力，其作用线通过此力图体积的重心。压强分布图可叠加。

(3)由于建筑物通常都处于大气之中，作用于建筑物的有效力为相对压强，故一般只需绘制相对压强分布图。

(4)在工程应用中，可绘制建筑物有关受压部分的压强分布图。

压强分布图直观明了，有助于分析计算。现列举几种压强分布以作示例，如图1-9所示。

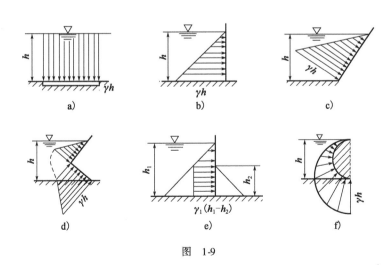

图 1-9

例 1-1

设自由表面处压强 $p_0 = p_a$，求淡水自由表面下2m深度处的绝对压强和相对压强，并用两种压强单位表示。

解：(1)绝对压强 p'

$p' = p_0 + \gamma h = 98 + 9.8 \times 2 = 117.6 \text{kPa}$

$$\frac{p'}{\gamma} = \frac{117.6}{9.8} = 12\text{m}(水柱)$$

$$\frac{p'}{p_a} = \frac{117.6}{98} = 1.2(工程大气压)$$

(2)相对压强 p

$$p = \gamma h = 9.8 \times 2 = 19.6\text{kN/m}^2 = 19.6\text{kPa}$$

$$\frac{p}{\gamma} = \frac{\gamma h}{\gamma} = h = 2\text{m}(水柱)$$

$$\frac{p}{p_a} = \frac{19.6}{98} = 0.2(工程大气压)$$

例 1-2

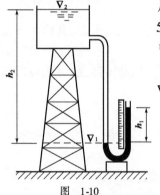

图 1-10

有一水塔(图 1-10),为了量出塔中水位,在地面上装置一个 U 形水银测压计,测压计左支用软管与水塔相连通。测出测压计左支水银面高程 ∇_1 为 502.00m,左右两支水银面的高差 h_1 为 116cm,试求出此时塔中水面高程 ∇_2。

解:令塔中水位与水银测压计左支水银面高差为 h_2,$h_2 = \nabla_2 - \nabla_1$。从测压计左支看,$\nabla$ 高程处的相对压强为

$$p = \gamma(\nabla_2 - \nabla_1) = \gamma h_2$$

从测压计右支看,$p = \gamma' h_1$,所以

$$h_2 = \frac{\gamma' h_1}{\gamma} = \frac{133.28 \times 1.16}{9.8} = 15.78\text{m}$$

塔中水位 $\nabla_2 = \nabla_1 + h_2 = 502.00 + 15.78 = 517.78\text{m}$

第二节 静水总压力计算

在设计水工建筑物时,常常需要进行水压力计算。计算的内容不仅是压强的分布情况,还要确定总压力的大小、方向和作用点。

一、解析法

设水中任意形状平面 ab,如图 1-11 所示,其受压面积为 A,倾角 α,平面形心处水深 h_c。沿平面 ab 取平面坐标系 xoy,x 轴是水平面与坐标面的交线。为了便于分析,将坐标系绕 y 轴旋转 90°,以能够完全展开平面的形状。

在平面上任取一点 $M(x,y)$ 进行微分分析。该点微小面积 dA,水深 h,承受静水压强 p 可认为均匀分布,则该微小面积静水总压力

$$dP = pdA = \gamma h dA \tag{1-8}$$

另有
$$h = y\sin\alpha$$
形心
$$h_C = y_C\sin\alpha$$
合力作用点
$$h_D = y_D\sin\alpha$$
代入式(1-8)
$$dP = \gamma y\sin\alpha dA$$
全面积积分　　$P = \int dP = \int_A p dA = \gamma\sin\alpha\int_A y dA = \gamma y_C A\sin\alpha$

即
$$P = \gamma h_C A = p_C A \tag{1-9}$$

式中：p_C——平面形心处的压强；

$\int_A y dA$——平面 ab 对 x 轴的面积矩；

P——静水总压力。

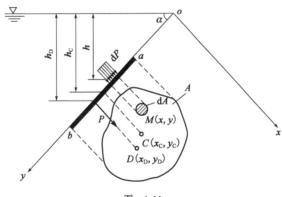

图 1-11

式(1-9)是作用于平面壁上静水总压力的计算公式，同时它表明平面所受静水总压力的大小 P 等于其形心处的压强 p_C 与受压面面积 A 的乘积。所以，计算之前应找出受压面形心位置。常用图形形心位置可参见表1-1。

常用平面图形的面积、形心、惯性矩公式　　表1-1

名称	几何图形	面积 A	形心 y_C	惯性矩 I_C
矩形		bh	$\dfrac{1}{2}h$	$\dfrac{1}{12}bh^3$

续上表

名称	几何图形	面积 A	形心 y_C	惯性矩 I_C
三角形		$\dfrac{1}{2}bh$	$\dfrac{2}{3}h$	$\dfrac{1}{36}bh^3$
梯形		$\dfrac{a+b}{2}h$	$\dfrac{a+2b}{3(a+b)}h$	$\dfrac{a^2+4ab+b^2}{36(a+b)}h^3$
圆形		πr_0^2	r_0	$\dfrac{1}{4}\pi r_0^4$
半圆形		$\dfrac{1}{2}\pi r_0^2$	$\dfrac{4}{3\pi}r_0$	$\dfrac{9\pi^2-64}{72\pi}r_0^4$

静水总压力 P 垂直指向平面壁,其作用点 $D(x_D,y_D)$ 称为压力中心。按照合力矩原理,合力对某轴的力矩等于各分力对该轴的力矩。实际工程中,挡水平面一般多为轴对称平面,如矩形、圆形等,D 点位于铅直方向对称轴上,即 $x_D=0$。因此,只需确定 y_D 值。

$$Py_D = \int_A y\mathrm{d}P = \int_A y(y\gamma\sin\alpha \mathrm{d}A) = \gamma\sin\alpha\int_A y^2\mathrm{d}A = \gamma I_x\sin\alpha$$

其中,对 Ox 轴惯性矩 $\quad I_x = \int_A y^2\mathrm{d}A = I_C + y_C^2 A$

得

$$y_D = y_C + \frac{I_C}{y_C A} \tag{1-10}$$

式中:I_C——受压面对通过形心 C 的 x 轴的惯性矩。

从式(1-10)可知,I_C、y_C、A 一般可查表 1-1 选取,且均为正值,故 $y_D > y_C$ 即压力中心 D 在形心 C 的下面,只有当受压面水平时,两点重合。

二、图解法

解析法是静水总压力计算的通用方法。但对于常见简单图形的受压面,采用图解法更为简便。所谓图解法,是根据静水压强分布图来计算静水总压力的方法。

平面上静水总压力的大小,应等于分布在平面上各点静水压强的总和。取水中一单位宽度(宽度 $b=1$)进行平面分析,如图 1-12 所示。

此时平面上所受的总压力为

$$P = \frac{1}{2}(\gamma h_1 + \gamma h_2)Lb = \frac{1}{2}(\gamma h_1 + \gamma h_2)L$$

正好是压强分布图的面积 Ω,同时也可以理解为受压面立体的压强分布图的体积。

因此,图解法计算的静水总压力大小为

$$P = \Omega b \tag{1-11}$$

一般压强分布图为梯形,则

$$\Omega = \frac{1}{2}(\gamma h_1 + \gamma h_2)L \tag{1-12}$$

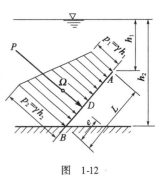

图 1-12

合力作用点通过压强分布图的形心,也就是立体图形的中心。当为三角形分布时,合力作用点离底部距离 $e = \frac{1}{3}L$;当为梯形分布时,$e = \frac{L(2h_1 + h_2)}{3(h_1 + h_2)}$。

综上所述,矩形平面静水总压力的图解法步骤如下:
(1)绘出静水压强分布图;
(2)通过计算压强分布图面积 Ω,计算合力的大小($P = \Omega b$);
(3)合力作用点通过压强分布图的形心。

例 1-3

如图 1-13 所示,求每米围堰用钢板桩上所受的静水总压力。

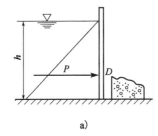
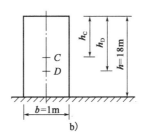

图 1-13

解:$\alpha = 90°$,有 $h_C = y_C = \frac{1}{2}h$,$x_C = x_D = \frac{b}{2}$,$I_C = \frac{bh^3}{12}$,得

$$P = p_C A = \gamma h_C bh = 9.8 \times 9 \times 1 \times 18 = 1587.6\text{N}$$

$$y_D = h_D = y_C + \frac{I_C}{y_C A} = \frac{h}{2} + \frac{\frac{hb^3}{12}}{\frac{h}{2}bh} = \frac{2}{3}h = \frac{2 \times 18}{3} = 12\text{m}$$

例 1-4

有一倾斜矩形闸门 AB,如图 1-14 所示,试用解析法和图解法求作用在闸门上的静水总压

力及其作用点。已知 $AB = 3\text{m}$，闸门宽 $b = 2\text{m}$，$y_1 = 3\text{m}$，$\theta = 60°$。

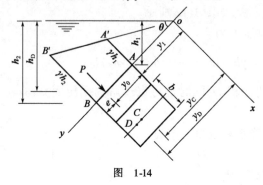

图 1-14

解：(1) 解析法
由式(1-9)得

$$P = p_C A = \gamma h_C A = \gamma \left(y_1 + \frac{\overline{AB}}{2}\right)(\sin\theta) b \overline{AB}$$

$$= 9.8 \times (3 + 1.5) \times \frac{\sqrt{3}}{2} \times 2 \times 3 = 229.15 \text{kN}$$

由式(1-10)得

$$y_D = y_C + \frac{I_C}{y_C A} = 4.5 + \frac{\frac{1}{12} \times 2 \times 3^3}{4.5 \times 3 \times 2} = 4.67 \text{m}$$

$$h_D = y_D \sin\theta = 4.67 \times \frac{\sqrt{3}}{2} = 4.04 \text{m}$$

(2) 图解法
①绘制静水压强分布图，如图中 AA'、$B'B$ 面积。
计算静水压强分布图的体积，即

$$P = \Omega b = \frac{1}{2}(\gamma h_1 + \gamma h_2)\overline{AB} b = \frac{1}{2}\gamma(h_1 + h_2)\overline{AB} b$$

$$= \frac{1}{2}\gamma[y_1 \sin\theta + (y_1 + \overline{AB})\sin\theta]\overline{AB} b$$

$$= \frac{1}{2} \times 9.8 \times \left[3 \times \frac{\sqrt{3}}{2} + (3+3) \times \frac{\sqrt{3}}{2}\right] \times 3 \times 2$$

$$= 229.15 \text{kN}$$

②计算压强分布图形心点距液面的深度。
形心点距底边的距离为

$$e = \frac{\overline{AB}}{3} \cdot \frac{2h_1 + h_2}{h_1 + h_2} = 1.33 \text{m}$$

静水压力作用点的位置：

$$y_D = (y_1 + \overline{AB}) - e = (3 + 3) - 1.3 = 4.67 \text{m}$$

则

$$h_D = y_D \sin\theta = 4.67 \times \frac{\sqrt{3}}{2} = 4.04 \text{m}$$

1. 什么是静水压强？静水压强有何重要特性？用测压管测量液体内部某点的压强时，可从什么方向去测量？为什么？

2. 等压面的特性是什么？液体内的水平面是否一定是等压面？

3. 什么是绝对压强、相对压强和真空值？他们之间的关系是怎样的？理论上的最大真空值是多少？

4. 压强的常用单位有哪些？它们之间怎样换算？如果用水柱作为压强单位，应该怎样表示？

习 题

1. 计算图 1-15 中 A、B、C 各点的相对压强。

a)

b)
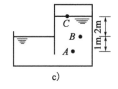
c)

图 1-15　习题 1 图

2. 如图 1-16 所示，水泵前的吸水管和其后的压水管上装有 U 形水银压差计，测得水银面高差 $h_p = 120\text{mm}$，问水经过水泵后，其压强增大多少（$\gamma = 9.8\text{kN/m}^3$，$\gamma_p = 133.28\text{kN/m}^3$）？

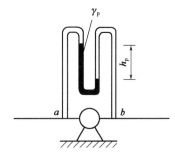

图 1-16　习题 2 图

3. 绘出图 1-17 所示的 ABC 平面壁上相对静水压强分布图。

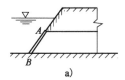
a)
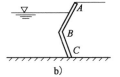
b)
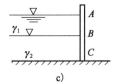
c)

图 1-17　习题 3 图

4. 如图 1-18 所示 AB 板，求单宽 AB 板上的静水总压力及其作用点距水面的距离 h_D（要求绘出 AB 面上的静水压强分布图）。

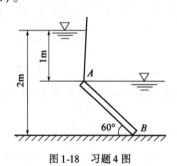

图 1-18　习题 4 图

第二章 CHAPTER TWO
水动力学基础

在实际工程中经常遇到的是运动状态的液体,液体的运动特性可用流速、加速度等物理量来表示,其运动状态和运动形式必须遵循质量守恒定律、动能定理和动量定理这些宏观机械运动的普遍规律。本章就是根据上述定理分别导出液体运动的三个基本方程:连续性方程、能量方程和动量方程。

第一节 概述

一、描述液体运动的两种方法

液体流动时,表征液体运动特征的运动要素一般都随着时间和空间位置而变化,而液体又是由为数众多的质点所组成的连续介质,如何描述整个液体的运动规律?解决这个问题一般有两种方法,即拉格朗日法和欧拉法。

1. 拉格朗日法

拉格朗日法是以研究液流中单个质点的运动为基础,通过对每个质点运动规律的研究来获得整个液体运动的规律性。这种方法又叫作质点系法。

拉格朗日法在概念上简明易懂,但从实用的观点上来看,通常并不需要知道每个质点的运动状况,因此拉格朗日法在水力学上很少采用,而普遍采用欧拉法。

2. 欧拉法

欧拉法是以不同液体质点通过固定的空间点时的运动情况来了解整个流动空间内的流动情况,即着眼于研究各种运动要素的分布场,这种方法又叫作流场法。例如,涵洞中的水流,最重要的是掌握水流经过涵洞不同位置时的流速、动水压强的大小,就能满足工程设计需要,因此欧拉法对水力学研究具有重要的意义。

综上所述,拉格朗日法是研究单个液体质点在不同时刻的运动情况,而欧拉法是研究同一时刻若干质点在不同空间位置的运动情况。前者引出了迹线的概念,后者引出了流线的概念。

迹线是单个液体质点在某一时段内的运动轨迹线;流线是某一瞬时的空间流场中,表示该瞬时各质点流动方向的曲线。流线上所有各点在该瞬时的流速矢量都和该流线相切。

二、水流运动的基本概念

1. 过水断面

横截面无限小的水流称为微小流束。无数微小流束的总和称为总流。与微小流束或总流的流线成正交的横断面,称为过水断面。过水断面面积以 dA 或 A 表示,单位为 m^2。

当液流所有的流线相互平行时,过水断面为平面,否则就是曲面,如图 2-1 中的虚线所示。

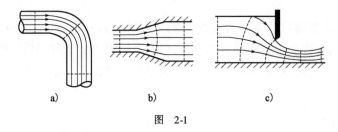

图 2-1

2. 流量

单位时间内通过某一过水断面的液体体积,称为流量,以 Q 表示,单位为 m^3/s。

3. 断面平均流速

某一时刻通过某一断面的液体质点的平均速度,称为断面平均流速,单位为 m/s。其表达式为

$$v = \frac{Q}{A} \tag{2-1}$$

4. 湿周

液流过水断面和固体边界接触的周界线长,称为湿周,以 χ 表示,单位为 cm 或 m。

5. 水力半径

过水断面面积与湿周之比,称为水力半径,以 R 表示,单位为 m。其数学表达为

$$R = \frac{A}{\chi} \tag{2-2}$$

过水断面面积越大,过水能力越强,反之亦然。但相同的过水断面面积,若形状不同(如圆形、正方形、长方形等),其过水能力也不同,这是因为它们随断面形状不同有不同长度的湿周,而长的湿周必然产生较大的黏滞阻力,相应过水能力就小。显然,水力半径是更为鲜明地

反映过水能力强弱的一个特征量,即水力半径越大,过水能力越大。

三、水流运动的分类

1. 恒定流与非恒定流

水力学中把表征液体运动状态的各种物理量(如流速、流向、加速度、动水压强等)称为水流的运动要素。按水流的运动要素是否随时间变化,将水流分为恒定流和非恒定流两类。其中,水流的运动要素不随时间变化的液流,称为恒定流(或称为稳定流);水流的运动要素随时间变化的液流称为非恒定流(或称为非稳定流)。

在实际工程中,平水期和枯水期,河道中的水位、流速和流量随时间变化缓慢,可近似地认为是恒定流。洪水期,由于上游洪峰的影响,使河道中的水位、流速和流量随时间有显著变化,则属于非恒定流。本教材仅讨论恒定流。

2. 均匀流与非均匀流

按水流的运动要素(主要是流速)是否随空间位置而变化,将水流分为均匀流和非均匀流两类。位于同一流线上各质点的流速大小和方向均相同的液流,称为均匀流;反之,则称为非均匀流。例如,恒定流的液流在等截面直管中流动,或液流在断面形状与大小沿程不变的长直顺坡渠道中流动都是均匀流;若液流在收缩管、扩散管或弯管中流动,以及液流在断面形状或大小变化的渠道中流动都形成非均匀流。

在均匀流里,沿流程的流速大小不变,流速方向相同,流线为一簇平行的直线。但在非均匀流里,流速大小沿流程变化,相邻流线由于方向不同,互不平行,存在着夹角,甚至是一簇曲线。

非均匀流又可分为渐变流(或称为缓变流)和急变流。如果总流的流线簇接近于彼此平行的直线簇,这种液流流动称为渐变流;否则,称为急变流。图2-2中所示的断面1和2之间以及断面4和5之间的液流流动都属于急变流。

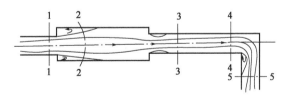

图 2-2

3. 压力流与无压力流

水流运动按受力来源不同可分为压力流和无压力流两类。受外界压力作用而流动的液流,称为压力流;在自身的重力作用下流动的液流,称为无压力流(又称为自由流或明渠流)。压力流只能发生在充满液流的封闭管道里,如自来水管、水电站的压力管中的水流。无压力流具有自由表面,自由表面受大气压力,如渠道、河流以及未充满管道排水管中的水流。

第二节　恒定流的连续性方程

在连续不可压缩液体恒定总流中,任意两个过水断面所通过的流量相等。水力学中把质量守恒定律在液体流动中的这种特殊表现形式,称为连续性原理。

如图2-3所示为通过水闸的恒定流,在闸的上下游取过水断面1和2,设总流过水断面1和2的面积为A_1、A_2,平均流速和流量分别为v_1、v_2和Q_1、Q_2,根据质量守恒定律可得

$$Q_1 = Q_2 \tag{2-3}$$

因为$Q_1 = v_1 A_1$,$Q_2 = v_2 A_2$,则式(2-3)又可写为

$$v_1 A_1 = v_2 A_2 \tag{2-4}$$

式(2-3)和式(2-4)为恒定总流连续性方程,它表明通过恒定总流任意过水断面(因断面1和断面2是任意取的)的流量均相等。也就是说,恒定总流的断面平均流速与过水断面面积成反比。因此,图2-3中所示的闸门上游过水断面面积大,流速小;闸门下游过水断面面积小,流速大。

如果两个断面间,在管道、渠道交汇处有流量汇入[图2-4a)]或在管道、渠道分岔处有流量分出[图2-4b)],则恒定总流连续性方程为

$$Q_1 \pm Q_3 = Q_2 \tag{2-5}$$

式中:Q_3——汇入(取正号)或分出(取负号)的流量。

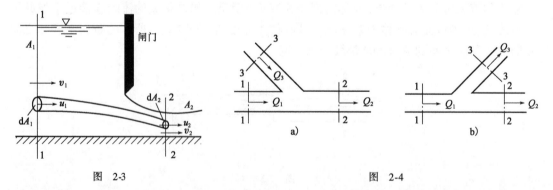

图 2-3　　　　　　　　　　　　图 2-4

恒定总流连续性方程在水力学上是最重要的三大基本方程(连续性方程、能量方程、质量方程)之一,它的形式虽简单,但在解决恒定流的许多水力学问题中得到广泛应用。

例2-1

某公路跨越一条渠道处拟修建一座小桥,如图2-5所示,渠道断面为梯形,底宽$b_1 = 10\text{m}$,边坡为1:1.5,桥位处断面为矩形,底宽$b_2 = 8\text{m}$。已知渠道水深$h_1 = 3\text{m}$,断面平均流速$v_1 = 0.75\text{m/s}$,桥下水深$h_2 = 2.7\text{m}$。求桥下的断面平均流速v_2。

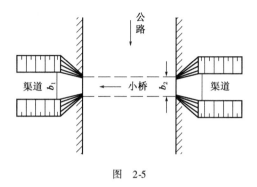

图 2-5

解：渠道过水断面面积为
$$A_1 = (b_1 + mh_1)h_1 = (10 + 1.5 \times 3) \times 3 = 43.5 \text{m}^2$$
桥下过水断面面积为
$$A_2 = b_2 h_2 = 8 \times 2.7 = 21.6 \text{m}^2$$
由恒定总流连续性方程,可得
$$v_2 = \frac{v_2 A_1}{A_2} = \frac{0.75 \times 43.5}{21.6} = 1.51 \text{m/s}$$

第三节 恒定流的能量方程

一、液流的能量转化现象

液流和其他运动物质一样,具有势能和动能两种机械能,其中势能又分为压力势能和位置势能两种。液流的各种机械能之间以及液流机械能与其他形式能量之间也可以相互转化,其转化关系也必须遵守能量转化和守恒定律。

如图 2-6 所示,当阀门关闭时,管内为静水。管中各点具有的位置高度与压强高度之和为一常数,即

$$E = z + \frac{p}{\gamma} = 常数 \tag{2-6}$$

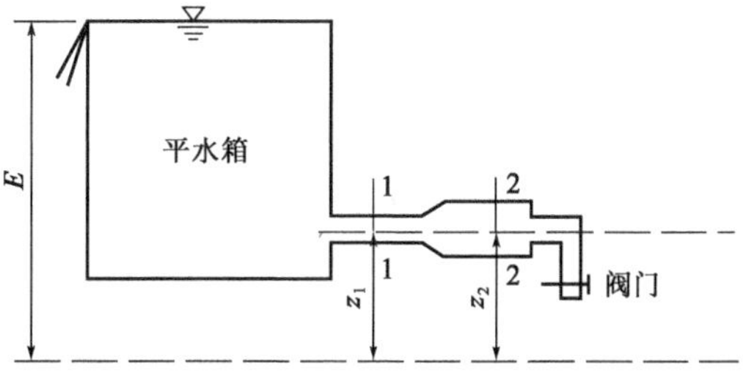

图 2-6

当阀门打开时，管中任意截面中单位重力液体能量包括位置势能 z、动能 $\dfrac{\alpha v^2}{2g}$ 与压力势能 p/γ，即

$$E = z + \frac{p}{\gamma} + \frac{\alpha v^2}{2g} \tag{2-7}$$

但由于摩阻力等会造成能量损失 h_w，所以任意两截面之间能量差即为 h_w；根据能量守恒定律得

$$z_1 + \frac{p_1}{\gamma} + \frac{\alpha v_1^2}{2g} = z_2 + \frac{p_2}{\gamma} + \frac{\alpha v_2^2}{2g} + h_w \tag{2-8}$$

式(2-8)是恒定总流的伯诺里方程，又称为能量方程，是水力学中第二个重要方程。它反映了恒定总流能量转化与质量守恒定律，同时也表达了各项运动要素之间的关系。

恒定总流的伯诺里方程中各项的物理和几何意义，归纳如下：

z——总流过水断面上任一点的位置高度，代表该点单位重量液体的位置势能，称为比位能或位置水头；

$\dfrac{p}{\gamma}$——总流过水断面上同一点的压强高度，代表该点单位重量液体的压力势能，称为比压能或压强水头；

$\dfrac{\alpha v^2}{2g}$——总流过水断面的平均流速水头，代表该断面的平均单位动能，称为比动能或流速水头；

$z + \dfrac{p}{\gamma}$——总流某过水断面的单位势能，又称为比势能，或称为测压管水头；

$z + \dfrac{p}{\gamma} + \dfrac{\alpha v^2}{2g}$——总流某过水断面的单位机械能，又称为总比能或总水头，并以 E 表示；

h_w——单位重量液体从过水断面 1 流至断面 2 所散失的平均机械能，称为单位能量损失，或称为水头损失。

二、应用恒定总流能量方程的条件及注意事项

在解决大量实际水力学问题中，广泛应用恒定总流能量方程，该方程应用时应满足下列条件：

(1) 水流必须是恒定流。

(2) 作用于液体上的质量力只有重力。

(3) 在所选取的两个过水断面上，水流应符合渐变流条件，但在所取的两个断面之间，水流可以不是渐变流，如图 2-7 所示，只要把过水断面选取在水管进口以前符合渐变流条件的断面 1-1 及进口之后的断面 2-2，由水池进入管道附近虽然有急变流发生，但对 1-1 及 2-2 两过水断面，仍然可以应用能量方程。

(4) 在所取的两过水断面之间，流量保持不变，其间没有流量汇入或分出。如图 2-8 所示的情况下，应分别列写能量方程为

$$z_1 + \frac{p_1}{\gamma} + \frac{\alpha_1 v_1^2}{2g} = z_3 + \frac{p_3}{\gamma} + \frac{\alpha_3 v_3^2}{2g} + h_{w1-3}$$
$$z_1 + \frac{p_1}{\gamma} + \frac{\alpha_1 v_1^2}{2g} = z_2 + \frac{p_2}{\gamma} + \frac{\alpha_2 v_2^2}{2g} + h_{w1-2}$$

(2-9)

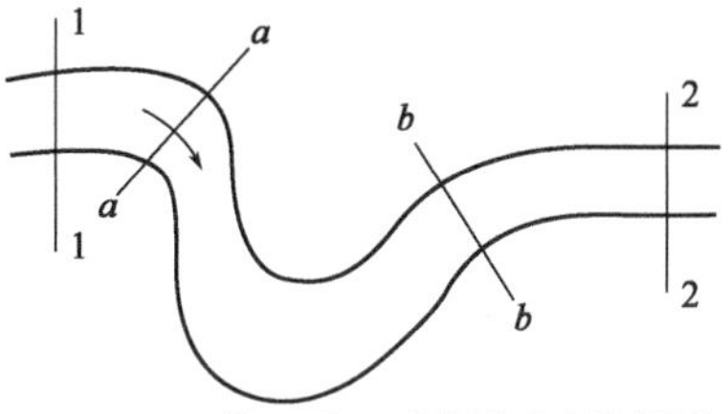

a-a、b-b为1-1和2-2之间的急变流断面

图 2-7　　　　　　　　图 2-8

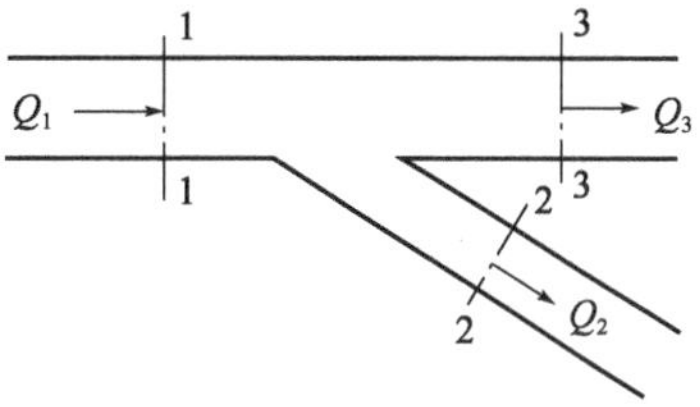

为了在应用能量方程时使计算简便和不致发生错误,应注意以下几点:

(1)基准面是可以任意选择的,但在计算不同断面的位置水头 z 值时,必须选取同一基准面。

(2)能量方程中 p/γ 一项,可以用相对压强,也可以用绝对压强,但对同一问题必须采用相同的标准。

(3)在计算过水断面的测压管水头$(z+p/\gamma)$值时,可以选取过水断面上的任意点来计算,因为在渐变流的同一断面上任何点的$(z+p/\gamma)$值均相等,具体选择哪一点,以计算方便为宜。对于管道,一般选管轴中心点来计算较为方便;对于明渠,一般在自由表面上选一点来计算比较方便。

(4)严格地讲,不同于过水断面上的动能修正系数 α_1 与 α_2 是不相等的,且不等于1;实际应用中,对渐变流占多数的情况,可令 $\alpha_1 = \alpha_2 = 1$,但在某些特殊情况下,α 值需根据具体情况酌定。

三、水流阻力与水头损失

1. 水流阻力与水头损失的概念

实际上在液体运动时,会产生能量损失,只有确定水流阻力所产生的水头损失 h_w 后,伯诺里方程才具有实用意义。

液体具有黏滞性,在运动时,紧贴固体壁面的液体质点将黏附在壁面上,液体的流速从固体壁面上的零值增加到主流流速,形成一定的流速梯度。根据牛顿内摩擦定律,这种流速梯度的存在,将引起相邻液层间的摩擦切力,称为水流阻力。

液体流动时所受到的阻力,按其边界情况划分,有沿程阻力和局部阻力两种形式。以液流在管道中流动为例来说明液流流动的阻力(图2-9),水流经过2、4、6、8各顺直管段时,由于沿程有束遏液流的固体边界作用,造成流速分布不均匀而引起的阻力称为沿程阻力。因克服沿程阻力而消耗的机械能,称为沿程水头损失,以 h_f 表示。水流经过1、3、5、7等异形管段时,由于固体边界情况的急剧变化,流速大小或方向改变显著,所导致的附加阻力(不包括此处的沿程阻力)为局部阻力。为克服这些局部地段的阻力而消耗的机械能,称为局部水头损失,以 h_j 表示。

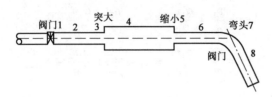

图 2-9

液流流动的全过程可能包括相继发生的一系列沿程水头损失和局部水头损失。在各部分水头损失彼此独立、互不影响的情况下,总水头损失应为各部分沿程水头损失和局部水头损失的代数和,即

$$h_w = \sum h_f + \sum h_j \tag{2-10}$$

2. 均匀流基本方程和沿程水头损失计算

均匀流中,沿水流方向各断面的水力要素及断面平均流速保持不变,只有沿程水头损失,即

$$h_f = \lambda \frac{l}{4R} \frac{v^2}{2g} \tag{2-11}$$

对于圆管 $4R = d$,故上式可写作

$$h_f = \lambda \frac{l}{d} \frac{v^2}{2g} \tag{2-12}$$

式(2-11)是计算沿程水头损失的通用公式,又称达西公式。利用达西公式计算沿程水头损失的问题就转化为求解沿程阻力系数 λ 的问题。有关确定 λ 值的公式和图标,既多且繁,使用时请慎用,限于篇幅,本书略。

对于明渠均匀流中的紊流沿程水头损失,常用法国工程师谢才的经验公式进行计算

$$v = C\sqrt{RJ} \tag{2-13}$$

或

$$h_f = \frac{v^2 l}{C^2 R} \tag{2-14}$$

式中:C——谢才系数,$m^{1/2}/s$;

R——断面的水力半径,m;

J——水力坡度,$J = \dfrac{h_f}{l}$。

谢才公式既可应用于明渠,又可用于管流。谢才公式建立于1775年,二百多年来,已积累了丰富的计算谢才系数(C)的经验公式。其中,应用较广泛的是曼宁公式

$$C = \frac{1}{n} R^{1/6} \tag{2-15}$$

式中:n——糙率,由实测或查表确定,各种管道的 n 值见表2-1。

式(2-15)适用于 $n < 0.02$,$R < 0.5\text{m}$ 的管道和小河渠。

人工管道的糙率 n 值　　　　表 2-1

管 道 类 别	n
带釉缸瓦管	0.013
混凝土和钢筋混凝土管（或用混凝土或钢筋混凝土衬砌的隧洞）	0.013～0.014
石棉水泥管	0.012
铸铁管	0.013
钢管	0.012
未加衬砌的隧洞	0.025～0.033
部分衬砌的隧洞	0.022～0.030

注意：谢才公式中的 C 和达西公式中的 λ 是从不同的实验成果中总结出来的。因此，用谢才公式和达西公式计算同一问题时，其结果并不一致。**对于管流，一般宜用达西公式；对于明渠，一般宜用谢才公式。**

例 2-2

某一混凝土衬砌的梯形渠道，底宽 $b=10\text{m}$，水深 $h=3\text{m}$，边坡系数 $m=1.0$，糙率 $n=0.014$，断面平均流速 $v=1.0\text{m/s}$，求作均匀流时的水力坡度 J。

解：
$$A = (b+mh)h = (10+1.0\times 3)\times 3 = 39\text{m}^2$$

$$\chi = b + 2h\sqrt{1+m^2} = 10 + 2\times 3\sqrt{2} = 18.49\text{m}$$

$$R = \frac{A}{\chi} = \frac{39}{18.49} = 2.11\text{m}$$

用曼宁公式计算谢才系数（C），即

$$C = \frac{1}{n}R^{1/6} = \frac{1}{0.014}\times 2.11^{1/6} = 80.9\text{m}^{1/2}/\text{s}$$

$$J = \frac{h_\text{f}}{l} = \frac{1.0^2}{80.9^2\times 2.11} = 7.24\times 10^{-5}$$

3. 局部水头损失计算

在液流中，除了平顺流段外，常有边界情况急剧改变的局部地段。以管道为例，管道中的局部阻碍（图 2-10）可归纳为以下几类：

(1) 流动断面扩大或缩小；
(2) 流动方向改变；
(3) 流道中有障碍物；
(4) 流道分岔口有流量汇入或分出。

由图可见，虽然各类局部地段的流场情况不同，但有以下两个共同特征：

(1) 存在着主流和固体壁面脱离的漩涡区，漩涡区中的液体具有强烈的紊动性，不断地消耗液流的机械能；

(2) 涡流压迫主流，断面上流速梯度大大增加，从而增加了流层间的切应力。

这两个特征，既是形成局部水头损失的基本原因，也是改善流道设计以减小局部水头损失时应考虑的基本因素。

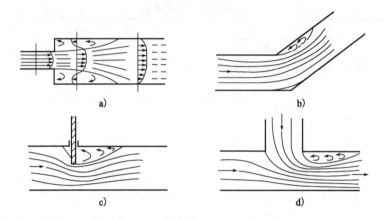

图 2-10
a)突然放大;b)弯管;c)闸板;d)汇合三通

局部水头损失的机理比较复杂,除有少部分情况可用理论方法计算外,大多数局部地段的水头损失,可通过试验方法来确定。计算局部水头损失的通用公式为

$$h_j = \xi \frac{v^2}{2g} \tag{2-16}$$

式中:ξ——局部水头损失系数,无量纲数。

不同的边界变化情况,有不同的局部水头损失系数,其值由实验确定。一般计算时,ξ 值可查专用设计手册,表 2-2 和表 2-3 中摘选管道和明渠中常用的几种局部水头损失系数 ξ 值,供计算时选用。在使用表中 ξ 值计算 h_j 时,应注意与 ξ 值对应的流速水头。例如,表 2-2 中渐缩,应采用渐缩后的流速水头;而渐扩,应采用渐扩前的流速水头。

管道各种局部阻力系数 表 2-2

名称	简图	ξ	名称	简图	ξ
突然缩小	A_1 $A_2 \to v$	$0.5\left(1-\dfrac{A_2}{A_1}\right)$	进口		锐缘 0.5 修圆 0.2~0.25
出口		1.0	蝶阀		全开 0.1~0.3

续上表

名称	简图	ξ	名称	简图	ξ
渐缩	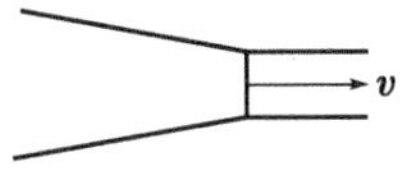	$0.03 \sim 0.3$	底阀	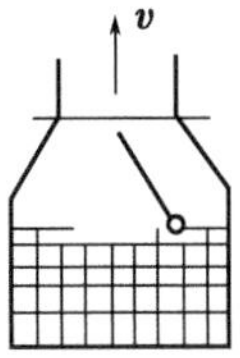	全开 $5 \sim 10$
渐扩	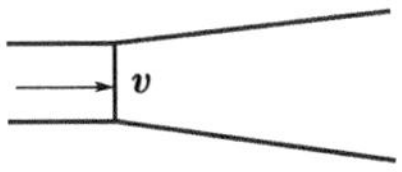	$0.06 \sim 0.8$	突然扩大	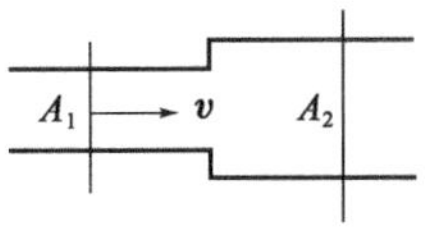	$\left(1 - \dfrac{A_1}{A_2}\right)^2$
90°圆弯	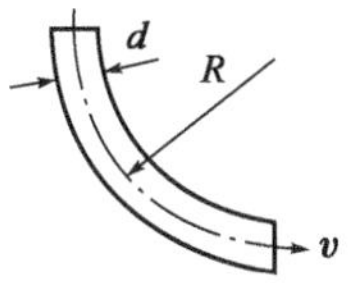	$0.131 + 0.163\left(\dfrac{d}{R}\right)^{3.5}$	等径分流	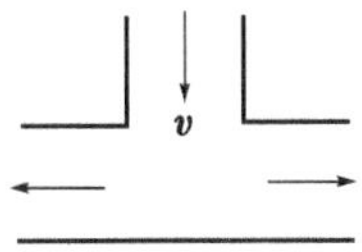	1.5
截止阀	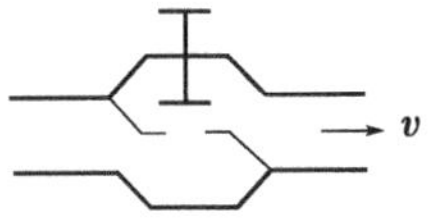	全开 $4.3 \sim 6.1$	等径合流	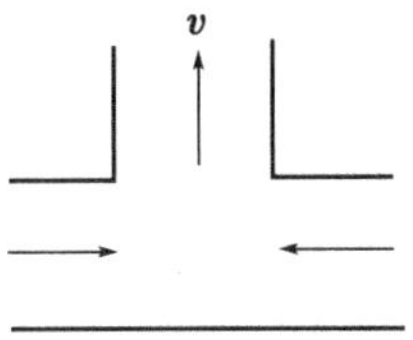	3.0

渠道各种阻力系数　　表 2-3

名称	简图	ξ					
平板门槽	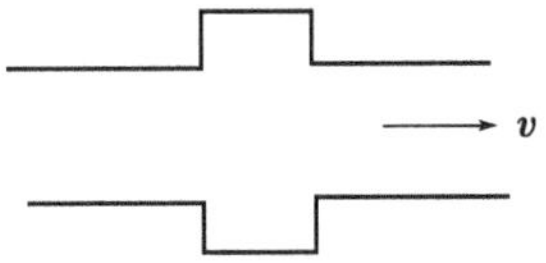	$0.05 \sim 0.2$					
明渠突缩	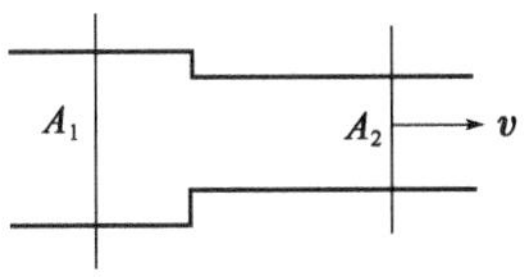	$\dfrac{A_2}{A_1}$	0.1	0.2	0.4	0.6	0.8	1.0
		ξ	1.49	1.36	0.46	0.84	1.14	0
明渠突扩	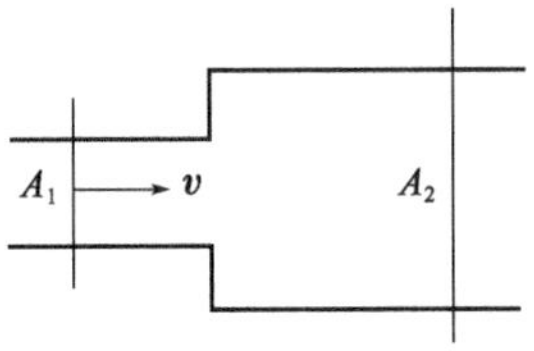	$\dfrac{A_1}{A_2}$	0.1	0.2	0.4	0.6	0.8	1.0
		ξ	0.81	0.64	0.36	0.16	0.04	0

续上表

名称	简 图	ξ
渠道入口		直角 0.4，圆角 0.1
格栅		$\xi = k\left(\dfrac{b}{s}\right)^{1.83}\sin\theta$，$\theta$ 为水流与栅条方向的夹角，矩形栅 $k=2.42$，半圆头栅 $k=1.83$，圆柱栅 $k=1.79$

例 2-3

有一管径不同的管路，水从水箱流入水管，管路连接情况如图 2-11 所示。已知：$d_1=150\text{mm}$，$l_1=25\text{m}$，$\lambda_1=0.037$；$d_2=125\text{mm}$，$l_2=10\text{m}$，$\lambda_2=0.039$；闸门开度 $a/d_2=0.5$，需要输送流量 $Q=0.025\text{m}^3/\text{s}$。求：(1) 沿程总水头损失 $\sum h_\text{f}$；(2) 局部总水头损失 $\sum h_\text{j}$；(3) 要保持输水量 Q 所需要的水头 H。

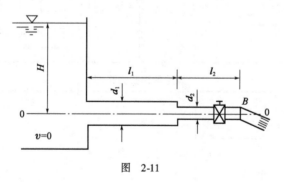

图 2-11

解：(1) 求沿程总水头损失 $\sum h_\text{f}$

$$Q = 0.025\text{m}^3/\text{s}$$

$$v_1 = \frac{Q}{A_1} = \frac{4 \times 0.025}{3.14 \times 0.15^2} = 1.415\text{m/s}$$

$$v_2 = \frac{Q}{A_2} = \frac{4 \times 0.025}{3.14 \times 0.125^2} = 2.04\text{m/s}$$

$$h_{\text{f}1} = \lambda_1 \frac{l_1}{d_1} \frac{v_1^2}{2g} = 0.037 \times \frac{25}{0.15} \times \frac{1.415^2}{2 \times 9.8} = 0.63\text{m}$$

$$h_{\text{f}2} = \lambda_2 \frac{l_2}{d_2} \frac{v_2^2}{2g} = 0.039 \times \frac{10}{0.125} \times \frac{2.04^2}{2 \times 9.8} = 0.66\text{m}$$

故沿程总水头损失为

$$\sum h_{\mathrm{f}} = h_{\mathrm{f1}} + h_{\mathrm{f2}} = 0.63 + 0.66 = 1.29\mathrm{m}$$

(2) 求局部总水头损失 $\sum h_{\mathrm{j}}$

进口损失：由于进口为锐缘，查表2-2得进口局部损失系数 $\xi_1 = 0.5$，故

$$h_{\mathrm{j1}} = \xi_1 \frac{v_1^2}{2g} = 0.5 \times \frac{1.415^2}{2 \times 9.8} = 0.051\mathrm{m}$$

突然缩小损失：查表2-2得突然缩小损失系数为

$$\xi_2 = 0.5\left(1 - \frac{A_2}{A_1}\right) = 0.5\left(1 - \frac{d_2^2}{d_1^2}\right) = 0.5\left(1 - \frac{0.125^2}{0.15^2}\right) = 0.15\mathrm{m}$$

$$h_{\mathrm{j2}} = \xi_2 \frac{v_2^2}{2g} = 0.15 \times \frac{2.04^2}{2 \times 9.8} = 0.032\mathrm{m}$$

闸阀损失：由于闸阀半开，即 $\frac{\alpha}{d_2} = 0.5$，查相关专用设计手册得闸阀损失系数 $\xi_3 = 2.06$，故

$$h_{\mathrm{j3}} = \xi_3 \frac{v_2^2}{2g} = 2.06 \times \frac{2.04^2}{2 \times 9.8} = 0.437\mathrm{m}$$

故总局部水头损失为

$$\sum h_{\mathrm{j}} = h_{\mathrm{j1}} + h_{\mathrm{j2}} + h_{\mathrm{j3}} = 0.051 + 0.032 + 0.437 = 0.52\mathrm{m}$$

(3) 保持输水量 Q 所需要的水头 H

以 0-0 为基准面，对水箱液面上与水管出口列伯诺里方程，即

$$H + 0 + 0 + 0 = 0 + 0 + \frac{\alpha_2 V_2^2}{2g} + h_{\mathrm{w}}$$

因

$$h_{\mathrm{w}} = \sum h_{\mathrm{f}} + \sum h_{\mathrm{j}} = 1.29 + 0.520 = 1.81\mathrm{m}$$

故所需要的水头 H 为

$$H = \frac{1 \times 2.04^2}{2 \times 9.81} + 1.81 = 2.02\mathrm{m}$$

复习思考题

1. 什么是流线和迹线？两者有何区别？
2. 什么是过水断面？试绘出图2-12中所示位置①～⑥的过水断面形状。
3. 回答下列水流属于哪种类型。
(1) 水箱中的水自孔口自由流出，如泄流量为 Q_2，同时向水箱注入水量 Q_1：① 当 $Q_1 = 0$

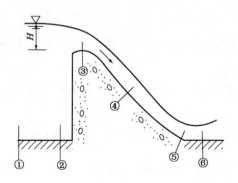

图 2-12 复习思考题 2 图

时;②当 $Q_1 > Q_2$ 时;③当 $Q_1 = Q_2$ 时。

(2) 圆管中水流:①当水流充满全管时;②当水流未充满圆管时。

(3) 变直径的锥形管中水流:①管短时;②管长时。

4. 恒定总流的伯诺里方程反映了什么规律？方程中各项的几何意义和物理意义是什么？

5. 关于水流的流动方向有如下一些说法:"水一定从高处向低处流""水一定从压强大的地方向压强小的地方流""水一定从流速大的地方向流速小的地方流"。这些说法对吗？为什么？应该如何说呢？

6. 水头损失有几种？计算水头损失的原则是什么？

习 题

1. 设有三个不同直径的水管串联,其直径顺序为 60cm、100cm 和 120cm。假设在 60cm 的水管中,水流速度为 5m/s,试求其他管中的水流速度。

2. 某渠道在引水途中要穿过一条公路,于路基下修建圆形断面涵洞一座,如图 2-13 所示。已知涵洞设计流量 $Q = 1.0 \text{m}^3/\text{s}$,上下游允许水位差 $z = 0.3\text{m}$,涵洞水头损失 $h_w = 1.47 \dfrac{v^2}{2g}$($v$ 为洞内流速),涵洞上下游渠道的流速近似相等,求涵洞直径 d。

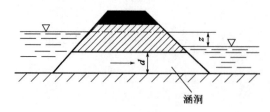

图 2-13 习题 2 图

第三章 CHAPTER THREE
明渠均匀流

　　明渠是天然河流形成或人工修建的渠道。明渠中水流直接与大气相接触,其液面上各点的压强为大气压强,即明渠中水流具有自由液面,所以明渠水流又称为无压流。明渠水流(如天然渠道、渡槽、涵洞中的水流)是一种常见的水流现象,明渠水流是在重力的作用下流动的,又称为重力流。

　　根据运动液体的分类,明渠水流可分为恒定流与非恒定流。在明渠恒定流中,如果流线是相互平行的直线,称为恒定均匀流,其水深、断面平均流速及流速分布沿程不变;否则,称为恒定非均匀流。本章主要研究明渠恒定均匀流的水力特征和水力计算原理。

第一节　明渠均匀流的水力特性和基本公式

一、明渠边界的几何条件及其对水流运动的影响

　　明渠边界的几何条件是指明渠的横断面形状、尺寸、底坡等。这些几何条件的变化对水流运动状态有着直接的影响。

1. 明渠的横断面

天然河道的断面形状,常呈不规则形状,如图3-1所示。

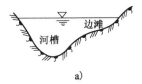
a)

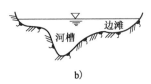
b)

图　3-1

人工渠道一般具有对称的几何形状,如梯形、矩形及圆形等,如图3-2所示。

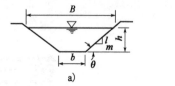 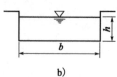 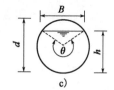

a)　　　　　　　　　　　　b)　　　　　　　　　　　　c)

图　3-2

a)梯形;b)矩形;c)圆形

当明渠修建在土质地基上时,多挖成梯形断面,其两侧边坡倾斜程度用边坡系数 m 来表示,$m = \cot\theta$,如图3-2a)所示。m 的大小取决于土壤的种类或护面情况,见表3-1。矩形断面常用于混凝土渠道或在岩石中开凿的渠道。

梯形渠道的边坡系数 m 值　　　　　表3-1

土 壤 种 类	边坡系数 m	土 壤 种 类	边坡系数 m
细砂	3.0~3.5	一般黏土	1.0~1.5
砂壤土和松散壤土	2.0~2.5	密实的重黏土	1.0
密实砂壤土和轻黏壤土	1.5~2.0	风化的岩石	0.25~0.5
重黏壤土、密实的黄土	1.0~1.5	未风化的岩石	0.00~0.25

明渠过水断面的水力要素要根据渠道的断面形状和尺寸来计算,现以梯形为例,各水力要素关系如下:

水面宽度　　　　　　　　$B = b + 2mh$　　　　　　　　　　(3-1)

过水断面面积　　　　　　$A = (b + mh)h$　　　　　　　　　(3-2)

湿周　　　　　　　　　　$\chi = b + 2h\sqrt{1 + m^2}$　　　　　　　　(3-3)

水力半径　　　　　　　　$R = A/\chi$　　　　　　　　　　　　(3-4)

当过水断面面积一定时,水力半径大,则湿周小,说明边界对水流的影响小,输水能力就大;反之,输水能力就小。水力半径可综合反映断面形状、尺寸对水流的影响。圆形及矩形断面的各水力要素,见表3-2。

矩形、梯形、圆形渠道过水断面水力要素　　　　　表3-2

断面形状	过水断面面积 A	湿周 χ	水力半径 R	水面宽度 B
矩形	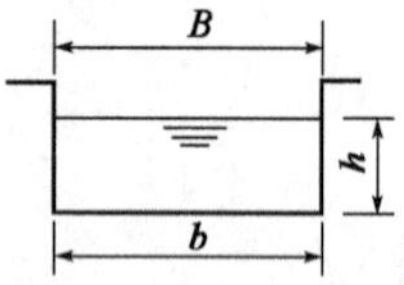 bh	$b + 2h$	$\dfrac{bh}{b + 2h}$	b
梯形	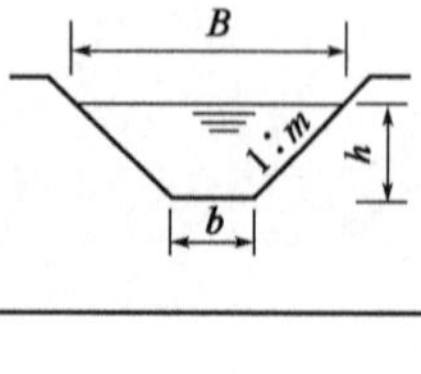 $(b + mh)h$	$b + 2h\sqrt{1 + m^2}$	$\dfrac{(b + mh)h}{b + 2h\sqrt{1 + m^2}}$	$b + 2mh$

续上表

断面形状	过水断面面积 A	湿周 χ	水力半径 R	水面宽度 B
圆形	$\dfrac{d^2}{8}(\theta-\sin\theta)$	$\dfrac{d}{2}\theta$	$\dfrac{d}{4}\left(1-\dfrac{\sin\theta}{\theta}\right)$	$d\sin\dfrac{\theta}{2}$

注:式中 θ 以弧度计。

此外,在工程实践中,因不同地段地质、地形等条件的改变,渠道断面形状、尺寸或底坡沿程也不完全相同。断面形状、尺寸和底坡沿程不变称为棱柱体渠道;断面形状、尺寸或底坡沿程变化称为非棱柱体渠道。在非棱柱体渠道中,流线不平行,故不能形成均匀流。

2. 渠道的底坡

渠道单位长度上渠底高程差称为底坡,以 i 来表示,如图3-3所示。

$$i = \frac{z_1 - z_2}{\Delta l} = \frac{\Delta z}{\Delta l} = \sin\theta \tag{3-5}$$

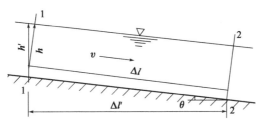

图 3-3

在一般情况下,当 θ 很小($\theta \leqslant 6°$), Δl 可以用水平长度 $\Delta l'$ 近似代替。

$$\sin\theta \approx \tan\theta \tag{3-6}$$

一般规定:当 $i>0$ 时,是正坡,即渠底沿程递减;当 $i<0$ 时,是逆坡,即渠底沿程升高;当 $i=0$ 时,是平坡,即渠底沿程不变。

二、明渠均匀流的水力特性及其产生条件

1. 水力特性

明渠均匀流的流线是相互平行的直线,具有以下特性:

(1) 过水断面的形状、大小及水深沿程不变。

(2) 过水断面上流速大小、方向及流速分布沿程不变,故断面平均流速 v、动能修正系数 α 及流速水头($\alpha v^2/2g$)沿程不变。

(3) 水面线(测压管水头线)、渠底线、总水头线三者互相平行,即 $J=J_P=i$,如图3-4所示。$i=J$ 表示液体在流动过程中能量的损失由位能来支撑。

从明渠均匀流的水力特性可以看出,明渠均匀流的水深应在垂直底坡线方向量取,如图3-3中 h。但实际由于底坡较小,为方便量取,常用铅垂方向的水深 h' 代替 h。当坡度 $i \leqslant$

0.1时,引起误差小于1%,但渠道坡度很大时,将引起较大误差。

2. 产生条件

明渠均匀流必须在以下条件下发生:

(1)水流必须是恒定流。流量沿程不变,无支流汇入或分出。

(2)渠道必须是正坡。如图3-5所示,从均匀流中截取一单位长度的流段ABCD作为研究对象,流段上受到的外力有重力G、边界阻力T、流段两端的动水压力P_1和P_2,从力学观点,匀速运动应有以下平衡方程

$$P_1 + G\sin\theta - P_2 - T = 0 \tag{3-7}$$

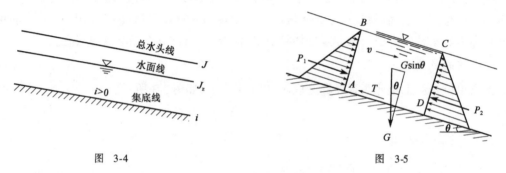

图 3-4   图 3-5

因是均匀流,故$P_1 = P_2$,图示可知$G\sin\theta = T$。此式表明明渠均匀流是重力在流动方向的分力与边界阻力达到平衡时的一种流动。由此,均匀流必须在正坡条件下才能发生。

(3)渠道必须是长而直的棱柱体渠道,且底坡不变。

(4)渠道表面糙率沿程不变,且无闸、坝或桥涵等局部干扰。

只有上述条件都满足时才能形成明渠均匀流。实际上这种水流很少见,大多数明渠中水流均为非均匀流。但长直棱柱体渠道中的恒定流某些流段近似满足上述条件,可以看作明渠均匀流,以方便问题的研究。如图3-6所示。

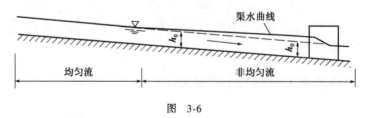

图 3-6

三、明渠均匀流的基本公式

明渠均匀流断面平均流速计算公式为谢才公式

$$v = C\sqrt{RJ} \tag{3-8}$$

式中:C——谢才系数;由于明渠中水流多处于阻力平方区,一般用曼宁公式来确定。

由于明渠均匀流中$i = J$,则上式可写为

$$v = C\sqrt{Ri} \tag{3-9}$$

根据恒定流的流量公式

$$Q = Av \tag{3-10}$$

可得

$$Q = AC\sqrt{Ri} = K\sqrt{i} \quad (令 K = AC\sqrt{R}) \tag{3-11}$$

式中：K——流量模数，m^3/s；综合反映了明渠的断面形状、尺寸和糙率对输水能力的影响，在底坡相同的情况下，流量与 K 成正比。

谢才系数 C 是糙率 n 和水力半径 R 的函数。n 远比 R 对 C 的影响大，因此根据实际情况正确选择 n 具有重要意义（表3-3）。

常见各种材料明渠的糙率 n 值表　　　　表3-3

类　　型	明渠面壁材料情况及描述	表面粗糙情况		
		较好	中等	较差
土渠	清洁、形状正常	0.020	0.0225	0.025
	不通畅并有杂草	0.027	0.030	0.035
	渠线略有弯曲、有杂草	0.025	0.030	0.033
	挖泥机挖成的土渠	0.0275	0.030	0.033
	砂砾渠道	0.025	0.027	0.030
	细砾石渠道	0.027	0.030	0.033
	土底、石砌坡岸渠	0.03	0.033	0.035
	不光滑的石底、有杂草的土坡渠	0.030	0.035	0.040
石渠	清洁的、形状正常的凿石渠	0.030	0.033	0.035
	粗糙的断面不规则的凿石渠	0.04	0.045	
	光滑而均匀的石渠	0.025	0.035	0.040
	精细地开凿的石渠		0.02~0.025	
各种材料护面的渠道	三合土（石灰、砂、煤灰）护面	0.014	0.016	
	浆砌砖护面	0.012	0.015	0.017
	条石砌面	0.013	0.015	0.017
	浆砌块石护面	0.017	0.0225	0.030
	干砌块石护面	0.023	0.032	0.035
混凝土渠道	抹灰的混凝土或钢筋混凝土护面	0.011	0.012	0.013
	无抹灰的混凝土或钢筋混凝土护面	0.013	0.014~0.015	0.017
	喷浆护面	0.016	0.018	0.021

四、水力最优断面

从式（3-11）可以看出，渠道输水能力取决于底坡 i、糙率 n 及过水断面形状、尺寸。渠道设计时 i 取决于地形条件或其他条件；n 取决于选用的建筑材料及施工水平。在 i 和 n 都已知的条件下，Q 取决于断面形状与尺寸。因此"水力最优断面"是指过水断面面积一定时，通过的流量最大；或流量一定时，过水断面面积最小。符合这种条件的断面，从理论上来说工程量最小。

$$Q = AC\sqrt{Ri} = \frac{1}{n}Ai^{\frac{1}{2}}R^{\frac{2}{3}} = \frac{1}{n}\frac{A^{\frac{5}{3}}i^{\frac{1}{2}}}{\chi^{\frac{2}{3}}} \tag{3-12}$$

式(3-12)表明，在 n、i、A 一定时，要使 Q 最大，则 χ 最小，即当 χ 最小时断面为水力最优断面。由几何学可知，面积相同而形状不同的几何体中，圆的周长最小。所以圆形或半圆断面是最优断面，但难于施工。工程中渠道大部分位于土基上，常做成梯形断面。边坡系数 m 的大小取决于土壤的种类或护面情况，常见 m 值见表 3-1。下面讨论在 m 值已定的条件下，梯形断面的水力最优条件。

$$\frac{b}{h} = \beta_m = 2(\sqrt{1+m^2} - m) = f(m)$$

由此可见，水力最优断面的宽深比仅是边坡系数的函数。
将 β_m 代入 R 中得

$$R_m = \frac{A}{\chi} = \frac{h_m}{2}$$

上式表明：梯形最优断面的水力半径为水深的一半。不同 m 值的 β_m 见表 3-4。

梯形断面水力最优宽深比   表 3-4

m	0.00	0.25	0.50	0.75	1.0	1.25	1.50	1.75	2.00	3.00
$\beta_m = \frac{b}{h}$	2.00	1.56	1.24	1.00	0.83	0.70	0.61	0.53	0.47	0.32

对于矩形断面(即 $m = 0$)，$\beta_m = b_m/h_m = 2$。

必须指出，以上所得水力最优断面，仅只是从水力学的角度考虑的。而在实际工程中，边坡系数 $m > 1$，那么 $\beta_m < 1$，此种断面窄而深。对于中小型渠道工程造价主要由土方量决定，所以按水力最优断面设计最经济。但对于大型渠道工程，依此来设计，因窄而深，增加了土方施工和维护的难度，此时水力最优断面就不经济，而宜设计成宽浅型渠道。常取 $\beta_m = 3 \sim 4$，因此，渠道断面形状的确定，需要综合考虑各种因素。

五、允许流速

一条渠道中若流速过大，则发生冲刷；反之，则发生淤积。因此，一条设计合理的渠道应满足

$$v'' < v < v' \tag{3-13}$$

式中：v'——最大允许流速(不冲流速)，由土壤的种类或护面情况而定，可根据表 3-5、表 3-6、表 3-7 查用；

v''——最小允许流速，与水流条件及挟砂特性等多方面因素优关，可按经验公式及有关经验选用，有 $v'' = \beta h_0$；

h_0——均匀流动时渠中水深；

β——淤积系数，与水流挟砂情况有关，挟带粗砂：$\beta = 0.6 \sim 0.7$；挟带中砂：$\beta = 0.54 \sim 0.57$；挟带细砂：$\beta = 0.39 \sim 0.41$。

坚硬岩石和人工护面渠道最大允许流速 v' 值(m/s)　　　　　表 3-5

岩石或护面种类	渠道流量 $Q(\text{m}^3/\text{s})$		
	<1	1~10	>10
软质水成岩(泥灰岩、页岩、软砾石)	2.5	3.0	3.5
中等硬质水成岩(致密砾石、多孔石灰岩、层状石灰岩、白云石、灰岩、灰质砂岩)	3.5	4.25	5.0
硬质水层岩(白云砂岩、砂质石灰岩)	5.0	6.0	7.0
结晶岩、火成岩	8.0	9.0	10.0
单层块石铺砌	2.5	3.5	4.0
双层块石铺砌	3.5	4.5	5.0
混凝土护面(水流中不含砂和砾石)	6.0	8.0	10.0

注：表 3-5 中土壤的干密度为 $1.3 \sim 1.7 \text{t}/\text{m}^3$。

均质黏性土质渠道最大允许流速 v' 值　　　　　表 3-6

土质名称	$v'(\text{m/s})$	土质名称	$v'(\text{m/s})$
轻壤土	0.60~0.80	重壤土	0.70~1.00
中壤土	0.65~0.85	黏土	0.75~0.95

均质无黏性土质渠道最大允许流速 v' 值(m/s)　　　　　表 3-7

土壤名称	粒径(mm)	水深(m)			
		0.4	1.0	2.0	≥3.0
粉土、淤泥	0.005~0.05	0.12~0.17	0.15~0.21	0.17~0.24	0.19~0.26
细沙	0.05~0.25	0.17~0.27	0.21~0.32	0.24~0.37	0.26~0.40
中沙	0.25~1.00	0.27~0.47	0.32~0.57	0.37~0.65	0.40~0.70
粗沙	1.00~2.5	0.47~0.53	0.57~0.65	0.65~0.75	0.70~0.80
细砾石	2.5~5.0	0.53~0.65	0.65~0.80	0.75~0.90	0.80~0.95
中砾石	5~10	0.65~0.80	0.80~1.00	0.90~1.1	0.95~1.20
大砾石	10~15	0.80~0.95	1.0~1.2	1.1~1.3	1.2~1.4
小卵石	15~25	0.95~1.2	1.2~1.4	1.3~1.6	1.4~1.8
中卵石	25~40	1.2~1.5	1.4~1.8	1.6~2.1	1.8~2.2
大卵石	40~75	1.5~2.0	1-8~2.4	2.1~2.8	2.2~3.0
小漂石	75~100	2.0~2.3	2.4~2.8	2.8~3.2	3.0~3.4
中漂石	100~150	2.3~2.8	2.8~3.4	3.2~3.9	3.4~4.2
大漂石	150~200	2.8~3.2	3.4~3.9	3.9~4.5	4.2~4.9
顽石	>200	>3.2	>3.9	>4.5	>4.9

注：表 3-6、表 3-7 所列不冲流速值是属于水力半径 $R=1\text{m}$ 的情况，当 $R \neq 1\text{m}$ 时，表中所列数值乘以 R^α，即得相应的不冲流速。α 为指数，对疏松的壤土和黏土，$\alpha = 1/3 \sim 1/4$；对中等密实的和密实的沙壤土、壤土和黏土，$\alpha = 1/4 \sim 1/5$。

此外,为防止渠中滋生植物,应有 $v>0.6\text{m/s}$;为防止淤泥沉积,应有 $v>0.2\text{m}$;为防淤砂,应有 $v>0.4\text{m/s}$。

第二节 明渠水力计算

由明渠均匀流的基本公式 $Q = AC\sqrt{Ri}$,就可以解决工程中常见的明渠均匀流问题。在水利工程中梯形断面形式渠道应用最广泛,下面将结合实例来说明常见的几种问题的解决方法。梯形断面渠道的输水能力具有以下函数关系

$$Q = AC\sqrt{Ri} = f(m, b, h_0, n, i) \tag{3-14}$$

这就说明梯形断面渠道水力计算中存在 Q、m、b、h_0、n、i 六个变量。其中,m 和 n 取决于边坡稳定及护面材料的种类。因此梯形断面渠道水力计算,实质上是先确定四个变量中的三个,运用式(3-11)求得另外一个。一般有以下几种类型。

一、验算渠道输水能力

已知 m、b、h_0、n、i 求 Q,这类问题通常是对已建成渠道输水能力的校核。

例 3-1

有一顺直的渠道,原设计流量为 $2.5\text{m}^3/\text{s}$,岸边长有水草,渠中有少量乱石,实测底坡为 0.0005,底宽为 3.0m,渠深为 1.0m,边坡为 1.5,试校核渠道的输水能力及稳定。

解:(1)渠道输水能力校核

已知 $b = 3.0\text{m}, h = 1.0\text{m}, m = 1.5$;则

$$A = (b + mh)h = (3.0 + 1.5 \times 1.0) \times 1.0 = 4.5\text{m}^2$$

$$\chi = b + 2h\sqrt{1 + m^2} = 6.60\text{m}$$

$$R = \frac{A}{\chi} = 0.681\text{m}$$

查表 3-3 得糙率 $n = 0.030$,则

$$Q = AC\sqrt{Ri} = \frac{1}{n}Ai^{\frac{1}{2}}R^{\frac{2}{3}} = 2.46\text{m}^3/\text{s} \approx 2.5\text{m}^3/\text{s}$$

输水能力基本满足要求。

(2)渠道稳定性校核

查表 3-6,当 $R = 1\text{m}$ 时,$v' = 0.75 \sim 0.95\text{m/s}$;实际渠道 $R = 0.681\text{m}$ 时,折算后 $v' = 0.68 \sim 0.86\text{m/s}$;而渠道实际流速

$$v = \frac{Q}{A} = 0.55\text{m/s} < v'$$

因此渠道较稳定。

二、设计渠道的断面尺寸

已知 Q、m、n、i 求 b、h_0,

$$Q = AC\sqrt{Ri} = \frac{1}{n}Ai^{\frac{1}{2}}R^{\frac{2}{3}} \qquad (3\text{-}15)$$

由式(3-15)可以看出,这类问题要求两个未知数,而只有一个方程,无法得到确定解。一般工程中根据工程实际的要求以及技术经济要求,再附加一个条件,最后还要用允许流速进行校核。一般有以下三种情况。

1. 假定 b,求 h_0

为了避免高次方程的出现,这类问题通常采用试算法,步骤如下:

(1) 计算 K_0, $K_0 = \frac{Q}{\sqrt{i}}$;

(2) 假定不同的水深 h,算出相应的 K 值。若 $K = K_0$,则水深即为所求水深;否则,局部逼近,求出 h_0。另外,也可以通过绘制 $h \sim K$ 曲线,在图上找出 K 所对应的水深。

2. 给定 h_0,求 b

方法同1,将 b 与 h 互换即可。

3. 给定 β_m,求 b、h_0

对于大中型渠道,β_m 可根据有关资料确定;对于小型渠道,β_m 可根据水力最优断面确定,即

$$\beta_m = 2(\sqrt{1+m^2} - m)$$

例 3-2

某梯形渠道,土质为一般黏土。已知渠道设计流量为 $3.5\text{m}^3/\text{s}$,底坡 $i = 0.0020$,试设计渠道的断面尺寸。

解:因其是小型渠道,断面应按照水力最优断面来设计,土质为一般黏土,查表3-2和表3-3可得边坡系数 $m = 1.3$,$n = 0.025$,则

$$\beta_m = 2(\sqrt{1+m^2} - m) = 0.68$$
$$A = (b+mh)h = 1.98h^2$$
$$\chi = b + 2h\sqrt{1+m^2} = 3.96h$$
$$R = 0.5h$$

代入公式(3-15)中,得

$$\begin{cases} h = 1.18\text{m} \\ b = 0.805\text{m} \end{cases}$$

$$\begin{cases} A = 2.76\text{m}^2 \\ \chi = 4.68\text{m} \\ R = 0.59\text{m} \end{cases}$$

$$v = \frac{3.5}{2.76} = 1.27\text{m/s} > (0.65 \sim 0.83)\text{m/s}$$

所以，该断面尺寸必须重新拟定或对河床进行加固。重新拟定尺寸，可按允许流速要求计算，并检验成果是否合理，取设计流速为 $v = 0.8\text{m/s}$。

$$A = 3.5/0.8 = 4.375\text{m}^2$$

$$R = \left(\frac{nv'}{i^{0.5}}\right)^{\frac{3}{2}} = 0.299\text{m}$$

而

$$\begin{cases} A = (b + 1.3h)h = 4.375 \\ R = \dfrac{4.375}{(b + 3.28h)} = 0.299 \end{cases}$$

解方程组得

$$\begin{cases} h_1 = 0.31\text{m} \\ b_1 = 13.71\text{m} \end{cases} \quad \begin{cases} h_2 = -10.8\text{m} \\ b_2 = 13.73\text{m} \end{cases}$$

很显然这两组数据都不合理，故此渠道需采用干砌块石护面，允许流速可达到 3.5m/s，但此时 n 值已发生变化，需重新按上述方法设计断面尺寸。

1. 明渠的横断面形状尺寸以及底坡、糙率等对水流运动有何影响？
2. 明渠水流中 $J = J_z = i$，为什么？
3. 实际河流中存在均匀流吗？试举例说明。
4. 水力最优断面含义，水力最优断面一定是经济最优断面吗？

习　题

1. 有一条土渠，长 1.0km，其间落差 0.5m，底宽 2m，水深 0.8m，边坡系数 $m = 1.5$，$n = 0.03$。试计算其输水能力和流速。
2. 梯形渠道 $Q = 2.28\text{m}^3/\text{s}$，$v = 0.65\text{m/s}$，$m = 1.0$，$n = 0.025$，$b = 2.5\text{m}$，试求其正常水深 h_0 和底面坡度 i。
3. 兴建一条路基排水沟。已知流量 $Q = 1\text{m}^3/\text{s}$，边坡系数 $m = 2.0$，糙率 $n = 0.02$，底坡 $i = 0.002$，试按水力最优条件设计渠道的断面尺寸。

第四章
CHAPTER FOUR
明渠非均匀流

在第三章中我们知道天然或人工渠道中大部分水流属于非均匀流。例如,明渠断面几何形状或尺寸改变、底坡变化或粗糙度的变化,以及水工建筑物(桥涵、闸等)干扰均会发生明渠非均匀流,明渠非均匀流的特点是 $J \neq J_P \neq i$,即水力坡度、侧压管水头线坡度和渠底坡度不相等,如图4-1所示。

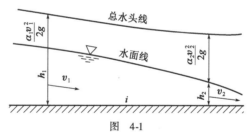

图 4-1

根据流线不平行和弯曲程度,明渠非均匀流中,同样可以分为明渠非均匀渐变流或非均匀急变流。本章重点研究明渠恒定非均匀渐变流的基本特征及其水流要素沿程变化规律。这对于解决工程(主要指水渠)上防洪、防淤等问题具有重要意义。

第一节 断面比能及临界水深

一、明渠常见的两种流态

在天然河流中常常可以看到以下水流现象,如图4-2所示,在底坡较缓、流速较低的河流中,若遇到障碍物时,上游水位连续壅高而后往下游出现跌落;在底坡较陡、水流较急的河流中,若遇到障碍物时,水流一跃而过,上游水面不受影响。我们将前一种水流现象称为缓流,后一种水流现象称为急流。

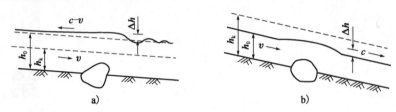

图 4-2　天然河流中的水流现象
a)缓流；b)急流

明渠水流的流态还可以用一个无量纲数佛汝德数（Froude）来判断，符号为 Fr，其方程表达式为

$$Fr = \frac{v}{\sqrt{gh}} \tag{4-1}$$

式中：$\bar{h}$——平均水深，等于过水断面面积 A 与水面宽度 B 的比值。

根据实际流速计算出 Fr，得出水流流态的判别方法，即 $Fr>1$ 为急流；$Fr=1$ 为临界流；$Fr<1$ 为缓流。

二、断面比能

1. 断面比能

如图 4-3 所示为一渐变流，过水断面 A-A 上单位质量液体所具有的总能量为

$$E = z_0 + h + \frac{\alpha v^2}{2g} = z_0 + h + \frac{\alpha Q^2}{2gA^2} \tag{4-2}$$

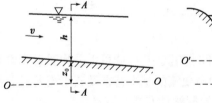

图　4-3

如果我们将基准面选在该断面 $O'-O'$ 的渠底所在平面，那么

$$E = E_s = h + \frac{\alpha v^2}{2g} \tag{4-3}$$

E_s 为以渠底为基准面计算得到的单位能量，称为断面比能。显然断面比能为水流总能量的一部分。两者不是同一概念，计算各断面 E 值时应取同一基准面，而计算 E_s 时，应以各断面的最低点为基准面。

2. 断面比能 E_s 随水深 h 的变化规律

E_s 随水深的变化规律见式(4-4)，即

$$E_s = h + \frac{\alpha v^2}{2g} = h + \frac{\alpha Q^2}{2gA^2} \qquad (4\text{-}4)$$

当流量 Q 及渠道断面形状、尺寸给定以后,E_s 仅是 h 的函数。下面我们定性的分析 E_s 随 h 变化的规律。当 $h\to 0$ 时,则 $E_s\to\infty$;当 $h\to\infty$ 时,则 $E_s\to\infty$。若以 h 为纵坐标,E_s 为横坐标,绘制的断面比能曲线是一条二次抛物线,曲线下支以横坐标为渐进线,上支以 45°线为渐进线,如图 4-4 所示。从图中我们知道存在断面比能最小值,此时对应的水深为临界水深,以 h_K 来表示。

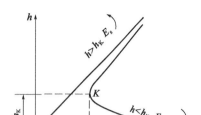

图 4-4 断面比能曲线

若 E_s 对 h 取导,则

$$\frac{dE_s}{dh} = 1 - \frac{\alpha Q^2}{gA^3}\cdot\frac{dA}{dh} = 1 - \frac{\alpha v^2}{g\frac{A}{B}} = 1 - Fr^2 \qquad (4\text{-}5)$$

当 $Fr>1$,即急流,$\dfrac{dE_s}{dh}<0$,断面比能随水深增加而减少,相当于曲线下支;当 $Fr<1$,即缓流,$\dfrac{dE_s}{dh}>0$,断面比能随水深增加而增加,相当于曲线上支;当 $Fr=1$,即临界流,$\dfrac{dE_s}{dh}=0$,断面比能最小。

3. E_s 沿程变化规律

我们知道断面比能 $E_s = E - z_0$,方程两边同时对 l(l 为水的流程)求导,得

$$\frac{dE_s}{dl} = \frac{dE}{dl} - \frac{dz_0}{dl} \qquad (4\text{-}6)$$

而

$$\begin{cases}\dfrac{dE}{dl} = -J\\[4pt]\dfrac{dz_0}{dl} = -i\end{cases} \qquad (4\text{-}7)$$

所以

$$\frac{dE_s}{dl} = i - J \qquad (4\text{-}8)$$

当 $i=J$ 时,$\dfrac{dE_s}{dl}=0$,断面比能不变,此时为均匀流;当 $i\neq J$ 时,$\dfrac{dE_s}{dl}\neq 0$,断面比能既可能沿程增加,也可能沿程减小。

4. 临界水深的计算

根据式(4-5)得

$$1 - \frac{\alpha Q^2 B}{gA^3} = 0\;(B=\frac{dA}{dh},\text{水面宽度})$$

即

$$\frac{\alpha Q^2}{g} = \frac{A_K^3}{B_K}\;(K\text{ 表示临界水深}) \qquad (4\text{-}9)$$

式中:A_K、B_K——分别为相应于 h_K 的过水面积和水面宽度。

当断面形状、尺寸给定时,利用式(4-9)即可求得临界水深 h_K
(1)矩形断面明渠水流临界水深 h_K 计算
将 $B_K = b, A_K = bh_K$,代入式(4-9)得

$$h_K = \sqrt[3]{\frac{\alpha Q^2}{gb^2}} = \sqrt[3]{\frac{\alpha q^2}{g}} \tag{4-10}$$

式中:q——单宽流量。
(2)梯形断面明渠水流临界水深 h_K 计算

①试算法。首先计算出 $\alpha Q^2/g$,然后假定不同的水深 h_1、h_2、h_3、h_4……求得不同的 A^3/B,若某一水深使得 $\alpha Q^2/g = A^3/B$,那么此水深即临界水深 h_K。

②图解法。将上述计算结果,绘制成 $h \sim A^3/B$ 曲线,然后找出 $\alpha Q^2/g$ 值所对应的 h,即临界水深 h_K。

例 4-1

某梯形渠道,底宽 $b = 3\text{m}$,边坡系数为 1.5,当通过流量为 $8\text{m}^3/\text{s}$ 时,水深为 1m,试计算临界水深 h_K,并判别水流的流态。

解:采用试算法

(1)计算 $\dfrac{\alpha Q^2}{g}$,则

$$\frac{\alpha Q^2}{g} = \frac{8^2}{9.8} = 6.53$$

(2)计算不同水深下的 $\dfrac{A^3}{B}$,则

$$A = (3 + 1.5h)h, B = 3 + 3h$$

当 $h = 0.5\text{m}$,$\dfrac{A^3}{B} = 1.46$;当 $h = 1\text{m}$,$\dfrac{A^3}{B} = 15.18$;

当 $h = 0.7\text{m}$,$\dfrac{A^3}{B} = 4.46$;当 $h = 0.8\text{m}$,$\dfrac{A^3}{B} = 7.02$;

当 $h = 0.75\text{m}$,$\dfrac{A^3}{B} = 5.64$;当 $h = 0.78\text{m}$,$\dfrac{A^3}{B} = 6.44$。

所以 $h_K = 0.78\text{m}$。

(3)流态判别

因 $h_K = 0.78\text{m} < 1\text{m}$,故该梯形渠道的水流流态为缓流。

三、临界坡、缓坡、陡坡

当明渠的流量、断面形状、尺寸以及糙率不变,而改变底坡的大小,那么正常水深 h_0 将发生变化,如图 4-5 所示。若当 $h_0 = h_K$ 时,此时渠道底坡为临界底坡,以 i_K 来表示。

根据临界流公式以及均匀流公式得

$$i_K = \frac{gA_K}{\alpha C_K^2 R_K B_K} = \frac{g\chi}{\alpha C_K^2 B_K} \tag{4-11}$$

由上式可知,临界底坡 i_K 与断面形状、尺寸、流量、糙率有关,而与实际底坡无关。

在断面形状、尺寸、流量和糙率相同的情况下,渠道的实际底坡 i 与 i_K 相比较,有以下三种情况:

当 $i < i_K, h_0 > h_K$,即缓流;
当 $i = i_K, h_0 = h_K$,即临界流;
当 $i > i_K, h_0 < h_K$,即急流。

因此,对于明渠均匀流,我们可以通过底坡的类型,来判别水流的流态。

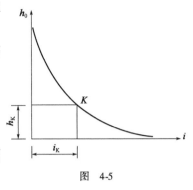

图 4-5

例 4-2

某梯形渠道,底宽 $b = 5\text{m}$,边坡系数为 $m = 1$,糙率 $n = 0.030$,$i = 0.005$,当通过流量 $Q = 15\text{m}^3/\text{s}$ 时,计算临界底坡,并判别水流的流态。

解:(1)计算临界水深,则

$$\frac{\alpha Q^2}{g} = 22.96$$

$$A = (5 + h)h, B = 5 + 2h$$

计算不同水深时的 A^3/B,绘制 $h—(A^3/B)$ 关系曲线得 $h_K = 0.91\text{m}$

(2)计算 i_K,则

$$A_K = (5 + 0.91) \times 0.91 = 5.38\text{m}^2$$
$$B_K = 5 + 2 \times 0.91 = 6.82\text{m}$$
$$\chi = 5 + 2.828 \times 0.91 = 7.57\text{m}$$
$$R = \frac{A_K}{\chi} = 0.71$$
$$C_K = R^{\frac{1}{6}} \cdot \frac{1}{n} = 31.84$$

所以

$$i_K = \frac{g\chi}{\alpha C_K^2 B_K} = 0.01$$

(3)判别流态

因为 $i_K > i = 0.005$,所以是缓流。

第二节 非均匀流方程及水面曲线的定性分析

一、明渠渐变流的微分方程

通过上节我们知道断面比能随水深及沿程的变化规律,即

$$\frac{dE_s}{dl} = i - J$$

$$\frac{dE_s}{dh} = 1 - Fr^2$$

由以上二式可得水深沿程变化规律

$$\frac{dh}{dl} = \frac{i - J}{1 - Fr^2} \tag{4-12}$$

式(4-12)为非均匀渐变流的基本微分方程,反映水深沿程变化规律。

二、水面曲线的定性分析

非均匀渐变流水面曲线的定性分析,即水深 h 沿程变化分析。从明渠非均匀渐变流的微分方程,我们可以看出水深 h 沿程变化规律是和渠道底坡 i 及实际水流的流态有关。所以应根据不同的底坡和流态进行分析。

1. 明渠底坡

明渠底坡有三种,即正坡($i>0$)、负坡($i<0$)、平坡($i=0$)。其中,正坡又可分为缓坡、临界坡、陡坡,所以,明渠底坡共有五种。

2. 明渠水流分区

正坡渠道水流可能为均匀流,即存在正常水深 h_0,明渠均匀流的水面线称为 N-N 线。在棱柱体渠道中,若流量、断面尺寸、形状一定,则临界水深相同,各断面临界水深线称为 K-K 线。N-N 线平行于 K-K 线和底坡。

在正坡渠道中,K-K 线和 N-N 线相对位置关系可以用图 4-6 来表示。

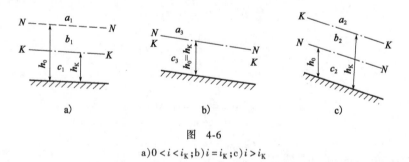

图 4-6

a) $0 < i < i_K$; b) $i = i_K$; c) $i > i_K$

在平坡与负坡渠道中,因不可能存在 h_0,所以只有 K-K 线,或认为 N-N 线位于无穷远处。如图 4-7 所示。

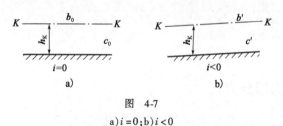

图 4-7

a) $i = 0$; b) $i < 0$

这样通过 K-K、N-N 线就把水面线划分成不同区域。一般规定如下：

(1) a 区——水面线位于 K-K 线和 N-N 之上的流区；

(2) b 区——水面线位于 K-K 线和 N-N 线之间的流区。b 区有两种情况：K-K 线在 N-N 线之上(陡坡明渠)或 K-K 线在 N-N 线之下(缓坡明渠)；

(3) c 区——水面线位于 K-K 线和 N-N 线之下的流区。

为区别不同底坡上各区间的水面线，特规定：缓坡($i<i_K$)为"1"类、陡坡($i>i_K$)为"2"类、临界坡($i=i_K$)为"3"类、负坡($i<0$)为"'"类、平坡($i=0$)为"0"类。这样明渠中共有 a_1、b_1、c_1；a_2、b_2、c_2；a_3、c_3；b_0、c_0；b'、c'十二种水面曲线。

3. 水面曲线定性分析

水面曲线定性分析，可以根据非均匀渐变流微分方程得出。

例如：缓坡渠道 a_1 型曲线，曲线中 $h>h_0>h_K$，水流为缓流，故 $J<i$，$Fr<1$；$dh/dl>0$，即水深沿程增加。所以 a_1 型曲线为壅水曲线。现进一步讨论 a_1 型壅水曲线的发展趋势：向上游，当 $h\to h_0$，那么 $J\to i$，则 $dh/dl\to 0$，即水深沿程不变，因此向上游以 N-N 线为渐进线；向下游，水深越来越大，极限情况 $h\to\infty$，则 $A\to\infty$，$v\to 0$，此时 $Fr\to 0$，$J\to 0$，则 $dh/dl=i$，即水深沿程变化率和底坡 i 相同，但变化方向相反，因此下游以水平线为渐进线。上游 $h_1=(1.01\sim1.05)h_0$，下游根据计算确定。

图 4-8 是一种常见的 a_1 型壅水曲线。

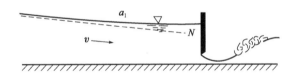

图 4-8

又如 b_1 型水面曲线(图 4-9)，曲线中 $h_0>h>h_K$，水流为缓流，故 $J>i$，$Fr<1$；$dh/dl<0$，即水深沿程减小。所以 b_1 型曲线为降水曲线。现进一步讨论 b_1 型降水曲线的发展趋势：向上游，当 $h\to h_0$，那么 $J\to i$，则 $dh/dl=0$，即水深沿程不变，因此向上游仍以 N-N 线为渐进线；向下游，水深越来越小，极限情况 $h\to h_K$，此时 $Fr\to 1$，则 $dh/dl\to-\infty$，即当水深接近 h_K 时水面曲线有与 K-K 线相垂直的趋势，这只是一种理论结果，实际此时水流已不属于渐变流，因此以虚线绘出。上游 $h_1=(0.95\sim0.99)h_0$，下游 $h_2=h_K$。

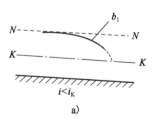 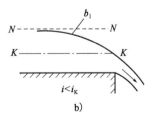

图 4-9

其他各种水面曲线的定性分析可以采用相似的方法,这里不予列举。结果见表4-1。根据12条曲线的形状可以概括出以下规律:

(1)所有 a 区与 c 区的水面曲线都沿程增加,称为壅水曲线;所有 b 区的水面曲线都沿程降低,称为降水曲线。

常见水面曲线分析表　　　　　　　　　　表4-1

坡度类型	水面曲线简图	工程实例
缓坡 ($i < i_K$)	$h > h_0 > h_K$，a_1，$\dfrac{dh}{ds} = \dfrac{+}{+} = +$；$h_0 > h > h_K$，$b_1$，$\dfrac{dh}{ds} = \dfrac{-}{+} = -$；$h_0 > h_K > h$，$c_1$，$\dfrac{dh}{ds} = \dfrac{-}{-} = +$	a_1；b_1；闸门 水跃 c_1
陡坡 ($i > i_K$)	$h > h_K > h_0$，a_2，$\dfrac{dh}{ds} = \dfrac{+}{+} = +$；$h_K > h > h_0$，$b_2$，$\dfrac{dh}{ds} = \dfrac{+}{-} = -$；$h_K > h_0 > h$，$c_2$，$\dfrac{dh}{ds} = \dfrac{-}{-} = +$	水跃 a_2；b_1，b_2；闸门 c_2
临界坡 ($i = i_K$)	$i = i_K$，$h_0 + h_K$，a_3，c_3	$(K)N$，a_3，c_3，(K)，N，$i = i_K$

续上表

坡 度 类 型	水面曲线简图	工程实例
平坡($i=0$)	$h>h_K$ 水平线 b_0 $\frac{dh}{ds}=\frac{-}{+}=+$ K————————K $h<h_K$ c_0 $\frac{dh}{ds}=\frac{-}{-}=+$	(图示：b_0、h_K；c_0、b_0)
负坡($i<0$)	$h>h_K$ 水平线 b' $\frac{dh}{ds}=\frac{-}{+}=-$ K————————K $h<h_K$ c' $\frac{dh}{ds}=\frac{-}{-}=+$	(图示：闸门、水跃、b'、c')

(2)当水深接近正常水深 h_0 时,以 N-N 线为渐近线;接近临界水深 h_K 时,则与 K-K 线相垂直。

后一种情况是理论结果。

例 4-3

某棱柱体渠道断面形状、尺寸、糙率相同,由于底坡变化(图4-10)引起非均匀流,试分析水面曲线变化形式。

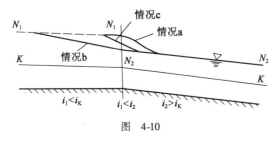

图 4-10

解:(1)绘制 K-K 和 N-N 线

由于 $i_2>i_1$,那么 $h_{02}<h_{01}$,即 N_1-N_1 线高于 N_2-N_2,而 K-K 相同。

(2)水面曲线分析

由于上下游渠道很长,所以上下游渠道无限远处水流定为均匀流,正常水深为 h_{01}、h_{02},且 $h_{01}>h_{02}$。

上游较大水深 h_{01} 到下游较小水深 h_{02},中间必然发生降水。降水有三种可能:

情况 a:上游为均匀流,不产生降水;下游为渐变流降水曲线;

情况 b：上游为渐变流降水曲线；下游为均匀流，不产生降水；
情况 c：上下游均产生降水。

根据 a 区只能发生壅水曲线而不能产生降水的特点，情况 a 和情况 c 均在 a 区发生降水，所以合理的方式是情况 b。

第三节　水面曲线计算与绘制

我们对棱柱体明渠非均匀渐变流水面曲线作了定性分析，但工程实践中常需要定量的了解水深沿程变化，即确定水面曲线的位置。理论上只需对微分方程积分即可，但积分非常困难，通常采用逐段求和法。它适用于各种明渠水流情况。

一、基本计算公式

在上一节中我们推导出断面比能沿程变化微分方程为

$$\frac{dE_s}{dl} = i - J$$

假定在微小距离 Δl 段内 E_s、J 成线形变化，现将其改写成差分方程形式

$$\frac{\Delta E_s}{\Delta l} = i - \bar{J}$$

或

$$\Delta l = \frac{\Delta E_s}{i - \bar{J}} = \frac{E_{s2} - E_{s1}}{i - \bar{J}} \tag{4-13}$$

式中：E_{s1}、E_{s2}——Δl 段上下两断面的断面比能；

$\bar{J}$——流段的平均水力坡度，$\bar{J} = 1/2(J_1 + J_2)$，J 可以根据 $J = Q^2/K^2 = Q^2/A^2C^2R$ 计算。

公式(4-13)为基本方程式。

二、计算方法

运用公式(4-13)，设定两断面水深，绘制水面曲线。

例 4-4

已知涵前水深为 $h_1 = 3.4\text{m}$，如图 4-11 所示。上游为棱柱体渠道，底宽 $b = 10\text{m}$，边坡系数为 $m = 1.5$，糙率 $n = 0.022$，底面坡度 $i = 0.0009$，当流量 $Q = 45\text{m}^3/\text{s}$ 时，试计算涵前的水面曲线。

解:(1)计算 h_K 和 h_0,判别渠道类型

试算得:$h_0=1.96\text{m}, h_K=1.20\text{m}$(计算过程略)

因为 $h_K<h_0$,所以渠道为缓坡。

因为 $h_1>h_0>h_K$,故水深在 a_1 区内变化,可判别待求的水面曲线是 a_1 型壅水曲线。

(2)选择控制断面,确定渠末水深,进行分段

因为渠道中水流为缓流,下游控制水深 $h_2=3.4\text{m}$,上游以 N-N 线为渐进线。

$$h_1=1.01, h_0=1.01\times1.96=1.98\text{m}$$

根据精度要求分段,水深差取 0.2m,分别为 3.2m、3.0m、2.8m、2.6m、2.4m、2.2m、2.1m 和 1.98m。

(3)绘制水面曲线

计算结果见表 4-2,绘图见图 4-11。

水面曲线计算表　　　　　　　　　　表 4-2

h (m)	A (m²)	χ (m)	R (m)	v (m/s)	$J=\dfrac{v^2}{c^2R}$ (10^{-4})	$\overline{J}$ (10^{-4})	$i-\overline{J}$ (10^{-4})	$\dfrac{\alpha v^2}{2g}$ (m)	E_s (m)	ΔE_s (m)	Δl (m)	$\sum \Delta l$ (m)	水位 (m)
3.4	51.34	22.56	2.306	0.8765	1.22	1.374	7.626	0.0392	3.44	0.194	253.2	0	3.40
3.2	47.36	21.54	2.199	0.9502	1.528	1.733	7.267	0.0461	3.246	0.191	262.8	253.2	3.43
3.0	43.5	20.82	2.089	1.034	1.938	2.218	6.782	0.0545	3.055	0.19	280.2	516.0	3.46
2.8	39.76	20.1	1.978	1.132	2.498	2.883	6.117	0.0654	2.865	0.186	304.1	796.2	3.52
2.6	36.14	19.38	1.865	1.245	3.268	3.816	5.184	0.0791	2.679	0.182	351.1	1100.3	3.59
2.4	32.64	18.65	1.75	1.379	4.364	5.161	3.839	0.097	2.497	0.176	458.5	1451.4	3.71
2.2	29.26	17.93	1.632	1.538	5.958	6.493	2.597	0.1207	2.321	0.086	343	1909.9	3.92
2.1	27.62	17.57	1.572	1.629	7.027	7.848	1.152	0.1354	2.235	0.098	850.7	2252.9	4.13
1.98	25.68	17.14	1.498	1.752	8.668			0.1566	2.137			3103.6	4.77

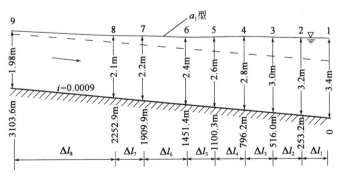

图 4-11

第四节　水跌与水跃

水跌与水跃都是明渠非均匀流中的急变流,是不同流态转换的局部水力现象。

一、水跌

当明渠水流从缓流过渡到急流状态时,即水深从大于临界水深到小于临界水深,那么水面必然产生降落,这种局部的水力现象称为水跌。如图4-12为常见的几种水跌。

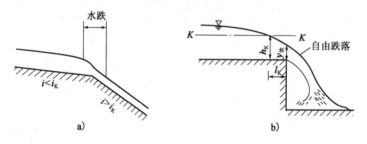

图　4-12

图4-12a)为渠道底坡从缓坡变为陡坡时,水深必然经过临界水深,通常认为临界水深发生在变坡点处。图4-12b)为缓坡渠道的末端自由跌落时(相当于$i \to \infty$),由于跌坎的存在,上游水流阻力减小,水流运动速度加快,水深沿程减小,并在跌坎附近产生急剧降落,又以水跌的形式自由下落。通常认为跌坎处水深为临界水深。但实验表明,跌坎处水深小于临界水深,而位于临界水深水流断面距跌坎距离为$(3 \sim 4)h_K$处,这是由于自由水流跌落属急变流,而临界水深的公式是按渐变流的情况推导出来的,没有考虑到流线弯曲的影响。

二、水跃

当明渠水流从急流过渡到缓流时,即水深从小于临界水深到大于临界水深,那么水面突然升高跃起,这种局部的水力现象称为水跃,如图4-13所示。在闸、陡槽等泄水建筑物下游,一般都有水跃产生。通常闸下出现的水跃现象,水跃的上部水流作剧烈的表面旋滚,掺入大量空气;下部水流是急剧扩散的主流。总之,水跃发生时,水流紊乱,混掺强烈,水流内部相互摩擦、撞击,从而产生大量的能量损失,可达45%~60%。因此,工程中常用水跃来消除高速水流的巨大能量,但并不是所有水跃发生时,都产生旋滚。实验证明,水跃的形式主要与跃前断面的Fr有关,当$1 < Fr < 3$时水面只能形成一系列起伏的波浪,波峰沿程减小直至消失,这种形式的水跃称为波状水跃,或不完整水跃如图4-14所示。波状水跃效能效果较差。为区别波状水跃,将表面有旋滚的水跃称为完全水跃。

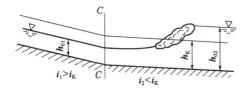
图4-13 水跃

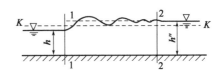
图4-14 波状水跃

1. 水跃长度计算

水跃虽然能消除大量的能量,但水跃段水流紊乱,底部流速大,冲刷能力大。并且水跃段后一定距离水流,仍然具有较强冲刷力。因此,水跃长度包括水跃段长度 L_j 和跃后镇定段长度 L_0。工程中一般用经验公式求得。

(1) 平底梯形明渠中水跃的长度可按式(4-14)计算,则

$$L_j = 5h''\left(1 + 4\sqrt{\frac{B_2 - B_1}{B_1}}\right) \tag{4-14}$$

式中:B_1、B_2——分别表示水跃前后断面处水面宽度。

(2) 平底矩形明渠中水跃的长度可按式(4-15)计算,则

$$L_j = C(h_2 - h_1) \tag{4-15}$$

式中经验系数 C 根据思米顿那(Smetana)取 $C=6$,而根据欧勒佛托斯基取 $C=6.9$。

跃后镇定段长度一般根据经验取

$$L_0 = (2.5 \sim 3.0)L_j \tag{4-16}$$

2. 水跃发生的位置

水跃发生的位置与跃后水深 h'' 和下游水深 h_1 大小对比有关。根据 h'' 与 h_1 大小比较,水跃发生位置有以下三种情况:

(1) 远驱式水跃:$h'' > h_1$,下游水深较小,水流继续呈 C 形水面形式流动,直到水深增大到与下游水深 h_1 相共轭的水深 h' 处发生水跃,如图4-15a)所示。这种水跃,水流对下游仍有较强的冲刷作用,需对冲刷段加固。

(2) 淹没式水跃:$h'' < h_1$,由于下游水深较大,对上游来的急流有制约作用;下游水深较大,对上游水流有较大的顶托作用,使得水跃推向上游并淹没收缩断面,如图4-15b)所示。这种水跃对下游河床加固最短,是常用的一种消能形式。

(3) 临界式水跃:$h'' = h_1$,跃前水深恰好与收缩断面重合,如图4-15c)所示,这种水跃很不稳定,工程中运用较少。

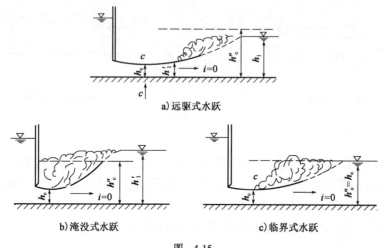

a) 远驱式水跃

b) 淹没式水跃　　　　　　c) 临界式水跃

图 4-15

1. 引起水流在明渠产生非均匀流的基本原因是什么？
2. 天然河道中水流遇到高程低于水面高程的障碍物时，为什么有些会引起壅水？为什么有些不会引起壅水？
3. 断面比能与单位质量明渠均匀液体总能量有何不同？它的沿程变化规律以及随水深的变化关系怎样？
4. 临界底坡与实际底坡有关吗？为什么？它与哪些因素有关？
5. 判别水流流态的方法有哪些？临界底坡的是否可以判别非均匀流流态。
6. 水跃的发生条件是什么？哪一种形式水跃消能效果最好？
7. 采用底流衔接形式，消除余能的措施有哪些？
8. 跌水由哪几部分组成？各部分的主要作用是什么？

习　题

1. 一矩形渠道 $b=5\mathrm{m}$，$n=0.015$，$i=0.003$。试计算该明渠在通过流量 $Q=10\mathrm{m}^3/\mathrm{s}$ 时的临界底坡，并判别该渠道是缓坡还是陡坡。

2. 如图 4-16 所示，棱柱型渠道可能出现的水面曲线，并注明曲线的类型（渠道每段充分长）。

3. 设计一土渠，通过陡坎如图 4-17 所示，渠道断面为梯形，边坡系数 $m=1.5$，糙率 $n=0.025$，底宽 $b=1.2\mathrm{m}$，允许流速为 $1.5\mathrm{m/s}$，明渠底面坡度 $i=0.00184$，设计流量为 $3.5\mathrm{m}^3/\mathrm{s}$，水流通过陡坎时临界水深 $h_K=0.71\mathrm{m}$，相应流速 $v_K=2.18\mathrm{m/s}$。坎前水深 $h_1=0.91\mathrm{m}$ 时，相应流

速恰为 1.5m/s。用逐段求和法，只取 1~2 断面，计算 b_1 降水曲线长，即坎前防冲铺砌段长度取 $\alpha = 1$。

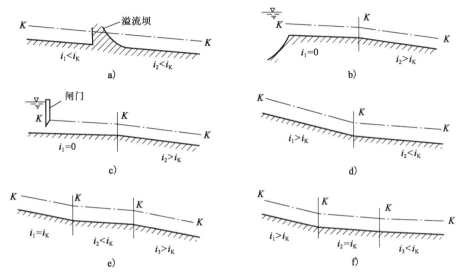

图 4-16 习题 2 图

4. 有一水跃产生于一棱柱体梯形水平渠段中。已知：$Q = 25\text{m}^3/\text{s}, b = 5.0\text{m}, m = 1.25, h_2 = 3.14$。求 h_1。

5. 有一矩形渠道，$Q = 40\text{m}^3/\text{s}, b = 10\text{m}, n = 0.013$，若陡坡 i_1 与缓坡 i_2 相接，已知 $i_1 = 0.01$，$i_2 = 0.0009$，试问有无水跃发生的可能？若有水跃发生，试确定其位置。

6. 设在矩形断面渠道中，有一个实用断面堰（图 4-18），堰上水头 $h_0 = 2.96\text{m}$，堰高 $P = 10\text{m}$，通过单宽流量 $q = 11\text{m}^3/\text{s}, \varphi = 0.95$，下游水深 $h_1 = 4\text{m}$，试判别下游水流的衔接方式，并设计降低渠底高程的消力池尺寸。

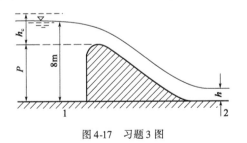

图 4-17 习题 3 图　　　　　　　　　图 4-18 习题 6 图

第五章
河流基本知识

修建公路,必然要跨越河流和沟渠,就需要架设桥梁和涵洞,以便通过车辆和宣泄洪水。桥梁和涵洞都是跨越河流的泄水建筑物,应根据河流的洪水情况及河床的冲淤、变形等情况进行设计。

为了达到上述目的,必须研究自然界中水的运行及其变化的规律,掌握河流的基本知识,尤其是桥涵工程中与河流紧密结合的有关知识。本章着重学习地面径流、河段分类、泥沙运动等内容,为后续学习设计流量推算,选择桥涵孔径和冲刷计算等工程设计内容打下基础。

第一节 地面径流

一、地面径流的形成过程

流域内的降水,一部分在地面运动,形成地面径流;一部分渗入地下,在含水层内形成地下径流。自降水开始到水量流过出口断面的整个物理过程,称为径流形成过程。由于公路桥涵属地面结构物,流量的构成以地面径流为主。

整个过程可概括为四个阶段,见径流形成示意图(图5-1)。

1. 降雨阶段

降雨是形成径流的主要因素,降雨量的多少决定径流量的大小。降雨量以降雨厚度(mm)表示,单位时间内的降雨量则以降雨强度(mm/min)或(mm/h)表示。

每次降雨,降雨量及其在空间和时间上的变化都各不相同。降雨可能覆盖某一区域的全部地区,也可能只降落在该区域的局部地区;降雨强度有时大,有时小,在某一时段上有时较均匀。降雨的变化过程直接决定着径流过程的趋势。

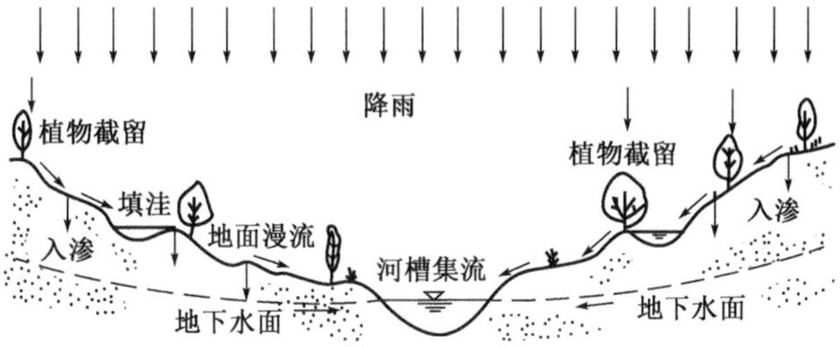

图 5-1　径流形成示意图

2. 蓄渗阶段

降雨开始时，并不立即形成径流。部分雨水消耗于浸润植物（树木、草、农作物等），称为植物截留；部分雨水降落到地面或建筑物顶，被土壤或建筑材料吸收，称为入渗；随着降雨量的增加，吸收渐趋饱和，入渗减缓，局部地面和建筑物顶上的水被蓄留在坑洼内，称为填洼。我们把植物截留、入渗、填洼合称为蓄渗阶段。

3. 坡面漫流阶段

蓄渗阶段完成之后，剩余的雨水逐渐成片地沿着坡面流动，称为坡面漫流。

4. 河槽集流阶段

漫流很快汇集于相对周围地面高程较低的小沟、小溪中。许多条小沟、小溪将接纳来自坡面漫流之水，并集中送入河槽，从支流到干流，最后到达出口断面，这个阶段叫作河槽集流。汇集于河槽的水流，一部分沿河槽向下游流动，另一部分暂蓄后又慢慢向下游流去，河槽的这种作用称为调蓄作用。

降雨、蓄渗、坡面漫流和河槽集流，是从降雨开始到出口断面径流形成的全过程。它们在时间上并无截然的分界，而是逐渐交错进行的。

二、影响径流变化的主要因素

从径流形成过程来看，影响径流变化的主要因素可分为气候因素和下垫面因素两类。

1. 气候因素

（1）降雨：降雨强度愈大，历时愈短，所产生的径流量就愈大，径流过程也愈急促。
（2）蒸发：若蒸发强度大，降水前期土壤含水率则小，入渗增大，导致径流量减小。

2. 下垫面因素

流域内的地形、地质、植被、湖泊泽等自然地理因素，统称为下垫面因素。当流域面积小，地面及河沟坡度小，流域形状狭长，岩土渗透力强，植被密时，河川径流也小。此外，人类活动，如修建水库、水土保持等，对于河川径流有调蓄作用。

三、汇水区几何参数的确定

为了确定桥涵的位置,选择桥涵孔径,推算各种流量,必须确定汇水区的有关几何参数。汇水区几何参数包括:汇水面积 F、主河沟长度 L、主河沟平均坡度 I_z、汇水区平均宽度 B 以及横向平均坡度 I_h。

1. 汇水面积 F

汇水面积 F 是指降水后某区域的雨水经过地面漫流和径流,最后只能通过某一出水口断面排出(如穿过路线的桥涵)的该区域地面面积,通常以 km^2 计。

(1)利用已有地形图现场校核

在已有 1:10000~1:50000 地形图上勾绘汇水区,再经现场校核,一般有足够的准确性。由于各种基本建设设施的迅速发展,原绘制的地形图上的分水岭及水系流向往往与实际情况不尽相符。因此,在利用已有地图时,必须进行现场勘察或访问群众进行校核,否则可能相差很大。

校核方法:首先,重点是在图上标明原图出版以来新增添的人工沟渠、水库、堤坝的道路、桥梁位置;其次,标明由于增添了这些基建设施后,所改变的水流流向;再次,再标明漫流汇入这些沟渠、水库等的地面范围;最后,根据确定的新水系情况,勾绘出汇水区来。

在平原区,地形图上等高线稀疏,并受河网化的影响,分水界线不易划分,必须通过调查,参照图上各村庄或其他明显地物位置,根据村庄地势常高于周围田地的特点,勾绘出汇水区,力求与实际相符。

利用地形图勾绘汇水区的方法如图 5-2 所示。当汇水区勾绘好之后,可蒙上透明厘米格纸,采用不规则边格凑整的方法,按地形图的比例,计算出汇水面积 F 值。

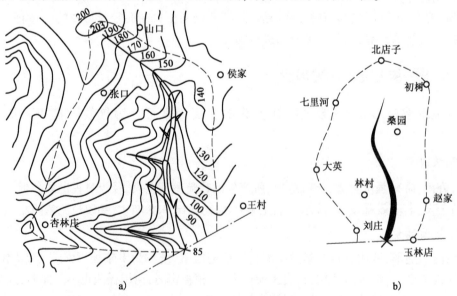

图 5-2 勾绘汇水区(图中数字办等高线高程)

(2) 实测与估测

当没有地形图可利用时，须用地形测量仪器实地测绘，一般采用交会法、绕行法或辐射法。当汇水区较小时，也可采用实测与估测相结合的方法。估测法是指用气压计与角度及水准、类似以上所述的测量方法。

2. 主河沟长度 L 及平均坡度 I_z

(1) 主河沟长度 L

主河沟长度表示出口断面沿主河沟到河源（分水岭）的水平距离（以 m 或 km 计）。主河沟长度 L 可根据地形图的比例尺，沿河沟的流经方向，从所求的出口断面至河源直接量出。

(2) 主河沟平均坡度 I_z

主河沟平均坡度表示长为 L 的河沟坡面的平均比降（计算中以小数计，表示为千分数的形式）。主河沟平均坡度 I_z 的求法：可先从出口断面至河源依等高线逐一查读出河沟各点高程 Z_i，同时量出相邻两点间水平距离 L_i，然后根据作纵断面的等割面积法原理，使 $F_1 = F_2$（图 5-3），切割线 AB 的坡度即主河沟平均坡度 I_z。

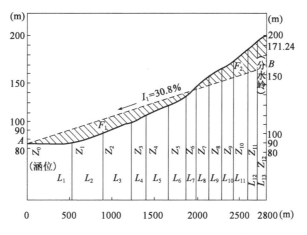

图 5-3 按图 5-2a)汇水区所绘制的主河沟纵断面

这种方法在数学上即为加权平均法，因而可按下式计算 I_z

$$I_z = \frac{(Z_0 + Z_1)L_1 + (Z_1 + Z_2)L_2 + \cdots + (Z_{n-1} + Z_n)L_n - 2Z_0 L}{L^2} \tag{5-1}$$

式中：$Z_0, Z_1, \cdots, Z_n$——自出口断面起沿流程各特征点（或等高线处）地面高程；

$L_1, L_2, \cdots, L_n$——各特征点（或等高线处）点间距离。

当高程点较多时，为避免计算差错，建议按表 5-1 的形式列表计算。现按图 5-2a)的汇水区将 I_z 的计算方法示例于表 5-1 中。

用加权平均法计算主河沟平均坡度　　　　　　　表 5-1

特征点	高程 Z_i (m)	$Z_i + Z_{i+1}$ (m)	间距 L_i (m)	$(Z_i + Z_{i+1}) \times L_n$ (m²)	I_z (‰)
涵位	85				
		175	525	91875	
1	90				
		190	350	66500	
2	100				
		210	350	73500	
3	110				
		230	175	40300	
4	120				
		250	250	62500	
5	130				
		270	200	54000	$I_z = \dfrac{(Z_0+Z_1)L_1}{L^2} + \dfrac{(Z_1+Z_2)L_2}{L^2} + \cdots +$
6	140				
		290	125	36300	$\dfrac{(Z_{n-1}+Z_n)L_n - 2Z_0 L}{L^2}$
7	150				
		310	150	46500	$= \dfrac{717425}{2800^2} - \dfrac{2 \times 85 \times 2800}{2800^2}$
8	160				
		330	150	49500	$= 30.8‰$
9	170				
		350	150	52500	
10	180				
		370	175	64800	
11	190				
		390	100	39000	
12	200				
		403	100	40300	
分水岭	203				
合计		Σ	L=2800	717425	

注：如高程点较多，为简化计算，也可仅选其坡度显著变化点，如本例仅选 0（涵位）、1、3、6、11、12、13（分水岭）各点即可。但此法一般需绘出主河沟纵断面图，才能适当选取。

3. 汇水区平均宽度 B 及横向平均坡度 I_h

1) 利用地形图计算

当利用地形图勾绘出汇水范围，并计算出汇水面积 F 后，可通过汇水面积大约的形心 C，垂直主河沟作一直线，交于汇水区边界的 A、B 两点，量取此两点间的距离，即为汇水区平均宽度 B（以 m 或 km 计），如图 5-4 所示。

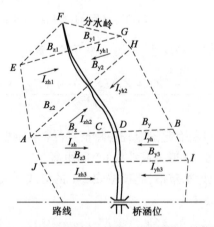

图 5-4　汇水区平均宽度 B 及横向平均坡度 I_h 计算示意

在地形图上分别读出 A 点、B 点及 AB 直线与主河沟交点 D 点的高程 H_A、H_B、H_D，分别量出 AD 间的距离 B_z，BD 间的距离 B_y，则汇水区左右两部分的横向平均坡度分别为

$$I_{zh} = \frac{H_A - H_D}{B_z}; I_{yh} = \frac{H_B - H_D}{B_y}$$

全汇水区的横向平均坡度

$$I_h = \frac{I_{zh} - I_{yh}}{2}$$

2）实测或估测

在实测或估测中，当测出若干个垂直于主河沟的汇水区宽度 B_i 后，取其算术平均值也可得到汇水区平均宽度 B（此值与汇水区形心 C 处垂直于主河沟量出的 B 值略有出入）。

实测或估测中横向平均坡度 I_h 的求法，与上述利用地形图的方法类似，结合估测各个 B_i 的同时，通常先分别测出主河沟以左的各个宽度 B_{zi}，计算出相应的横向坡度 I_{zhi}，主河沟以右的各个宽度 B_{yi}，相应的横向坡度标 I_{yhi}；然后计算出各个 I_{hi}；最后取其算术平均值，可得全汇水区横向平均坡度 I_h，如图 5-4 所示。

第二节　河段分类

一、河流及河床断面

1. 河流

河流按照流量的归属可分为支流和干流。直接流入海洋、湖泊或其他大江、大河的河流称为干流；流入干流的河流称为支流。包括小沟、小溪、支流、干流等脉络相通的水流系统，统称为河系（水系）。

沿着河流的干流，开始有地面水流的地方称为河源，它可能是溪涧、冰川、沼泽。干流流入海洋、湖泊或其他大江、大河的地方称为河口。

从河源到河口，河流按其形态和水文特征可分为上游、中游和下游三段。其中，上游段多处于深山峡谷中，特点是河床坡陡，落差大，水流急，洪水涨落比较急剧；中游段地处丘陵区，河床坡度逐渐变缓，水流较缓，两岸有滩地出现，河床比较稳定，有不明显的冲刷和淤积；下游段多处于平原区，河床坡度平缓，流速小，河槽宽阔，流量大，多浅滩和河湾，明显淤积。

我国西北和北部地区降水量少，有些因河床强烈渗漏造成水流终止的河流，称为内流河（或内陆河）。对于中小型河流和内流河的上游、中游、下游往往不易区分。

2. 河床断面

河床断面可用横断面和纵断面表示。垂直于水流方向的断面称为横断面（图 5-5）。沿水

流方向各横断面上最大水深点的连线,称为深泓线或溪线。沿深泓线的断面称为河床纵断面。河床纵断面能表明河床沿程变化。

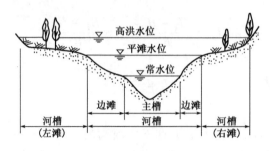

图 5-5　河床横断面图

河床分为主槽、边滩及河滩三部分。河滩只是高洪水位时的水流通道,常水位以下部分则为主槽。主槽和边滩部分,洪水期常有底沙运动,统称为河槽,而河滩一般没有底沙运动,因此多杂草丛生。

河床横断面可分为单式和复式断面两种,如图 5-6 所示。单式断面一般只有河槽,没有河滩(多为山区深谷河沟中),或只是宽滩,没有河槽(如戈壁滩上的河沟中)。复式断面可为一槽一滩(多为河湾处),或一槽两滩(多为平原和微丘区纵向顺直的河段中)。

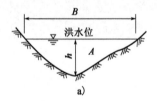 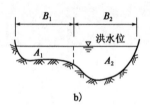 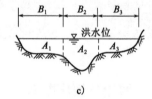

图 5-6　单式和复式横断面

二、桥位设计中的河段分类

在桥位设计时,有关桥位选择、桥孔设计、确定墩台基底埋置深度、布置调治构造物等水文计算中,必须了解桥位所在河段的各种特点,掌握变形的客观规律,以便提出切合实际的设计方案。正是为了满足桥位设计的要求,归纳我国河流各种河段的形态、地质和水文条件所具有的共同特征,《公路工程水文勘测设计规范》(JTG C30—2015)中,按地区(即现场条件)、河流平面外形和河流的稳定程度三个方面,列出河段分类表,见本书附录 2。根据桥位河段具体的分类,可以分别选择桥孔布置和适用的桥孔长度计算公式。

为了比较准确地判别河段类型,应结合实际情况在以下河段长度范围内调查分析:一般河段在桥位上游应有 3~5 倍河床宽度,下游应有 2~3 倍河床宽度。对于弯曲河段,除满足上述要求外,还应包括至少一个河湾。对于冲积漫流河段和平原宽滩河段可参照上述原则确定。

对于河段的稳定性以及变形程度,通常以 50 年演变作为判断时的衡量标准。

第三节　泥沙运动

一、泥沙运动的两种形式

天然河床由泥、土、沙、石等组成,统称为河流泥沙。根据泥沙在河槽内运动的形式和性质不同,可分为悬移质和推移质两类。在一定的水流条件下,颗粒较细的泥沙被水流中的漩涡带起,悬浮于水中向下游运动,沿水流方向前进的速度与水流的流速基本相同,这种运动的泥沙称悬移质。颗粒稍大的泥沙,则在河床表面上滚动、滑动或跳跃着向下游移动,前进的速度远远小于水流的流速,往往以沙波形式向前运动,这种运动的泥沙称为推移质。比推移质颗粒更大的泥沙,则下沉到河床上静止不动,称为床沙。悬移质、推移质和床沙之间颗粒大小的分界是相对的,随水流的流速大小而变化。

二、泥沙的主要参数

1. 粒径及表示方法

1) 粒径 d

泥沙颗粒的形状极不规则,通常采用与泥沙颗粒同体积的球体直径来表示泥沙颗粒的大小,称为等容粒径,简称粒径 d(以 mm 计)。

粒径测量的常用方法有三种:对于粒径大于 0.05mm 左右的泥沙,一般采用筛析法,以标准筛的孔径来确定粒径的大小;对于粒径小于 0.05mm 左右的泥沙,则采用水析法,根据泥沙在静水中的沉降速度与粒径的关系来确定粒径的大小;对于大颗粒的卵(砾)石,可以直接测量。

2) 粒径级配曲线

河流泥沙是由大小不同的颗粒组成的混合体,可用级配曲线来表示各种颗粒的粒径在混合体中所占的比例,如图 5-7 所示。粒径级配曲线能清楚地表明所取泥沙沙样粒径的大小和均匀程度,沙样 a 的粒径较粗而且大小级配均匀,沙样 b 的粒径较细而且大小级配不均匀。

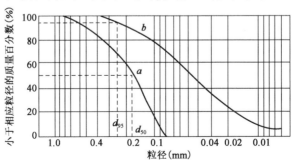

图 5-7　粒级级配曲线

3) 平均粒径 $\bar{d}$ 和其他粒径

泥沙的平均粒径 $\bar{d}$ 是沙样中各级粒径(按质量百分比)的加权平均值,可按下式计算：

$$\bar{d} = \frac{\sum d_i \Delta G_i}{\sum \Delta G_i} \tag{5-2}$$

或

$$\bar{d} = \frac{\sum d_i P_i}{100} \tag{5-3}$$

式中：d_i——各级粒径,mm;

ΔG_i——各级粒径泥沙的质量;

P_i——各级粒径泥沙的质量占沙样总质量的百分数。

有时以粒径 d_{50} 表示小于该粒径的泥沙在沙样总质量中占 50%,其具体的粒径(以 mm 计)可从级配曲线上查得。

2. 挟沙能力

天然河流中,运动着的水流含有一定数量的泥沙,起着输移泥沙的作用。在一定的水流条件和边界条件下,单位体积的水流所挟带泥沙的最大数量,称为挟沙能力,单位为 kg/m³。挟沙能力中包括悬移质和推移质全部泥沙数量,并且随着水流和边界条件的不同而时刻变化。在平原河流中,忽略推移质而不计,只考虑占绝大部分的悬移质数量,单位体积的洪水所含悬移质的数量,称为含沙量 ρ,单位为 kg/m³。

水流经过某一河段都有交换泥沙的过程,即来水经本河段既丢下泥沙又在此挟取泥沙而去。对于某一河段,若上游来沙量大于本河段的水流挟沙能力,就会使河床发生淤积;若上游来沙量小于本河段的水流挟沙能力,就会造成河床冲刷;若来沙量恰好等于本河段的挟沙能力,则本河段不冲不淤或称为冲淤平衡。

三、泥沙起动流速

当河床床面泥沙受水流速度增大的作用,由静止转入运动的临界状态时,水流垂线平均流速称为泥沙起动流速。(详见本教材"第十一章第二节"介绍)

四、河相关系与造床流量

河床几何形态与水力因素及泥沙因素(如流量、泥沙粒径等)间的关系,称为河相关系。与多年流量过程综合作用相当的流量,称为造床流量。它是一处较大的流量,但并非最大的洪水流量。在实际工作中,多取平滩水位相应的流量作造床流量。一般是选取一个较长的河段作依据,当河段各断面水位基本上与该河段的河滩齐平时,此时相应的流量通常作为造床流量。它对河槽形态的塑造作用最大。当水位漫滩后,相应流量的作用反而会削弱。目前,河相关系多按经验公式计算。

1. 断面宽深比 β(断面河相系数)

$$\beta = \frac{\sqrt{B}}{h} \tag{5-4}$$

式中：B——通过造床流量时的水面宽度，m；

h——通过造床流量时断面平均水深，m。

β 值的大小在一定程度上可以反映河段的稳定性。β 值越大，则河槽越宽浅，河床的稳定性越差。稳定性河段：$\beta = 2 \sim 5$；次稳定性河段：$\beta = 5 \sim 20$；变迁性河段：$\beta = 5 \sim 30$；游荡性河段：$\beta = 15 \sim 40$。例如，黄河在河南省境内的游荡性河段，$\beta = 19 \sim 32$；在山东省境内的弯曲性河段，$\beta < 6$。又如，长江在湖北省境内 $\beta = 2.23 \sim 4.45$；汉江 $\beta = 20$。

2. 稳定河宽 B

根据苏联中亚细亚冲积河流的资料，可按下述经验公式计算 B 值

$$B = \xi \frac{Q^{0.5}}{i^{0.2}} \tag{5-5}$$

式中：Q——造床流量，m³/s；

i——河床比降（以小数计）；

B——水面宽度，m；

ξ——稳定河宽系数。稳定沙质河段：$\xi = 1 \sim 1.3$；不稳定沙质河段：$\xi = 1.3 \sim 1.7$。

复习思考题

1. 简述径流的形成过程，可分为哪些阶段？
2. 影响径流的下垫面因素有哪些？
3. 汇水区的几何参数主要有哪些？如何确定？
4. 为什么要对河段分类？规范的分类表中各分为哪些类？
5. 为什么说泥沙运动的推移质和悬移质具有相对含义？
6. 何谓挟沙能力？挟沙能力对河床的冲刷和淤积有什么影响？
7. 河床由哪些部分组成？河床横断面又有哪些断面形式？
8. 什么是河相关系？什么是造床流量？

第六章
CHAPTER SIX
水 文 调 查

第一节 河床断面测量和水文观测

一、河床断面测量

桥梁总体布置设计,需用桥轴线纵断面图(当桥轴线与水流方向垂直正交时,即河床横断面;当桥轴线与水流方向斜交时,两断面间夹一斜交角),天然河流的流速、流量计算也需要河床横断面图,为此必须进行河床断面测量。

1. 水深测量

河床横断面测量可分为水上和水下两部分。水面以上部分可按一般地形测量,水面以下部分的测量方法:先控制各测深垂线与河沟岸某定点的水平距离(称为起点距),然后分别测量各点的水深,两部分测量的结果都应与路线的里程桩号和高程统一起来。

1)测深垂线的布置

测深垂线的分布,以能较真实地反映整个断面的形状为基本要求。一般测深垂线是沿横断面的宽度方向布设,河槽部分应较河滩部分密,河床地面变化急剧处应加密。按不同的河宽,测深垂线的间距应符合表6-1的规定。

测深垂线最大间距　　　　表6-1

水面宽(m)	<50	50~100	100~300	300~1000	>1000
最大间距(m)	3~5	5~10	10~20	20~50	50

2)测深方法

(1)测深杆法。测深杆法是指用竹制、木制或锌铁皮管的测深杆进行水深测量。测深杆直径为4~5cm,长度根据需要一般为3~5m,最长为7~8m。杆上最小刻度可为1cm、2cm、

5cm。为避免测深杆陷入泥土中,底部装有直径20～25cm(起稳定作用)的铁盘或木盘。测深杆法适用于水深5～6m处。

(2)测深绳锤法。测深绳锤法是指用铅或铸铁制成4～6kg的重锤(当流速很大时,适当加大质量),其形状为圆柱形或流线形,用测绳一头拴住重锤,从锤底面量起,沿着测绳作刻度记号,并注意校正测绳的伸缩度。测深绳锤法适用于水深大于6m处。

(3)回声测深仪法。回声测深仪法是指用载于船上的回声仪,通过测定声波的回波信号,反映往返水面到河底间的时间,计算或仪器直接显示出该测深点的水深(计算中声波在水中的速度取1450m/s)。当大江、大河的水很深时适用此法。

2.起点距控制

为了便于起点距的控制,首先沿着桥轴线或河床横断面,在河两岸各选定(并打桩标记)一个指定点,并由路线测量确定指定点的里程和原地面高程。控制断面各测深点到该断面岸上某一指定点的起点距,实施水深测量。常用的有以下方法。

1)断面索法

断面索法是指用钢索或测绳一端固定,另一端用绞车收紧,也可利用沿路线上的大树固定和收紧。在索上扎有明显的尺度标记,以便控制起点距。测船沿索前进,测出各测深点的水深,如图6-1所示。此法适用于不通航或船只较少、河宽小于300m,便于架设跨河索的河流。

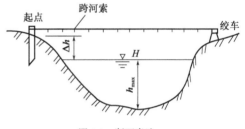

图6-1 断面索法

2)仪器交会法或图解交会法

图6-2中所示A、B两点为河床横断面上设在两岸控制轴线的指定点。

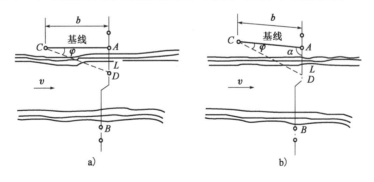

图6-2 仪器交会法或图解交会法

施测前以通视为原则,在较平坦的一岸布设基线AC,长为b。安置经纬仪或小平板于C点,通过仪器测角度φ,按交会法定位施测D点的水深。

求D点距A点的起点距离L:

(1)当基线与横断面垂直时,如图6-2a)所示。其方程表达式为

$$L = b\tan\varphi \tag{6-1}$$

(2)当基线不与横断面垂直时,如图6-2b)所示。其方程表达式为

$$L = b \frac{\sin\varphi}{\sin(\alpha + \varphi)} \tag{6-2}$$

在横断面整个水深测量过程中,通过经常检查岸边指定点和水面间的铅垂距离 Δh(图6-1),来考虑施测过程中的水位变化影响。设开始水位 H_1、终了水位 H_2,横断面上最大水深 h_{max},若水位涨落值 $|H_1 - H_2| \leq 0.03 h_{max}$,则计算水位 $H = (H_1 + H_2)/2$,各实施点的水深不予修正。若 $|H_1 - H_2| > 0.03 h_{max}$,计算水位 $H = H_1$,即以开始水位 H_1 为准,但将所测的水深应以当时涨落值修正。

二、水文观测

推算流量和桥位设计都需要水文资料,而水文观测是取得可靠的水文资料的有效方法之一。水文观测项目主要包括水位、流速、流向、水流挟沙能力等,寒冷地区还需观测冰情。水文观测资料可以通过实测和向桥涵址附近的水文站收集而得。

1. 水位观测

水文站观测的水位是指某一时刻该站测流断面(水文站固定观测的河床横断面)的水面高程。使用水文站的水位资料时,必须注意它所依据的水准基面和桥涵设计依据的水准基面之间的换算关系。

目前,常用水尺和自记水位计来进行水位观测。水尺读数加水尺零点高程就是水位。图6-3为直立式、倾斜式两种水尺。自记水位计则通过自动测量,可将整个水位变化情况,自动记录在记录纸上。

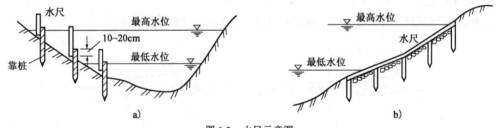

图6-3 水尺示意图
a)直立式水尺;b)倾斜式水尺

2. 流速测定

河沟过水横断面内的流速分布,一般是由河沟岸向河沟中心逐渐增大,由河沟底向水面逐渐增大。流速的实际测定,可结合原测深垂线,沿水面宽度以较少的测速垂线而能充分表示全断面的流速分布情况为原则,先确定测速垂线位置,然后在测速垂线上沿水深确定若干测速点施测。

关于测速垂线的分布,河槽应比河滩的垂线密些,在滩槽分界处应布设垂线。对宽深比特大或漫滩严重的河道,应适当增加垂线。测速垂线数目应不少于表6-2的规定。测速垂线上的测速点,视每根垂线的水深不同,按表6-3布置。

断面测速垂线数目　　　　　　　　　　　表6-2

水面宽(m)	<100	100~300	300~600	600~1000	>1000
垂线数目	5	7	9	11	14

测速垂线上的测点布置 表6-3

垂线水深 h(m)	测点相对水深	垂线水深 h(m)	测点相对水深
>10	五点法($0.0h$、$0.2h$、$0.6h$、$0.8h$、$h-\Delta$)	1.5~3.0	二点法($0.2h$、$0.8h$)
3~10	三点法($0.2h$、$0.6h$、$0.8h$)	<1.5	一点法($0.6h$)

注：1.水面的相对水深为$0.0h$,河沟底的相对水深为$1.0h$。例如，$0.2h$表示此垂线水深h为1时，测点距水面的水深为$0.2h$。

2.Δ为测深铅鱼底面至接尾杆轴的垂直距离。

通常可用流速仪或浮标来测定流速。常用的流速仪有旋杯式和旋桨式两种(图6-4)。浮标有水面浮标和深水(双)浮标之分(图6-5)。

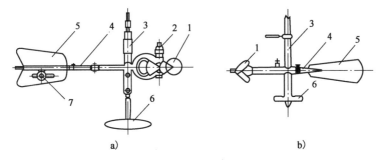

图6-4 流速示意图

1-旋杯(旋桨);2-传讯机构;3-转轴;4-接尾杆;5-尾翼;6-测深铅鱼;7-平衡锤

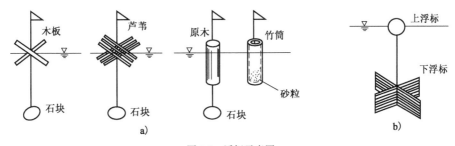

图6-5 浮标示意图

a)水面浮标；b)深水(双)浮标

1)流速仪测流速

流速仪的作用原理是流水推动旋杯或旋桨转动,根据流速仪表头指示的转数可求得流速v,其关系为

$$v = a + bn$$

式中：a——仪器所测定的试验常数,相当于流速仪开始转动时流速,m/s;

b——流速仪系数,具体由仪器说明书鉴定而得;

n——旋杯或旋桨在一定时间内的转数,r/s,即由流速仪计数器上读数推算得的每秒旋杯(桨)转动圈数。

2)浮标法测流速

水面浮标用于测水面流速。常用芦苇、木板、植物杆扎成十字或井字形下垂重物制成,也可用短木棒、竹筒制成直立式浮标,如图6-5a)所示。若水面较宽,可在其上插小彩旗以便观测。

深水(双)浮标用于测水下某点的流速。它由上部小浮标(指示标)和下部大浮标(实测标)用细绳连成一体组成,如图6-5b)所示。浮标法施测流速前,首先需确定浮标的行走线数目,沿水面宽度的行走线数目应不少于表6-4的规定。选择行走线数的原则及要求,与上述流速仪测速垂线相同。深水(双)浮标在每根行走线上测速水深的选择,与流速仪测速时垂线上的测点布置相同。

断面浮标行走线数目 表6-4

水面宽(m)	<200	200~500	500~1000	>1000
行走线数(根)	7~9	9~11	11~13	13~15

另外,要恰当选择上、中(基本断面)、下三个断面以及上游的投放断面,如图6-6所示。上、中、下三断面之相的间距,可参照表6-5确定。

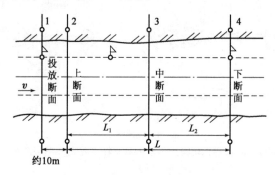

图6-6 浮标测流速各断面布置示意图

浮标测流速时断面间距 表6-5

最大水面流速(m/s)	上、中断面间距L_1(m)	中、下断面间距L_2(m)	上下断面间距L(m)
1.0	15~20	15~20	30~40
2.0	25~40	25~40	50~80
3.0	40~50	40~50	80~100
4.0	50~80	50~80	100~160

浮标航线上的施测流速为

$$v = \frac{L}{t}$$

式中:L——上下断面间距离,m;
t——浮标从上断面至下断面的时间间隔,s。

3.流向观测

流向观测可采用流向仪、流向器、浮标等进行观测。当采用浮标观测时,宜与浮标测速同时进行。采用浮标观测的河段长度,一般在水文断面或桥位上游不小于两倍河宽,在水文断面或桥位下游不小于一倍河宽。根据浮标运行轨迹确定流向。

用浮标法测流向的方法:首先,用经纬仪或平板仪观测确定每一浮标在某时段内通过桥位断面先后所处的不同位置,可得出桥位断面上该浮标在此根行走线上的流速方向;其次,在桥位断面上计算每个浮标所代表的部分过水面积和部分流量；再次，根据每个浮标的部分流量大小及方向（以此行走线上的流速方向代表），进行矢量合成；最后，确定总流向。

第二节 水文调查

对于缺乏水文观测资料的河沟，水文调查是获得桥涵设计中所需水文资料常用的方法。水文调查的步骤：先建立水文断面，通过洪水调查，确定各种洪水位和洪水比降，进而确定水文断面的流速和流量。

一、水文断面

1. 水文断面概念与选择

计算流量所依据的河沟横断面称为水文断面，一般选在有较可靠的洪水调查资料的河段内。有实测资料的水文站测流断面也属于水文断面的范畴。水文断面应尽可能地与流向垂直，宜选在河段顺直、岸坡稳定、床面冲淤变化不大、泛滥宽度较小、断面比较规则、河槽在平面上无过大扩散或收缩、河沟床纵坡无急剧变化和无局部死水回流及壅水影响的地方。

当桥涵位断面符合以上条件时，桥涵位断面可作为一个水文断面。大中桥桥位上下游可各选一个水文断面。当用形态法推求设计流量，而可靠的洪水调查点与桥涵位有一定距离时，可根据具体情况在洪水调查河段选 2~3 个水文断面，以便互相推算校核。

2. 水文断面图测绘

水文断面宜选在洪痕分布较多、河岸稳定、冲淤不大、泛滥宽度较小、无死水和回流、断面比较规则的顺直河段上，宜与流向垂直。水文断面应在桥位的上下游各测绘一个；对河面不宽的中桥，可只测绘一个；当桥位断面符合水文断面条件时，桥位断面可作为水文断面。

测绘范围：平原宽滩河流测至历史最高洪水泛滥线以外 50m；山区河流测至历史最高洪水位以上 2~5m。绘制内容应标出河床地面线、滩槽分界线、植被和地质情况、糙率、测时水位、施测时间、历史洪水位及发生年份、其他特征水位等。滩槽分界线应在现场确定。

二、洪水调查

调查可靠的洪水位并确定其发生的年代，在水文调查法的水力计算中，具有非常重要的意义。通常要对历史洪水位和多年平均洪水位进行调查。历史洪水位是指历史上特大年洪峰流量时所对应的洪水位。多年平均洪水位是指多年来年洪峰流量的平均值所对应的洪水位。

1. 河段调查

收集河段历年变迁的图纸和资料，调查河湾发展及滩槽稳定情况；调查支流、分流、急滩、卡口、滑坡、塌岸和自然壅水等现象；调查水流泛滥宽度、河岸稳定程度；调查河床冲淤变化，上游泥沙来源,历史上淤积高度和下切深度;调查河堤设计标准、河道安全泄洪量及相应水位;调查河道整治方案及实施时间;调查航道等级,最高和最低通航水位,通航孔数,高、中、低水位的上、下行航线位置;调查筏运、漂浮物类型及尺寸。根据河床形态、泥沙组成、岸壁及植被情况,确定河床各部分洪水糙率。

2. 洪水调查

结合所收集的历史洪水资料,在河段两岸调查各次洪水发生的时间、洪痕位置、洪水来源、涨落过程、主流方向;调查有无漫流、分流及受人工建筑物的影响,确定洪水重现期;调查河床断面冲淤变化情况。洪水调查的河段宜选择两岸有较多洪痕点,水流顺直稳定,无回流、分洪及人工建筑物影响,并宜靠近水文断面。同一次洪水应调查3个以上较可靠的洪痕点,作出标志,记录洪痕指定人的姓名、职业、年龄和叙述内容。根据指定的洪痕标志物情况,指定人对洪水记忆程度,综合分析,判断洪痕点的可靠性。

3. 冰凌调查

调查历年封冻及开河时间、最高和最低流冰水位、冰块尺寸、流冰速度和密度、冰塞和冰坝现象;调查历史上凌汛水害情况以及上下游建筑物对流冰的影响。

4. 涉河工程调查

调查桥位河段上既有桥梁、过河管缆的跨度、基础埋深、修建年代、水毁和防护等情况;调查堤坝设计标准、结构形式、基础埋置深度、施工质量、洪水检验等情况,调查上下游水库位置、设计频率、泄洪流量、控制汇水面积、回水范围及建库后上下游河床冲淤变化;其他涉河工程调查,如取水口、泵站、码头、贮木场、锚地等的位置及其对公路工程的影响。

三、洪水比降的确定

洪水比降是指某次洪水时中泓线上的水面纵坡度(中泓线为河流各横断面(过水断面)表面最大流速点的连线)。首先,介绍桥涵位河段洪水比降图的绘制方法。可根据桥涵位工点地形图上洪痕位置和洪痕调查记录(主要是指此洪痕的标高和发生年月),向中泓线上垂直转移。然后,以纵坐标表示洪痕高程,横坐标表示各洪痕在中泓线上沿水流方向的投影距离,分别连接同一洪水时的各个洪痕投影点,可得各次洪水的水面线,从而绘制出桥涵位河段洪水比降图(图6-7)。

依据最可靠的两个洪痕高程 H_1 和 H_2,以及这两个洪痕水位在水流中泓线上的投影距离 L,以式(6-3)计算洪水比降 I:

$$I = \frac{H_1 - H_2}{L} \times 1000‰ \tag{6-3}$$

图上每根洪水水面线都具有该次洪水的水面纵坡,称为洪水比降。从桥涵位河段的洪水比降图上还可得到桥涵位各次洪水的高程。洪水比降图的比例尺,可采用垂直1:20~1:200,水平1:200~1:2000。

当寻找多处洪痕有困难时,洪水比降可用常水位或低水位比降代替。若调查时河沟干涸,也可用河沟底平均坡度 i 代替,但要注意这段河沟的各横断面不应有较大的收缩或扩张变化。有条件时,可绘制水位与比降的关系曲线,即 $I = f(H)$,以便推求得到各水位时的比降。

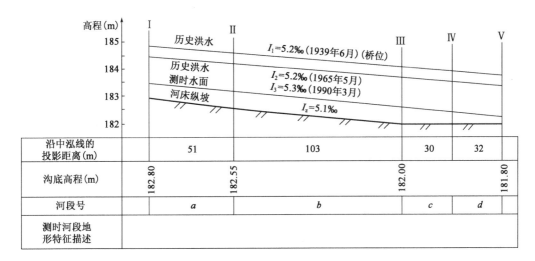

图 6-7 桥位洪水比降图

对于离桥涵位有一定距离的洪水调查点,其洪水比降的确定方法与桥涵位相同。但桥涵位设计洪水位需根据洪水调查点的有关水位进行推算,见相关规范。

四、形态法流速流量的确定

根据水文断面处比较可靠的洪水位,可按均匀流曼宁公式计算流速和流量。若是单式断面,可用式(6-4)、式(6-5)计算全断面的平均流速和流量。若是复式断面,可以先用式(6-4)分别计算左、右河滩与河槽各过水面积的平均流速,再用式(6-6)计算全断面的流量。复式断面的全断面平均流速可用式(6-5)反算,此时的 A 为全断面的过水面积。各方程表达式为

$$v = \frac{1}{n}R^{\frac{2}{3}}I^{\frac{1}{2}} \tag{6-4}$$

$$Q = vA \tag{6-5}$$

$$Q = v_c A_c + \sum v_t A_t \tag{6-6}$$

例 6-1

某桥位处据水文资料推算出设计水位 $H_p = 135.00\text{m}$,设计流量 $Q_p = 3500\text{m}^3/\text{s}$(以形态法计算的结果可与之比较)。据水文调查得:洪水比降 $I = 0.0005$;河滩部分表土为粗砂,糙率 $n_t = 0.025$;河槽部分表土为砾石,$n_c = 0.032$;沿桥轴线断面资料见表 6-6。试计算其设计流量和流速。

沿桥轴线断面资料　　　　表 6-6

桩　　号	K5+500	K5+520	K5+560	K5+600	K5+620	K5+640	K5+680	K5+710	K5+760	K5+790
地面高程	140.00	133.00	131.50	131.00	125.00	124.00	129.50	129.00	132.00	136.00

解:天然河流的形状本不规则,过水断面沿流程变化,实属非均匀流。但是按水文断面要求而选择的断面,则近似均匀流,故可按曼宁公式计算。

(1) 点绘水文断面(图6-8)。

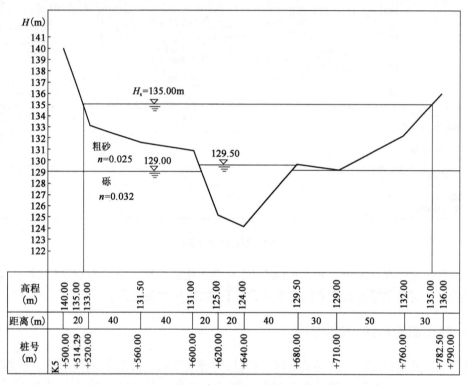

图6-8 (例6-1)水文断面

(2) 列表计算水力三要素(表6-7)。

计算水力三要素　　　　　表6-7

里程桩号	河床高程 (m)	水深 (m)	平均水深 (m)	间距 (m)	湿周 $\chi = \sqrt{L^2 + \Delta h^2}$	过水面积 (m²)	累计面积 (m²)	合计
+514.29	135.00	0	1.00	5.7	6.05	5.7	5.7	
+520.00	133.00	2.00	2.75	40.0	40.03	110.0	115.7	$A_{tz}=265.7\text{m}^2$ $\chi_{tz}=86.08\text{m}$
+560.00	131.50	3.50	3.75	40.0	40.00	150.0	265.7	
+600.00	131.00	4.00	7.00	20.0	20.88	140.0	405.7	
+620.00	125.00	10.00	10.50	20.0	20.02	210.0	615.7	$A_{tz}=680\text{m}^2$ $\chi_{tz}=81.28\text{m}$
+640.00	124.00	11.00	8.25	40.0	40.38	330.0	945.7	
+680.00	129.50	5.50	5.75	30.0	30.00	172.5	1118.2	
+710.00	129.00	6.00	4.50	50.0	50.09	225.0	1343.2	$A_{tz}=431.3\text{m}^2$ $\chi_{tz}=102.79\text{m}$
+760.00	132.00	3.00	1.50	22.5	22.70	33.75	1377.0	
+782.50	135.00	0						

(3)流速、流量计算。
河槽部分

$$R_\mathrm{c} = \frac{A_\mathrm{c}}{\chi_\mathrm{c}} = \frac{680}{81.28} = 8.366\mathrm{m}$$

$$v_\mathrm{c} = \frac{1}{n_\mathrm{c}}R_\mathrm{c}^{\frac{2}{3}}I^{\frac{1}{2}} = \frac{1}{0.032} \times 8.366^{\frac{2}{3}} \times 0.0005^{\frac{1}{2}} = 2.88\mathrm{m/s}$$

$$Q_\mathrm{c} = v_\mathrm{c}A_\mathrm{c} = 2.88 \times 680 = 1958\mathrm{m^3/s}$$

河滩部分
左滩

$$R_\mathrm{tz} = \frac{A_\mathrm{tz}}{\chi_\mathrm{tz}} = \frac{265.7}{86.08} = 3.087\mathrm{m}$$

$$v_\mathrm{tz} = \frac{1}{n_\mathrm{t}}R_\mathrm{tz}^{\frac{2}{3}}I^{\frac{1}{2}} = \frac{1}{0.025} \times 3.087^{\frac{2}{3}} \times 0.0005^{\frac{1}{2}} = 1.90\mathrm{m/s}$$

$$Q_\mathrm{tz} = v_\mathrm{tz}A_\mathrm{tz} = 1.90 \times 265.7 = 505\mathrm{m^3/s}$$

$$R_\mathrm{ty} = \frac{A_\mathrm{ty}}{\chi_\mathrm{ty}} = \frac{431.3}{102.79} = 4.195\mathrm{m}$$

$$v_\mathrm{ty} = \frac{1}{n_\mathrm{t}}R_\mathrm{ty}^{\frac{2}{3}}I^{\frac{1}{2}} = \frac{1}{0.025} \times 4.195^{\frac{2}{3}} \times 0.0005^{\frac{1}{2}} = 2.33\mathrm{m/s}$$

$$Q_\mathrm{ty} = v_\mathrm{ty}A_\mathrm{ty} = 2.33 \times 431.3 = 1005\mathrm{m^3/s}$$

全断面设计流量与流速

$$Q_\mathrm{P} = 1958 + 505 + 1005 = 3468\mathrm{m^3/s}$$

与水文计算值比较

$$\frac{3500 - 3468}{3468} \times 100\% = 0.92\%$$

可见两值非常接近

$$\bar{v}_0 = \frac{Q_\mathrm{P}}{A} = \frac{3468}{1377} = 2.52\mathrm{m/s}$$

第三节 流量观测、流量计算

当水文调查时,可采用流速仪或深水浮标进行实测,测出每根测速垂线(或浮标行走线)上各测速点的流速;也可采用水面浮标进行实测,测出每根浮标行走线上的水面点流速,然后分别进行实测流量的计算。

一、用流速仪、深水浮标施测时流速流量的确定

1. 测速垂线平均流速

当采用流速仪实测出各测速点的流速后,先按表6-8选用加权平均公式,计算出每根测速垂线上的平均流速 v_i (i 为沿水面宽度上每根测速垂线的顺序编号)。

测速垂线上平均流速 v_i 的计算公式   表6-8

垂线水深(m)	测速点布置法	垂线平均流速 v_i(m/s)
>10	五点法	$v_i = \frac{1}{10}(v_{0.0h} + 3v_{0.2h} + 3v_{0.6h} + 2v_{0.8h} + v_{h-\Delta})$
3~10	三点法	$v_i = \frac{1}{3}(v_{0.2h} + v_{0.6h} + v_{0.8h})$
1.5~3	二点法	$v_i = \frac{1}{2}(v_{0.2h} + v_{0.8h})$
<1.5	一点法	$v_i = v_{0.6h}$

当采用深水(双)浮标实测出每根行走线(相当于测速垂线)上沿水深的各测速点流速后,也可根据表6-8所选公式,计算出这根行走线上的平均流速 v_i。

2. 数解法确定流量

根据计算出的每根测速垂线平均流速 $v_1, v_2, \cdots, v_n$ 和相邻垂线间的过水断面面积 $A_0, A_1, A_2, \cdots, A_{n-1}, A_n$,以式(6-7)计算流量 Q(当河沟水位达到历史洪水位或多年平均洪水位时,即某一历史洪峰流量或多年平均洪峰流量),如图6-9所示。

$$Q = \frac{2}{3}v_1 A_0 + \left(\frac{v_1 + v_2}{2}\right)A_1 + \cdots + \left(\frac{v_{n-1} + v_n}{2}\right)A_{n-1} + \frac{2}{3}v_n A_n \tag{6-7}$$

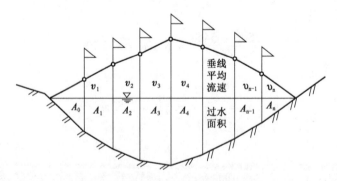

图6-9 数解法算流量中的 v_i 及 A_i 示意图

全断面平均流速 v 仍以式(6-5)反算。

3. 图解法确定流量

首先根据起点距 B_i 和所测垂线水深 h_i 及测速垂线平均流速 v_i,在厘米格纸上按一定比例绘制过水断面及垂线平均流速分布曲线图(图6-10),然后计算各测速垂线处的单宽流量

($q_i = v_i h_i$),即每根垂线平均流速乘以相应水深,再将各测速垂线处的单宽流量按比例点绘于图上,最后将各单宽流量点连成曲线,此曲线与水面所包围的面积即断面总流量 Q。

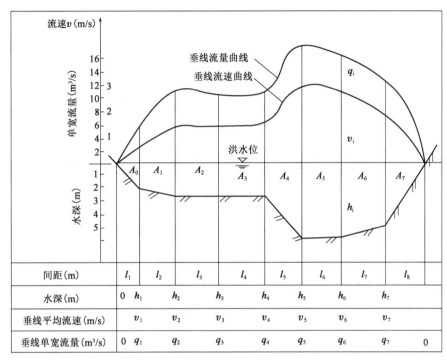

图 6-10 图解法推求流量示意图

二、用水面浮标施测时流速流量的确定

当采用水面浮标实测出每根行走线(相当于测速垂线)上的水面点流速 v_1、v_2、…、v_n 后,也可近似用流速仪或深水浮标施测后计算流量的方法。将水面浮标实测的各水面点流速视作测速垂线平均流速;若以数解法,仍可用式(6-7),但计算出的流量是断面虚流量 Q_X;若以图解法,仍参照图 6-10 进行推求,但计算出的也是断面虚流量 Q_X。实际断面流量 Q 可按下式加以修正:

$$Q = KQ_X \qquad (6\text{-}8)$$

式中:K——水面浮标系数,可用浮标与流速仪同时测流速对比求得,并视风向风力等具体选定,一般大中河流为 0.80~0.90,而小河沟为 0.75~0.85;

Q_X——按水面浮标实测计算待需修正的断面虚流量,m^3/s。

全断面的平均流速 v 仍以式(6-5)计算。

当河床横断面为复式断面时,为了便于桥涵孔径、墩台在河槽、河滩中的区别设计,确定平均流速和流量时应滩槽分开计算。

三、水位与流量关系曲线

河流中的流量随水位而变化,表明水位和流量有密切的关系。在河床横断面形状、糙率 n

和水面比降 I（按均匀流计算时可用河底平均坡度 i 代替）变化不大的前提下，过水断面面积 A 只是水位的函数；断面平均流速 $v=(1/n)R^{\frac{2}{3}}i^{\frac{1}{2}}$（式中 R 随 H 的变化而变化）同样是水位 H 的函数；而 $Q=vA$，因此流量也是水位 H 的函数，即 $A=f_1(H)$、$v=f_2(H)$、$Q=f_3(H)$。

1. 水位与流量关系曲线的绘制

水位与流量关系曲线的绘制通常以 H 为纵坐标，分别以 Q、A、v 为横坐标，在同一张坐标纸上点绘关系曲线，如图 6-11 所示。点绘 $H-A$ 曲线的方法一般是在实际绘制断面后，假定不同水位 H_i 而计算 A_i 值，依据 H_i 与 A 的对应关系点绘而成。点绘 $H-V$、$H-Q$ 曲线的方法是当实测某一水位时，可用流速仪或浮标实测此时的点流速，用本节前述的方法，推算出此水位时的全断面流量 Q 与平均流速 v；水文调查时，则可用均匀流公式推算当某一洪水位 H 时对应的 v 与 Q。实测（或水文调查）得不同的水位 H_i，继续推算对应的 v_i 及 Q_i 依据对应关系即可点绘 $H-v$、$H-Q$ 曲线。

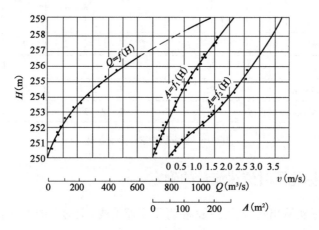

图 6-11　水位与流量关系曲线

2. 水位流量关系曲线的作用

由于桥涵设计中所依据的设计水位，处于水文断面上的高水位，而高水位部分往往缺乏实测资料，因此，要推求高水位时的流速和流量，则可通过分别延长 $H-v$、$H-Q$ 曲线来求得。

一般先根据实测的断面资料延长 $H-A$ 曲线，然后再延长 $H-v$ 和 $H-Q$ 曲线。经实验证明，若过水断面形状在高、中、低水位部分无显著不同（在选择断面时应考虑这一点），则高水位时 $H-v$ 曲线便接近于一条直线，故可沿曲线上端作切线延长；根据延长了的 $H-A$、$H-v$ 曲线，由 $Q=vA$，对 $H-Q$ 曲线进行延长，可用虚线表示（图 6-11）。

总之，水位流量关系曲线的作用是对桥涵位同一断面各水力要素可以互相校核，水位与流速流量数据便于互相转换，特别是对高水位时的流速流量可以插补延长。

1. 水上和水下河床横断面测量有什么区别？
2. 测深点与测速点的布置目的有什么不同？
3. 水文观测包括哪些项目内容？
4. 试述用流速仪、深水浮标测流速的施测步骤。
5. 为什么根据水面浮标测得流速计算的流量不是实际流量？
6. 深水浮标测流速时，除了选定上、中、下三个断面之外，为什么还要建立投放断面？
7. 什么是水文断面？水文断面的选择应注意哪些条件？工程实际中一般如何考虑水文断面的具体位置和数量？
8. 进行历史洪水调查时，应完成哪几项调查内容？
9. 什么是洪水比降？简述绘制桥涵位河段洪水比降图的步骤。
10. 简述用流速仪、深水浮标施测时流速、流量的确定步骤（分别以数解法和图解法叙述）。
11. 试述用水面浮标施测时流速、流量的确定步骤。
12. 绘制水位与流量关系曲线有何作用？

习题

某一平原区天然河流上某桥，桥位处据水文资料推算出设计水位 $H_p=116.00$m，设计流量 $Q_p=2500$m^3/s（形态法计算结果可与之比较），洪水比降 $I=0.0004$；河滩部分生长杂草，表层土质为黏土，糙率 $n_t=0.05$；河槽部分（高程 109.00m 以下）为中砂层，$n_c=0.02$；底层（高程 103.00m 以下）为砾石夹粗砂。沿桥轴线断面资料如表 6-9 所列。试计算其流量和平均流速。

沿桥轴线断面相关资料　　　　　表 6-9

桩号(m)	K4+295	K4+310	K4+360	K4+375	K4+395	K4+425	K4+435
地面高程(m)	118.25	111.50	111.00	105.50	106.50	110.90	121.10

第七章 CHAPTER SEVEN
水 文 基 础

跨越河流的桥梁,设计时必须考虑洪水能顺利宣泄,其基本尺寸(如桥孔长度、桥面高程、基础埋深等)的确定,也必须以桥梁规定使用期限(年数)内可能发生的一次最大洪水(包括流量、流速、水位)为重要依据。

如何推算这种规定使用年限(规定频率)的设计流量以及相应的设计水位,则是桥位设计中首先需要解决的一个问题。本章通过学习水文统计基本知识,运用经验频率曲线和理论频率曲线,为设计流量的推算做好基础准备。

第一节 水文统计基本知识

一、水文现象的基本特性

河流中各种水文要素(如流量、流速、水位、泥沙等)的一般变化规律,称为水文现象。人们根据过去收集的大量水文观测资料研究分析的结果,发现水文现象具有三个基本特性。

1. 不重复性

由于影响水文现象的因素众多,而且各种因素间的关系错综复杂。在一个又一个的周期内(年、月),各种水文现象出现的时间和数量大小每年都不完全相同,这称为水文现象的不重复性。

2. 区域性

由于各地区的地理位置、气象、地形、地貌等因素不同,河流的水文现象在这些因素的综合影响下,具有随区域不同而变化的性质,这称为水文现象的区域性。例如,我国南方河流比北方河流汛期早、水量大，山区河流的洪水暴涨暴落而平原河流涨落平缓，都是明显的区域性的表现。处于同一区域，并且受综合因素影响基本相同的一些河流，其水文现象往往具有相类似的变化规律，这也是区域性的表现。

3. 周期性

气候条件一年四季各不相同，年年如此循环，气候因素明显地以年为周期而变化。直接受气候因素影响的河流水文现象，也同样具有以年为周期而循环变化的性质，这种性质称为周期性。每一条河流在一年之内，都与气候条件相对应，存在着洪水期、平水期和枯水期的周期性变化规律；在历史年代中，则存在着洪水年、平水年和枯水年的年际周期性变化规律。

研究河流水文现象的方法很多，基于水文现象有以上三个基本特征，目前主要采用数理统计法。在水文原始资料的分析处理方面广泛应用的数理统计法，通常称为水文统计法，它也是推算桥涵设计流量的主要方法。本节将介绍水文统计法中一些有关的基本知识。

二、随机变量

1. 事件的分类

自然界的各种现象，按其发生的情况不同，可归纳为以下三类事件：

(1) 在具备的一定条件下必然发生的，称为必然事件。

(2) 在一定条件下不可能发生的，称为不可能事件。

(3) 在一定条件下可能发生也可能不发生，带有偶然性的，称为随机事件（又称为偶然事件）。

例如，由于气候因素周期性的变化，受其影响河流的洪水流量，每年汛期都会出现一次最大的洪峰流量，年年如此，这种水文现象就称为必然事件。在降雨量充沛的汛月，天然河流上游若无阻水及蓄水建筑物，出现断流则称为不可能事件。尽管每年出现一次最大洪峰流量是必然事件，但是每年的最大洪峰流量出现的具体时间和数量，却年年变化，不全相同，这种带有偶然性的水文现象称为随机事件。

实践表明，随机事件也具有一定的规律性，这种规律性只能利用大量同类的随机事件统计而得，称为统计规律。这种规律不同于必然事件所具有的客观规律，只能说明大量随机事件的平均情况。数理统计法也只能根据这种规律性预估随机事件今后变化的平均可能情况，而不能推断某一随机事件的具体结果。例如，长期观测河流的每年最大流量，便会发现年最大流量的多年平均值趋于稳定，接近某一定值。同时当历史年代长久时，便会发现某一个较大的年最大流量值大约平均多少年出现一次。据此可以预估该河流今后每年最大洪峰流量变化的平均情况，但是不能确定今后某年的最大流量具体是多少。预估的精确程度与统计资料有直接关系，统计资料越多、越准确，精确程度就越高。

2. 随机变量

若同类随机事件出现的种种结果，都以实数值来表示，人们把这些随机事件的量值称为随机变量。水文统计法是指利用流量、降雨量等实测水文资料（实数值）作为随机变量，通过统计分析，推求水文现象（随机事件）的统计规律。

3. 总体与样本

由若干或无数个随机变量组成的系列，称为随机变量系列。相对来说，随机变量的全部称为总体，总体中的一部分称为样本。一条河流，从它形成到消失的漫长年代中，历年最大洪峰流量的全部，就是该河流洪峰流量这个随机变量的总体。但在某一段有限年数内，我们通过实测或调查得到的某些年洪峰流量值，都只是总体中的一部分，被称为总体的样本。

我们只能测得某条河流过去有限年的年洪峰流量，而希望了解的未来的年洪峰流量值却是未知的，即知道的只是随机变量系列的样本，未知的是该系列的总体。样本虽然不能完全代表总体，却能反映总体的特性，因此，我们常用样本的规律来推断总体的规律。

由于根据实测或调查的水文资料（样本）所反映的统计规律，不能完全反映总体的客观真实情况，这种由样本推断总体规律带来的误差称为抽样误差。

4. 概率与频率

概率是指随机系列的总体中，某一事件在客观上出现的可能性大小的数值。例如，无数次地掷一枚质量均匀的硬币，得正面的概率是 0.5。概率是事件固有的客观性质，不随人们试验的情况和次数而变动，是一个常数，是理论值。

频率是指若干次试验（样本）中，某一事件出现的次数与试验的总次数（样本的容量）之比值。例如，英国生物学家皮尔逊曾做过掷均质硬币的试验：第一回掷币 12000 次，得正面 6019 次，频率为 0.5016；第二回掷币 24000 次，得正面 12012 次，频率为 0.5005。频率是根据有限的试验结果计算而得的，将随试验次数的多少而变动，是一个经验值。

大量实践证明：当试验次数少（样本容量小）时，频率与概率值相差大；当试验次数无限增多时，频率趋近于概率。

水文统计法中利用实测或调查的年洪峰流量资料（多次试验结果）计算其频率，并寻求它们的变化规律，推测未来可能出现的规定频率的设计流量。

第二节　经验频率曲线

一、经验频率曲线的概念

根据实测和调查资料，在水文计算中，将大于和等于某一数值的流量出现的次数与历年年最大洪峰流量出现的总次数之比值，称为经验累积频率（常以百分数表示）。依据流量与经验累积频率的对应关系，点绘出经验累积频率曲线，习惯上简称为经验频率曲线。

为了说明流量和频率曲线的分布规律，现以某河 75 年内最大洪峰流量实测资料为例，进行分析计算，见表 7-1。以 $Q=100\text{m}^3/\text{s}$ 为组距，流量按大小递减顺序排列，并统计各组出现次数，如表 7-1 中第 1、2 栏，求得各组流量出现的相应频率及累积频率列于表中第 3、5 栏。频率和累积频率都以简单公式 $p=(m/n)\times100\%$ 计算。

某河75年内最大洪峰流量实测资料统计表 表7-1

流量(m³/s)	出现次数(年)	频率(%)	累积出现次数(年)	累积频率(%)
1400~1300	1	1.3	1	1.3
1300~1200	1	1.3	2	2.6
1200~1100	2	2.6	4	5.2
1100~1000	3	4.0	7	9.2
1000~900	5	6.7	12	15.2
900~800	8	10.7	20	26.2
800~700	14	18.7	34	45.3
700~600	20	26.7	54	72.0
600~500	11	14.7	65	86.7
500~400	6	8	71	94.7
400~300	3	4	74	98.7
300~200	1	1.3	75	100.0
总计	75	100.0		

注:各组区间均不包括其上限数值。

若以频率为纵坐标,流量为横坐标,可绘出如图7-1所示的流量与频率关系图(柱状);以流量为纵坐标,累积频率为横坐标,可绘出如图7-2所示的流量与累积频率关系图(台阶状)。

若流量的实测次数(年数)趋于无穷大,组距间隔趋于无穷小,则流量与频率关系图将形成一根左端有限,右端无限,中间高两侧低的偏斜铃形曲线(图7-1中虚线),称为频率密度曲线,设 $f(x)$ 为此时的频率密度曲线函数。同时当组距间隔趋于无穷小时,则流量与累积频率关系图将形成一根中间平缓两侧陡峭的卧S形曲线(图7-2中虚线),称为频率分布曲线,设 $F(x)$ 为此时的频率分布曲线函数。

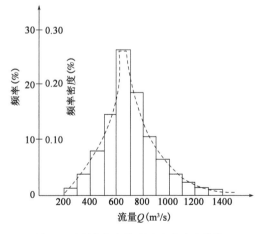

图7-1 流量与频率关系图(频率密度曲线)

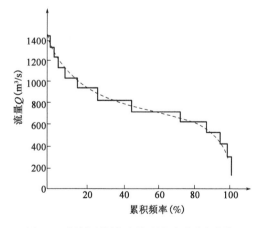

图7-2 流量与累计频率关系图(频率分布曲线)

大量资料表明,绝大多数水文现象都具有这样的规律性。可见,任一河流的年最大洪峰流量的分布都具有上述的图形。

频率密度曲线函数与频率分布曲线函数存在着内在的联系,累积频率可表示为

$$P(x \geq x_p) = F(x) = \int_{x_p}^{\infty} f(x) \cdot d_x \tag{7-1}$$

如图 7-3 所示,频率分布曲线可由频率密度曲线积分而得,即图中密度曲线阴影部分的面积 P 就是分布曲线上 Q_P(流量)所对应的累计频率 P(横坐标值)。

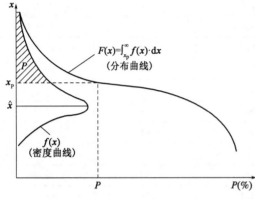

图 7-3 密度曲线与分布曲线关系图

二、经验频率和设计洪水频率

1. 经验频率公式

在水文计算中,利用实测和调查的水文资料推算的频率,称为经验频率;其计算公式称经验频率公式。由于随机变量系列是按递减顺序排列的,所以计算出的频率是累积经验频率。

如果运用简单公式进行累积频率计算,具有明显的缺陷,只有当 n 趋于无限时它才合理。例如,当 $n=20$,则最后一项 $m=20$ 时,某流量的频率为 $P = 20/20 \times 100\% = 100\%$,这意味着比这个流量再小的项永远没有,可见与实际情况不相符。为了弥补实测和调查的水文资料是有限系列的缺陷,规范规定对于连续系列采用数学期望公式计算经验频率:

$$P = \frac{m}{n+1} \times 100\% \tag{7-2}$$

式中:P——经验频率(m 项变量的累积频率,常以%表示);

m——系列中随机变量按递减顺序排列的序号;

n——有限系列的总项数。

2. 重现期

在水文计算时,将无限长远年代过程中,某一水文现象(或量值)平均多少年出现一次,这个多少年的年数就称为重现期。若以 P 表示频率,T(年)表示重现期,则二者关系为

当 $P \leq 50\%$ 时,则

$$T = \frac{1}{P} \tag{7-3}$$

当 $P > 50\%$ 时,则

$$T = \frac{1}{1-P} \tag{7-4}$$

例如,频率为 2%(或 1/50)的洪水流量,其重现期 T 为:1/0.02 = 50 年,也可以称为重现期为 50 年的洪水流量,即俗称为 50 年一遇的洪水流量。频率和重现期的意义,都是指无限长的时期内的平均情况。频率为 2% 的流量,是指等于和大于该数值的流量,在无限长久的年代中,平均出现的可能性为 2%;其重现期为 50 年,同样是指这些流量可能出现的时间间隔平均为 50 年。并不是说,该流量在 100 年间只出现两次或每隔 50 年必定出现一次,事实上,在某

一固定的100年间,也许会出现几次,也许一次都不出现。

3. 设计洪水频率

桥涵及其附属工程的基本尺寸设计,都取决于设计流量的大小。设计流量过大将造成经济上的浪费,设计流量过小则结构不够安全。为了合理地选择设计流量,《公路工程技术标准》(JTG B01—2014)中,统一规定了采用的设计洪水频率,见表7-2。对应于设计洪水频率的洪峰流量,就是桥涵所需的设计流量。在水文统计法中,就是利用累积频率曲线推求相应于设计洪水频率的流量,作为桥涵的设计流量。

桥涵设计洪水频率 表7-2

构造物名称	公路等级				
	高速公路	一级公路	二级公路	三级公路	四级公路
特大桥	1/300	1/300	1/100	1/100	1/100
大、中桥	1/100	1/100	1/100	1/50	1/50
小桥	1/100	1/100	1/50	1/25	1/25
涵洞及小型排水构造物	1/100	1/100	1/50	1/25	不做规定
路基	1/100	1/100	1/50	1/25	按具体情况确定

注:二级公路的特大桥及三、四级公路的大桥,在水势猛急、河床易于冲刷的情况下,可提高一级洪水频率验算基础冲刷深度。

三、经验频率曲线的绘制

1. 经验频率曲线

实测和调查资料系列中,各个随机变量值和其累积频率关系的曲线,称为经验频率曲线。其绘制方法:将实测和调查资料按递减顺序排列,并用经验频率公式算出各随机变量的频率。以随机变量如流量为纵坐标,频率为横坐标,在坐标格纸上点出经验频率点,再按点群趋势,并注意侧重比较可靠的点子,目估勾绘一条匀滑的曲线,即经验频率曲线,如图7-4所示。

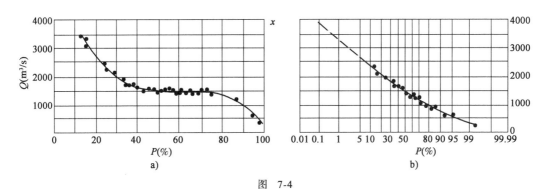

图 7-4
a)普通格纸;b)海森概率格纸

2. 概率格纸

由于采用图7-4a)所示的均匀分格的格纸,使频率曲线线形的头尾两端较陡,中间缓和平坦,呈卧S形。在水文计算中,利用实测和调查资料绘制的经验频率曲线推求规定频率流量,往往因资料系列短,需对该曲线头部进行适当外延,方能求得某指定频率的流量。而均匀分格频率曲线两端较陡,外延的任意性较大,推求的结果会产生很大的误差。

为了消减外延的任意性带来的误差,使频率曲线尽量展直,能近似呈一条直线,海森提出了一种横坐标(表示频率)特殊分格的坐标纸,即海森概率格纸,如图7-4b)所示。其横坐标为中间密集两侧渐疏的不均匀分格,根据需要选定比例后,按表7-3依累积频率绘制。其纵坐标表示随机变量,一般可采用等分格,必要时也可采用常用对数分格。

海森概率格纸横坐标分格表　　表7-3

$P(\%)$	距 $P=50\%$ 的距离	$P(\%)$	距 $P=50\%$ 的距离	$P(\%)$	距 $P=50\%$ 的距离
0.01	3.720	1.2	2.257	18	0.915
0.02	3.540	1.4	2.197	19	0.878
0.03	3.432	1.6	2.144	20	0.842
0.04	3.353	1.8	2.097	22	0.774
0.05	3.290	2	2.053	24	0.706
0.06	3.239	3	1.881	26	0.643
0.07	3.195	4	1.751	28	0.583
0.08	3.156	5	1.645	30	0.524
0.09	3.122	6	1.566	32	0.468
0.10	3.090	7	1.476	34	0.412
0.15	2.967	8	1.405	36	0.358
0.20	2.878	9	1.341	38	0.305
0.30	2.784	10	1.282	40	0.253
0.40	2.652	11	1.227	42	0.202
0.50	2.576	12	1.175	44	0.151
0.60	2.512	13	1.126	46	0.100
0.70	2.457	14	1.080	48	0.050
0.80	2.409	15	1.036	50	0.000
0.90	2.366	16	0.994		
1.00	2.326	17	0.954		

注:$P<50\%$时,当向左绘制;当$P>50\%$时,按上表资料对称向右绘制。例如,$P=80\%$时,采用表中$P=20\%$的值。

3. 经验频率曲线外延时的不足

按实测和调查的水文资料系列,绘于海森概率格纸上的经验频率曲线,虽与普通坐标纸上的同一曲线相比,线形的两端要平缓得多(图7-4),但仍然是一条曲线而不是直线。

利用实测和调查的流量资料推求桥涵的设计流量时,往往需要将频率曲线的头部外延较远,虽已采用了海森概率格纸,但仍存在着任意性,同样会产生一定的误差。可见单是依靠经验频率曲线外延仍存在着不足,因此必须寻求绘制和外延频率曲线的新方法。

第三节　理论频率曲线

由上一节可知,若用经验频率曲线的外延来推求小频率的桥涵设计流量,因其外延的任意性带来的误差大。很多学者,根据大量的实际统计资料的分布趋势,建立了许多频率曲线的线型,并且设法选配了相应的数学方程式。这种具有一定数学方程式的频率曲线,称为理论频率曲线。

以累积频率分布曲线纵坐标 Q 的计算式,来推算理论频率曲线中规定频率的流量(或设计流量)。

$$Q_P = (1 + \phi_P C_v)\overline{Q} = K_P \overline{Q} \tag{7-5}$$

式中:Q_P——频率为 P 时的年洪峰流量,m^3/s;

ϕ_P——离均系数,根据其与频率 P 和偏态系数 C_s 的函数关系,制成表7-4供查;

C_v——偏差系数,在水文计算中的确定方法见后,全国分区 C_v 可参考本教材附录7;

K_P——模比系数,$K_P = Q_P/\overline{Q} = 1 + \phi_P C_v$,可根据 C_s/C_v 比值查本教材附录5;全国分区 C_s/C_v 的经验关系见附录6;

$\overline{Q}$——系列中的年洪峰流量的平均值。

皮尔逊Ⅲ型曲线的离均系数 ϕ_P 值表　　　表7-4

$P(\%)$ / C_s	0.01	0.1	0.2	0.33	0.5	1	2	5	10	20	50	75	90	95	99
0.0	3.72	3.09	2.88	2.71	2.58	2.33	2.05	1.64	1.28	0.84	0.06	-0.67	-1.28	-1.64	-2.33
0.1	3.94	3.23	3	2.82	2.67	2.4	2.11	1.67	1.29	0.84	-0.02	-0.68	-1.27	-1.62	-2.25
0.2	4.16	3.38	3.12	2.92	2.76	2.47	2.16	1.7	1.3	0.83	-0.03	-0.69	-1.26	-1.59	-2.18
0.3	4.38	3.52	3.24	3.03	2.86	2.54	2.21	1.73	1.31	0.82	-0.05	-0.7	-1.24	-1.55	-2.1
0.4	4.61	3.67	3.36	3.14	2.95	2.62	2.26	1.75	1.32	0.82	-0.07	-0.71	-1.23	-1.52	-2.03
0.5	4.83	3.81	3.48	3.25	3.04	2.68	2.31	1.77	1.32	0.81	-0.08	-0.71	-1.22	-1.49	-1.96
0.6	5.05	3.96	3.6	3.35	3.13	2.75	2.35	1.8	1.33	0.8	-0.1	-0.72	-1.2	-1.45	-1.88
0.7	5.28	4.1	3.72	3.45	3.22	2.82	2.4	1.82	1.33	0.79	-0.12	-0.72	-1.18	-1.42	-1.81
0.8	5.5	4.24	3.85	3.55	3.31	2.89	2.45	1.84	1.34	0.78	-0.13	-0.73	-1.17	-1.38	-1.74
0.9	5.73	4.39	3.97	3.65	3.4	2.96	2.5	1.86	1.34	0.77	-0.15	-0.73	-1.15	-1.35	-1.66
1.0	5.96	4.53	4.09	3.76	3.49	3.02	2.54	1.88	1.34	0.76	-0.16	-0.73	-1.13	-1.32	-1.59
1.1	6.18	4.67	4.2	3.86	3.58	3.09	2.58	1.89	1.34	0.74	-0.18	-0.74	-1.1	-1.28	-1.52
1.2	6.41	4.81	4.32	3.95	3.66	3.15	2.62	1.91	1.34	0.73	-0.19	-0.74	-1.08	-1.24	-1.45
1.3	6.64	4.95	4.44	4.05	3.74	3.21	2.67	1.92	1.34	0.72	-0.21	-0.74	-1.06	-1.2	-1.38
1.4	6.87	5.09	4.56	4.15	3.83	3.27	2.71	1.94	1.33	0.71	-0.22	-0.73	-1.04	-1.17	-1.32
1.5	7.09	5.23	4.68	4.24	3.91	3.33	2.74	1.95	1.33	0.69	-0.24	-0.73	-1.02	-1.13	-1.26

续上表

C_s \ $P(\%)$	0.01	0.1	0.2	0.33	0.5	1	2	5	10	20	50	75	90	95	99
1.6	7.31	5.37	4.8	4.34	3.99	3.39	2.78	1.96	1.33	0.68	−0.25	−0.73	−0.99	−1.1	−1.2
1.7	7.54	5.5	4.91	4.43	4.07	3.44	2.82	1.97	1.32	0.66	−0.27	−0.72	−0.97	−1.06	−1.14
1.8	7.76	5.64	5.01	4.52	4.15	3.5	2.85	1.98	1.32	0.64	−0.28	−0.72	−0.94	−1.02	−1.09
1.9	7.98	5.77	5.12	4.61	4.23	3.55	2.88	1.99	1.31	0.63	−0.29	−0.72	−0.92	−0.98	−1.04
2.0	8.21	5.91	5.22	4.7	4.3	3.61	2.91	2	1.3	0.61	−0.31	−0.71	−0.895	−0.949	−0.989
2.1	8.43	6.04	5.33	4.79	4.37	3.66	2.93	2	1.29	0.59	−0.32	−0.71	−0.869	−0.914	−0.945
2.2	8.65	6.17	5.43	4.88	4.44	3.71	2.96	2	1.28	0.57	−0.33	−0.7	−0.844	−0.879	−0.905
2.3	8.87	6.3	5.53	4.97	4.51	3.76	2.99	2	1.27	0.55	−0.34	−0.69	−0.82	−0.849	−0.867
2.4	9.08	6.42	5.63	5.05	4.58	3.81	3.02	2.01	1.26	0.54	−0.35	−0.68	−0.795	−0.82	−0.831
2.5	9.3	6.55	5.73	5.13	4.65	3.85	3.04	2.01	1.25	0.52	−0.36	−0.67	−0.772	−0.791	−0.8
2.6	9.51	6.67	5.82	5.2	4.72	3.89	3.06	2.01	1.23	0.5	−0.37	−0.66	−0.748	−0.764	−0.769
2.7	9.72	6.79	5.92	5.28	4.78	3.93	3.09	2.01	1.22	0.48	−0.37	−0.65	−0.726	−0.736	−0.74
2.8	9.93	6.91	6.01	5.36	4.84	3.97	3.11	2.01	1.21	0.46	−0.38	−0.64	−0.702	−0.71	−0.714
2.9	10.14	7.03	6.1	5.44	7.9	4.01	3.13	2.01	1.2	0.44	−0.39	−0.63	−0.68	−0.687	−0.69
3.0	10.35	7.15	6.2	5.5	4.96	4.05	3.15	2	1.18	0.42	−0.39	−0.62	−0.658	−0.665	−0.667
3.1	10.56	7.26	6.3	5.59	5.02	4.08	3.17	2	1.16	0.4	−0.4	−0.6	−0.639	−0.664	−0.645
3.2	10.77	7.38	6.39	5.66	5.08	4.12	3.19	2	1.14	0.38	−0.4	−0.59	−0.621	−0.624	−0.625
3.3	10.97	7.49	6.48	5.74	5.14	4.15	3.21	1.99	1.12	0.36	−0.4	−0.58	−0.604	−0.606	−0.606
3.4	11.17	7.6	6.56	5.8	5.2	4.18	3.22	1.98	1.11	0.34	−0.41	−0.57	−0.587	−0.588	−0.588
3.5	11.37	7.72	6.65	5.86	5.25	4.22	3.23	1.97	1.09	0.32	−0.41	−0.55	−0.57	−0.571	−0.571
3.6	11.57	7.83	6.73	5.93	5.3	4.25	3.24	1.96	1.08	0.3	−0.41	−0.54	−0.555	−0.556	−0.556
3.7	11.77	7.94	6.81	5.99	5.35	4.28	3.25	1.95	1.06	0.28	−0.42	−0.53	−0.54	−0.541	−0.541
3.8	11.97	8.05	6.89	6.05	5.4	4.31	3.26	1.94	1.04	0.26	−0.42	−0.52	−0.526	−0.526	−0.526
3.9	12.16	8.15	6.97	6.11	5.45	4.34	3.27	1.93	1.02	0.24	−0.41	−0.506	−0.513	−0.513	−0.513
4.0	12.36	7.25	7.05	6.18	5.5	4.37	3.27	1.92	1	0.23	−0.41	−0.495	−0.5	−0.5	−0.5
4.1	12.55	8.35	7.13	6.24	5.54	4.39	3.28	1.91	0.98	0.21	−0.41	−0.484	−0.488	−0.488	−0.488
4.2	12.74	8.45	7.12	6.3	5.59	4.41	3.29	1.9	0.96	0.19	−0.41	−0.473	−0.476	−0.476	−0.476
4.3	12.93	8.55	7.29	6.36	5.63	4.44	3.29	1.88	0.94	0.17	−0.41	−0.462	−0.465	−0.465	−0.465
4.4	13.12	8.65	7.36	6.41	5.68	4.46	3.3	1.87	0.92	0.16	−0.4	−0.453	−0.455	−0.455	−0.455
4.5	13.3	8.75	7.43	6.46	5.72	4.48	3.3	1.85	0.9	0.14	−0.4	−0.444	−0.444	−0.444	−0.444
4.6	13.94	8.85	7.5	6.52	5.76	4.5	3.3	1.84	0.88	0.13	−0.4	−0.435	−0.435	−0.435	−0.435
4.7	13.67	8.95	7.57	6.57	5.8	4.52	3.3	1.82	0.86	0.11	−0.39	−0.426	−0.426	−0.426	−0.426
4.8	13.85	9.04	7.64	6.63	5.84	4.54	3.3	1.8	0.84	1.09	−0.39	−0.417	−0.417	−0.417	−0.417
4.9	14.04	9.13	7.7	6.68	5.88	4.55	3.3	1.78	0.82	0.08	−0.38	−0.408	−0.408	−0.408	−0.408

续上表

C_s \ $P(\%)$	0.01	0.1	0.2	0.33	0.5	1	2	5	10	20	50	75	90	95	99
5.0	14.22	9.22	7.77	6.73	5.92	4.57	3.3	1.77	0.8	0.06	−0.379	−0.4	−0.4	−0.4	−0.4
5.1	14.4	9.31	7.84	6.78	5.95	4.58	3.3	1.75	0.78	0.05	−0.374	−0.392	−0.392	−0.392	−0.392
5.2	14.57	9.4	7.9	6.83	5.99	4.59	3.3	1.73	0.76	0.03	−0.369	−0.385	−0.385	−0.385	−0.385
5.3	14.75	9.49	7.96	6.87	6.02	4.6	3.3	1.72	0.74	0.02	−0.363	−0.377	−0.377	−0.377	−0.377
5.4	14.92	9.57	8.02	6.91	6.05	4.62	3.29	1.7	0.72	0	−0.358	−0.37	−0.37	−0.37	−0.37
5.5	15.1	9.66	8.08	6.96	6.08	4.63	3.28	1.68	0.7	−0.01	−0.353	−0.364	−0.364	−0.364	−0.364
5.6	15.27	9.74	8.14	7	6.11	4.64	3.28	1.68	0.67	−0.03	−0.349	−0.357	−0.357	−0.357	−0.357
5.7	15.45	9.82	8.21	7.04	6.14	4.65	3.27	1.65	0.65	−0.04	−0.344	−0.351	−0.351	−0.351	−0.351
5.8	15.6	9.91	8.27	7.08	6.17	4.67	3.27	1.63	0.63	−0.05	−0.339	−0.345	−0.345	−0.345	−0.345
5.9	15.78	9.99	8.32	7.12	6.2	4.68	3.26	1.61	0.61	−0.06	−0.334	−0.339	−0.339	−0.339	−0.339
6.0	15.94	10.07	8.38	7.15	6.23	4.68	3.25	1.59	0.59	−0.07	−0.329	−0.333	−0.333	−0.333	−0.333
6.1	16.11	10.15	8.43	7.19	6.26	4.69	3.24	1.57	0.57	−0.08	−0.325	−0.328	−0.328	−0.328	−0.328
6.2	16.28	10.22	8.49	7.23	6.28	4.7	3.23	1.55	0.55	−0.09	−0.32	−0.323	−0.323	−0.323	−0.323
6.3	16.45	10.3	8.54	7.26	6.3	4.7	3.22	1.53	0.53	−0.1	−0.315	−0.317	−0.317	−0.317	−0.317
6.4	16.61	10.38	8.6	7.3	6.32	4.71	3.21	1.51	0.51	−0.11	−0.311	−0.313	−0.313	−0.313	−0.313

显然,如果确定三个统计参数 $\bar{Q}$、C_v、C_s 就可以利用上述公式推求任一规定频率的流量值。在实际工作中,当根据实测或调查资料绘出经验频率曲线之后,关键是寻求一条与经验频率曲线符合较好的理论频率曲线。这一目的需要通过多次试算调整三个统计参数才能达到。为此,就要了解三个参数对理论频率曲线的影响,使试算工作进展迅速。关于具体的试算方法,将在本教材第八章第二节中叙述。

一、统计三参数及对理论频率曲线的影响

下面围绕确定理论频率曲线所需的三个统计参数,首先介绍其概念和确定方法,然后介绍三参数对理论频率曲线的影响。

1. 统计三参数 $\bar{Q}$、C_v、C_s 的确定

1) 均值 $\bar{Q}$

均值是系列中所有随机变量的算术平均值。在水文计算中,实测或调查得 n 个年洪峰流量值 $Q_1, Q_2, \cdots, Q_n$,则其均值为

$$\bar{Q} = \frac{Q_1 + Q_2 + \cdots + Q_n}{n} = \frac{1}{n} \sum_{i=1}^{n} Q_i \tag{7-6}$$

与均值 $\bar{Q}$ 相类似,反映系列变量的平均水平的还有中值 $\breve{Q}$ 和众值 $\hat{Q}$。

中值 $\breve{Q}$ 是指在按大小顺序排列的系列中,位居中央的那个随机变量值。例如,有一系列为 13、9、6、3、1,其中值 $\breve{Q} = 6$;另有一系列为 30、26、22、20、17、13,其中值 $\breve{Q} = \frac{1}{2} \times (22 + 20) = 21$。

众值 $\hat{Q}$ 是指系列中数值相同而出现次数最多的那个随机变量值。

当 $\overline{Q} = \breve{Q} = \hat{Q}$ 时，即三者重合，频率密度曲线成左右对称铃形，称为正态分布。当 $\hat{Q} > \breve{Q} > \overline{Q}$ 时，密度曲线峰偏右，称为负偏态分布。当 $\overline{Q} > \breve{Q} > \hat{Q}$ 时，曲线峰偏左，称为正偏态分布。皮尔逊Ⅲ型曲线是属于正偏态分布的。

2）偏差系数 C_v

为了说明均值 $\overline{Q}$ 对系列的代表性强弱问题，或者为了说明各变量对系列均值的离散（分散）程度问题，通常是用均方差 σ 和偏差系数 C_v 来表示的。由于实测和调查的资料有限，在水文统计中属于样本系列，所以下列各参数公式中，已有数学期望的含义。

$$\sigma = \sqrt{\frac{\sum_{i=1}^{n}(Q_i - \overline{Q})^2}{n-1}} \tag{7-7}$$

$$C_v = \frac{\sigma}{\overline{Q}} = \frac{1}{\overline{Q}}\sqrt{\frac{\sum_{i=1}^{n}(Q_i - \overline{Q})^2}{n-1}} \tag{7-8}$$

引入模比系数 $K_i = \dfrac{Q_i}{\overline{Q}}$，则

$$C_v = \sqrt{\frac{\sum_{i=1}^{n}(K_i - 1)^2}{n-1}} \tag{7-9}$$

运用牛顿二项式展开，则

$$C_v = \sqrt{\frac{\sum_{i=1}^{n}K_i^2 - n}{n-1}} \tag{7-10}$$

3）偏态系数 C_s

偏态系数 C_s 是更具体地表明系列中各随机变量对均值 $\overline{Q}$ 是对称分布还是不对称分布，即能反映出频率分布对均值的偏斜程度。

$$C_s = \frac{\sum_{i=1}^{n}(Q_i - \overline{Q})^3}{(n-3)\overline{Q}^3 C_v^3} \tag{7-11}$$

引入模比系数 $K_i = \dfrac{Q_i}{\overline{Q}}$，则

$$C_s = \frac{\sum_{i=1}^{n}(K_i - 1)^3}{(n-3)C_v^3} \tag{7-12}$$

推算桥涵设计流量时，为了保证计算的精度，一般认为 $\overline{Q}$ 需要 10～20 年资料，C_v 需要 20～30 年以上资料，而 C_s 则需要 100 年以上的水文资料。而我国河流的多数实测水文资料均在百年以下，所以要从计算中得出合理的 C_s 值是比较困难的。为此，必须以别的方法来确定 C_s 值，如用试算适线法，以及根据地区的综合影响因素所定出的 C_s 和 C_v 关系来确定。

2. 统计三参数对理论频率曲线的影响

为了使理论频率曲线较好地与经验频率曲线相符合,在(适线)调整过程中,就应该了解改变了各个统计参数值,将会带来理论累积频率曲线何种相应的变化趋势,即必须分别了解三个统计参数对理论频率曲线的影响。

1) 均值 $\overline{Q}$ 的影响

均值 $\overline{Q}$ 反映了累积频率曲线的位置高低,如图7-5a)所示。若 C_s 和 C_v 值不变, $\overline{Q}$ 值增大则曲线上移;反之, $\overline{Q}$ 值减小则曲线下移。

2) 偏差系数 C_v 的影响

偏差系数 C_v 反映了累积频率曲线的陡坦程度,如图7-5b)所示。$\overline{Q}$ 和 C_s 值不变, C_v 值增大则曲线左上右下,线形变陡;反之, C_v 值减小则曲线左下右上,线形变坦。当 $C_v=0$ 时,曲线将成为一条水平线。

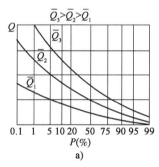
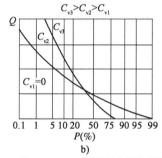
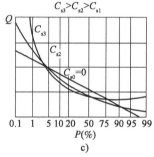

图7-5 $\overline{Q}$、C_v、C_s 对累计频率曲线的影响

a)均值 $\overline{Q}$ 的影响;b)偏差系数 C_v 的影响;c)偏差系数 C_s 的影响

3) 偏差系数 C_s 的影响

偏态系数 C_s 反映了累积频率曲线的弯曲程度,如图7-5c)所示。若 $\overline{Q}$ 和 C_v 值不变, C_s 值增大则曲线弯曲严重,线形凹曲较大。反之, C_s 值减小则曲线弯曲不严重,线形凹曲较小。当 $C_s=0$ 时,曲线将成为一条斜直线。

例 7-1

某水文站有22年不连续的年最大流量资料,列于表7-5第3栏。试先绘制该站流量的经验频率曲线,目估延长推求规定洪水频率为2%、1%时的流量;然后计算3个统计参数 $\overline{Q}$、C_v、C_s,绘制理论频率曲线,并推求洪水频率为2%、1%的流量。

解:(1)绘制经验频率曲线,查读规定频率流量。

把历年的年最大流量资料,按大小递减顺序排列,如表7-5第5栏;采用数学期望公式(7-2)计算各项流量的经验频率 P,列入表7-5第6栏;然后,按表中经验频率和流量数值,在海森概率格纸上点绘出经验频率点,如图7-6中所示的圆点,再依点群的趋势描绘成一条圆滑的曲线,如图7-6中所示的细实线,就是该水文站流量的经验频率曲线。延长经验频率曲线,可由图中直接读出所求洪水频率的流量

$$Q_{2\%}=3180\text{m}^3/\text{s}$$
$$Q_{1\%}=3420\text{m}^3/\text{s}$$

某水站水文资料 表7-5

顺序号	按年份顺序排列		按流量大小排列		经验频率 $P = \dfrac{m_1}{n+1} \times 100\%$	K_i	$(K_i - 1)^2$	$(K_i - 1)^3$
	年份	流量 (m^3/s)	年份	流量 (m^3/s)				
1	2	3	4	5	6	7	8	9
1	1964	2000	1991	2950	4.3	1.735	0.540	0.397
2	1965	2100	1985	2600	8.7	1.529	0.280	0.148
3	1971	2380	1974	2500	13.0	1.471	0.222	0.104
4	1972	2170	1971	2380	17.4	1.400	0.160	0.064
5	1973	1700	1982	2250	21.7	1.324	0.105	0.034
6	1974	2500	1972	2170	26.1	1.276	0.076	0.021
7	1977	600	1965	2100	30.4	1.235	0.055	0.013
8	1978	1080	1964	2000	34.8	1.176	0.031	0.005
9	1982	2250	1986	1900	39.1	1.118	0.014	0.002
10	1983	1100	1994	1850	43.5	1.088	0.008	0.001
11	1984	1480	1973	1700	47.8	1.000	0.000	0.000
12	1985	2600	1987	1650	52.2	0.971	0.001	0.000
13	1986	1900	1995	1530	56.5	0.900	0.010	-0.001
14	1987	1650	1984	1480	60.9	0.871	0.017	-0.002
15	1988	1300	1990	1360	65.2	0.800	0.040	-0.008
16	1989	1000	1988	1300	69.6	0.765	0.055	-0.013
17	1990	1360	1983	1100	73.9	0.647	0.125	-0.044
18	1991	2950	1978	1080	78.3	0.635	0.133	-0.049
19	1992	900	1993	1010	82.6	0.594	0.165	-0.067
20	1993	1010	1989	1000	87.0	0.588	0.170	-0.070
21	1994	1850	1992	900	91.3	0.529	0.222	-0.104
22	1995	1530	1977	600	95.7	0.353	0.419	-0.271
合计				37410		22.005	2.848	0.160

(2)绘理论频率曲线,推求规定频率流量。

按式(7-6)计算 $\overline{Q}$,则

$$\overline{Q} = \frac{1}{n}\sum_{i=1}^{n} Q_i = \frac{1}{22} \times 37410 = 1700 \text{m}^3/\text{s}$$

按公式 $K_i = Q_i / \overline{Q}$ 计算 K_i,并计算 $(K_i - 1)^2$ 及 $(K_i - 1)^3$,分别列入表7-5的第7、8、9栏。

按式(7-9)及式(7-12)计算 C_v 及 C_s,则

$$C_v = \sqrt{\frac{\sum_{i=1}^{n}(K_i - 1)^2}{n - 1}} = \sqrt{\frac{2.848}{22 - 1}} = 0.37$$

$$C_s = \frac{\sum_{i=1}^{n}(K_i-1)^3}{(n-3)C_v^3} = \frac{0.160}{(22-3) \times 0.37^3} = 0.17$$

据实测资料计算频率的范围(4.3%~95.7%),查表7-4得各个指定频率时的 ϕ_i,按式(7-5)计算各个指定频率的 K_i、Q_i,列于表7-9内,并根据表中各个频率及其对应的流量值,在海森概率格纸上绘成一条理论频率曲线(图7-6)。

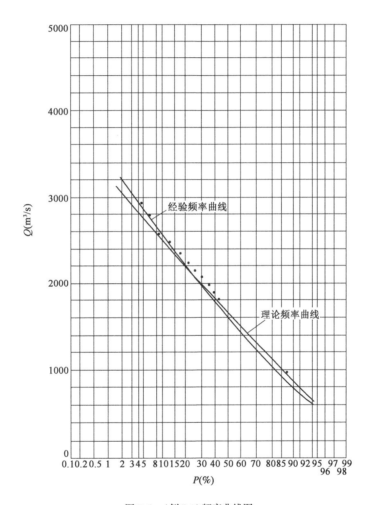

图7-6 (例7-1)频率曲线图

为了便于对比,从经验频率曲线上查读各指定频率时的 Q,同时列于表7-6内。

按公式(7-5)推算所求洪水频率的流量

$$Q_{2\%} = (1 + 2.14 \times 0.37) \times 1700 = 3043 \text{m}^3/\text{s}$$

$$Q_{1\%} = (1 + 2.45 \times 0.37) \times 1700 = 3247 \text{m}^3/\text{s}$$

由于本题流量资料为较短的不连续系列,同时,未经过适线调整,理论频率曲线与经验频率曲线符合较差。

各制定频率时的 Q 值 表 7-6

$P(\%)$		5	10	20	50	75	90	95
经验频率曲线	$Q_i(m^3/s)$	2850	2560	2235	1620	1140	830	650
理论频率曲线	ϕ_i	1.69	1.30	0.83	-0.03	-0.69	-1.26	-1.60
	K_i	1.63	1.48	1.31	0.99	0.74	0.53	0.41
	$Q_i(m^3/s)$	2771	2516	2227	1683	1258	901	697

复习思考题

1. 举例说明水文现象具有哪三个基本特性？
2. 什么是必然事件、不可能事件和随机事件？
3. 简述总体和样本的关系和区别。
4. 什么是抽样误差？
5. 简述概率和频率的定义。概率和频率有何联系和区别？水文计算中有何意义？
6. 什么是经验频率曲线？它是如何勾绘出来的？
7. 简述频率与重现期之间的关系和意义。
8. 采用海森概率格纸的作用是什么？
9. 什么是理论频率曲线？它的作用是什么？为什么说理论频率曲线仍具有一定的经验性？
10. 试述三个统计参数 $\overline{Q}$、C_v、C_s 的定义，并分别说明它们对理论频率曲线的影响。

习 题

某水文站年洪峰流量(m^3/s)资料见表 7-7。要求绘制该站流量的经验频率曲线，计算三个主要统计参数，并绘制(初步的)理论频率曲线，求出 $Q_{1\%}$、$Q_{2\%}$、$Q_{3\%}$。

某水文站年洪峰流量统计表 表 7-7

序号	1	2	3	4	5	6	7	8	9	10	11
年份	1975	1976	1977	1978	1979	1980	1981	1982	1983	1984	1985
流量	2270	1750	480	720	840	2805	1960	1840	1460	1550	2570
序号	12	13	14	15	16	17	18	19	20	21	
年份	1986	1987	1988	1989	1990	1991	1992	1993	1994	1995	
流量	1710	1600	1490	1280	1510	3025	1100	1310	1680	1580	

第八章 设计流量计算

设计流量的计算,应按《公路工程水文勘测设计规范》(JTG C30—2015)的要求,根据所掌握的资料情况,选择适当的计算方法。

第一节 资料的准备和分类

一、水文资料的准备

1. 资料的来源

水文资料主要从三方面获得:
(1)水文站的观测资料。
(2)水文调查与勘测的资料。
(3)文献调查资料,即历史文献和档案资料,包括地方志、档案或碑文中有关洪水灾害的记载,洪水位和淹没范围,以及有关的规划设计(如铁路、水电站、城镇)中所收集的水文资料。

2. 水文统计对资料的要求

(1)应具有一致性。水文统计法是利用已有的水文资料进行统计计算,并以统计规律推断未来的情况。统计计算要求同一系列中的所有资料,必须是同一类型和同样条件下产生的。因此,性质不同的水文资料就不能统计在一起分析计算。

(2)应具有代表性。水文统计是以样本推算总体的参数值,样本的代表性直接影响计算结果。因此,系列应包括丰水、平水、枯水年在内。否则,可能会因推算结果偏大或偏小而不符合总体的客观规律。频率计算时,一般要求实测年份多于 20 年。无论实测期长短,均须进行历史洪水的调查和考证工作,以增加系列的代表性。

(3)应具有独立性。统计计算要求同一系列中的所有(变量)资料,必须是相互独立的。如各年的洪峰流量都是独立发生的。

(4)应具有可靠性。对不同时期的观测资料的可靠性,须仔细分析,必要时应实地调查,应采用可靠的或比较可靠的数据。洪水标志物已有较大变化,洪痕位置不具体和精度不高的资料仅供参考。资料可靠性审查的重点,应放在对设计洪水影响较大的首要几项洪水的分析论证上。资料的客观、准确,是保证统计计算结果符合客观规律的必要条件。因此,必须对收集的资料反复检查和核对。

二、水文资料的分类

当水文站实测资料系列较短或有缺测年份时,首先考虑用相关分析的方法,利用上下游或临近河流的水文站有关资料,对该站资料系列进行插补延长。

(1)经相关分析插补延长后,具有 20 年以上观测资料时,按连续系列推算规定频率的流量(可采用求矩适线法推算)。

(2)具有连续或不连续 20 年以上观测资料,同时具有洪水调查(或文献考证)资料时,按不连续系列推算规定频率流量。

(3)无观测(或较少)资料时,可通过水文调查并根据调查的历史洪水推算设计流量,也可根据地区水文要素的分布规律,制定经验公式和等值线图计算设计流量。

第二节 有观测资料时规定频率流量计算

一、实测洪水流量规定

实测洪水流量系列的插补、延长和转换,应符合下列规定:

(1)当水文计算断面的汇水面积与水文站的汇水面积之差,小于水文站汇水面积的 20%,且不大于 1000km²,汇水区的暴雨分布较均匀,区间无分洪、滞洪时,可按下式将水文站的实测最大洪水流量转换为水文站计算断面的洪水流量

$$Q_1 = \left(\frac{F_1}{F_2}\right)^{n_1} Q_2 \tag{8-1}$$

式中:Q_1、F_1——水文计算断面的洪水流量,m³/s;以及汇水面积,km²;

Q_2、F_2——水文站的实测最大洪水流量,m³/s;以及汇水面积,km²;

n_1——按地区经验值取用,一般大中河流 $n_1 = 0.5 \sim 0.7$;汇水面积小于 100km² 的较小河流 $n_1 \geq 0.7$。

(2)当实测洪水位系列长于实测洪水流量系列,或缺测洪水流量年份而有实测洪水位资料时,宜建立实测水位与流量关系曲线,以此延长或插补洪水流量系列。

(3)插补、延长年数不宜超过实测洪水流量的年数,并应结合气象和地理条件作合理性分析。

二、经验频率计算

1. 连续系列可按式(8-2)计算

$$P_\mathrm{m} = \frac{m_\mathrm{i}}{n+1} \times 100 \tag{8-2}$$

式中:P_m——实测洪水流量的经验频率,%;
　　m_i——按实测洪水流量系列递减次序排列的序位;
　　n——实测洪水流量系列项数。

2. 不连续系列可按下列方法之一估算

(1)第一种方法:调查期 N 年中的特大洪水流量和实测洪水流量分别在各自系列中排位,实测洪水流量的经验频率按式(8-2)计算,特大洪水流量的经验频率按式(8-3)计算

$$P_\mathrm{M} = \frac{M}{N+1} \times 100 \tag{8-3}$$

式中:P_M——历史特大洪水流量或实测系列中的特大洪水流量经验频率,%;
　　M——历史特大洪水流量或实测系列中的特大洪水流量在调查期内的序位;
　　N——调查期年数。

(2)第二种方法:将调查期 N 年中的特大洪水流量和实测洪水流量组成一个不连续系列,特大洪水流量的经验频率按(8-3)式估算,其余实测洪水流量经验频率按式(8-4)计算

$$P_\mathrm{m} = \left[\frac{a}{N+1} + \left(1 - \frac{a}{N+1}\right)\frac{m_\mathrm{i}-l}{n-l+1}\right] \times 100 \tag{8-4}$$

式中:P_m——实测洪水流量经验频率,%;
　　a——特大洪水的项数;
　　l——实测洪水流量系列中按特大洪水流量处理的项数。

3. 理论频率曲线的线型

宜采用皮尔逊Ⅲ型(P-Ⅲ)曲线,在特殊情况下经分析论证也可采用其他线型。

三、频率曲线统计参数计算

宜采用求矩适线法、三点适线法、绘线读点补矩法计算洪水流量系列的 $\overline{Q}$、偏差系数 C_v、偏态系数 C_s 的初算值,本书只介绍求矩适线法。它是在皮尔逊Ⅲ型曲线的基础上发展起来的,适用于具有特大洪水的混合资料推算理论频率曲线的统计参数。其表达式如下。

1. 连续系列(数学期望公式)

$$\overline{Q} = \frac{1}{n}\sum_{i=1}^{n} Q_i \tag{8-5}$$

式中：$\overline{Q}$——洪峰流量均值，m³/s；

n——观测系列的项数（即年数）；

Q_i——历年洪水流量值，m³/s。

$$C_v = \sqrt{\frac{\sum_{i=1}^{n}(K_i-1)^2}{n-1}}$$

或 (8-6)

$$C_v = \sqrt{\frac{\sum_{i=1}^{n}K_i^2 - n}{n-1}}$$

式中：C_v——偏态系数；

K_i——系列中每一流量与平均流量的比值，$K_i = \dfrac{Q_i}{\overline{Q}}$。

注：其余符号意义同式(8-5)。

2. 不连续系列

在迄今为止的 N 年中已查明为首的 a 项特大洪水 $Q_j(j=1,2,\cdots,a)$，其中 l 项发生在实测与插补后的 n 年系列中，则

$$\overline{Q} = \frac{1}{N}\left[\sum_{j=1}^{a}Q_j + \frac{N-a}{n-l}\sum_{i=l+1}^{n}Q_i\right] \tag{8-7}$$

式中符号意义同前。

$$C_v = \frac{1}{\overline{Q}}\sqrt{\frac{1}{N-1}\left[\sum_{j=1}^{a}(Q_j-\overline{Q})^2 + \frac{N-a}{n-l}\sum_{i=l+1}^{n}(Q_j-\overline{Q})^2\right]} \tag{8-8}$$

式中符号意义同前。

偏态系数 C_s 值可通过适线法或参照地区经验选定 C_s/C_v 比值后求得。

四、设计流量计算

求矩适线法步骤：(1) 计算经验累积频率，绘制经验频率曲线。将流量资料按大小递减顺序排列，列表计算经验频率，并在海森概率格纸上逐一点绘，然后根据点群的大致趋势，目估连线，勾绘出匀滑的经验频率曲线。

(2) 为理论频率曲线初选三参数。利用公式计算 $\overline{Q}$、C_v；一般在 $C_s = (2 \sim 4)C_v$ 范围内假定 C_s，作为理论频率曲线三参数的初选值。

(3) 适线选定三参数。为了把握整条理论频率曲线，便于与经验频率曲线相比较，在资料实测范围内尽可能地远，对称选取若干个频率点，根据 $\overline{Q}$、C_v、C_s 的初选值，列表计算 Q（或 K），并在同张海森概率格纸上点绘出理论频率曲线，并与经验频率曲线相比较。依据三个参数分别对理论频率曲线的影响，一般可调整 C_v、C_s 值，当样本偏丰或偏枯时，有时需适当改正

均值 $\overline{Q}$，使理论频率曲线与经验频率曲线相符合(此过程称为适线过程)。

(4)根据确定的三参数，推算规定频率流量。当适线完毕后，用确定的理论频率曲线三参数，以式(7-5)推算规定频率的流量。

例 8-1

某水文站经过插补延长后 32 年连续年最大流量资料列于表 8-1 第 3 栏，用求矩适线法推求规定洪水频率为 2%、1% 的流量。

解：(1)计算经验频率，绘制经验频率曲线

首先，把历年的年最大流量资料，按递减顺序排列，见表 8-1 第 5 栏；其次，用数学期望公式计算各流量的经验频率 p_i，列入表 8-1 第 8 栏；最后，按表中经验频率和流量的对应值，在海森概率格纸上绘出经验频率曲线，如图 8-1 所示。

某水文站连续年最大流量资料　　　　表 8-1

序号	按年份顺序排列		按流量大小排列		K_i	K_i^2	经验频率(%) $P_m = \dfrac{m_i}{n+1} \times 100$
	年份	流量(m³/s)	年份	流量(m³/s)			
1	2	3	4	5	6	7	8
1	1964	2000	1991	3614	2.062	4.250	3.0
2	1965	2100	1980	2950	1.683	2.832	6.1
3	1966	767	1985	2600	1.483	2.200	9.1
4	1967	1781	1974	2500	1.426	2.034	12.1
5	1968	1284	1975	2408	1.374	1.887	15.2
6	1969	1507	1971	2380	1.358	1.843	18.2
7	1970	2145	1981	2253	1.285	1.652	21.2
8	1971	2380	1982	2250	1.284	1.647	24.2
9	1972	2170	1972	2170	1.238	1.532	27.3
10	1973	1700	1970	2145	1.224	1.497	30.3
11	1974	2500	1965	2100	1.198	1.435	33.3
12	1975	2408	1976	2088	1.191	1.419	36.4
13	1976	2088	1964	2000	1.141	1.302	39.4
14	1977	600.	1986	1900	1.084	1.175	42.4
15	1978	1080	1994	1850	1.055	1.114	45.5
16	1979	840	1967	1781	1.016	1.032	48.5
17	1980	2950	1973	1700	0.97	0.940	51.5
18	1981	2253	1987	1650	0.941	0.886	54.5
19	1982	2250	1995	1530	0.873	0.762	57.6
20	1983	1100	1969	1507	0.860	0.739	60.6
21	1984	1480	1984	1480	0.844	0.713	63.6

续上表

序号	按年份顺序排列		按流量大小排列		K_i	K_i^2	经验频率(%) $P_m = \dfrac{m_i}{n+1} \times 100$
	年份	流量(m³/s)	年份	流量(m³/s)			
1	2	3	4	5	6	7	8
22	1985	2600	1990	1360	0.776	0.602	66.7
23	1986	1900	1988	1300	0.742	0.550	69.7
24	1987	1650	1968	1284	0.732	0.536	72.7
25	1988	1300	1983	1100	0.627	0.394	75.8
26	1989	1000	1978	1080	0.616	0.380	78.8
27	1990	1360	1993	1010	0.576	0.332	81.8
28	1991	3614	1989	1000	0.570	0.325	84.8
29	1992	900	1992	900	0.513	0.264	87.9
30	1993	1010	1979	840	0.479	0.230	90.9
31	1994	1850	1966	767	0.438	0.191	93.9
32	1995	1530	1977	600	0.342	0.117	97.0
合计				56097	32.001	36812	

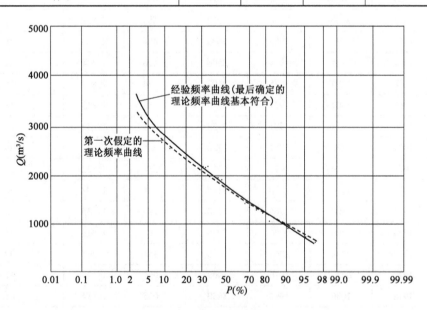

图 8-1　经验频率曲线(例 8-1)

(2) 为理论频率曲线初选三参数

首先,按式(8-5)计算 $\overline{Q}$

$$\overline{Q} = \frac{1}{n}\sum_{i=1}^{n} Q_i = \frac{1}{32} \times 56097 = 1753 \text{m}^3/\text{s}$$

其次,按公式 $K_i = Q_i/\overline{Q}$ 计算 K_i、K_i^2,分别列入表 8-1 第 6、7 栏,按式(8-6)计算 C_v,则

$$C_{\mathrm{v}} = \sqrt{\frac{\sum_{i=1}^{n} K_i^2 - n}{n-1}} = \sqrt{\frac{36.812}{32-1}} = 0.394$$

最后,假定 $C_{\mathrm{s}} = 1.5 C_{\mathrm{v}} = 1.5 \times 0.394 = 0.591$,此时的 $\overline{Q}$、C_{v}、C_{s} 即理论频率曲线的初选三参数。

(3)适线选定三参数

在适线过程中,为了便于与经验频率曲线相比较,在资料实测范围内尽可能地远,根据所求频率 P,选若干个频率点列出适线对比表 8-2。用初选三参数确定的第一次假定的理论频率曲线计算值列于表 8-2 第 3 行,表中 ϕ 值按表 7-4 查用,对应流量按 $Q = (1 + \phi C_{\mathrm{v}})\overline{Q}$ 计算。

适线对比表 表 8-2

		$P(\%)$		5	10	20	50	75	90	95
		经验频率曲线	Q	3100	2770	2400	1750	1280	900	700
理论频率曲线	一	$\overline{Q} = 1753; C_{\mathrm{v}} = 0.394$ $C_{\mathrm{s}} = 1.5; C_{\mathrm{v}} = 0.591$	ϕ Q	1.8 2996	1.33 2672	0.8 2306	-0.1 1684	-0.72 1256	-1.2 924	-1.45 752
	二	$\overline{Q} = 1753; C_{\mathrm{v}} = 0.41$ $C_{\mathrm{s}} = 1.5; C_{\mathrm{v}} = 0.615$	ϕ Q	1.8 3047	1.33 2708	0.8 2328	-0.1 1681	-0.72 1236	-1.2 891	-1.45 711
	三	$\overline{Q} = 1753; C_{\mathrm{v}} = 0.41$ $C_{\mathrm{s}} = 1.1; C_{\mathrm{v}} = 0.451$	ϕ Q	1.76 3018	1.32 2702	0.81 2335	-0.08 1696	-0.71 1243	-1.22 876	-1.5 675
	四	$\overline{Q} = 1805; C_{\mathrm{v}} = 0.41$ $C_{\mathrm{s}} = 1.1; C_{\mathrm{v}} = 0.451$	ϕ Q	1.76 3107	1.32 2782	0.81 2404	-0.08 1746	-0.71 1280	-1.22 902	-1.5 695

根据第一次假定的理论频率曲线计算各 Q 值,与经验频率曲线各 Q 值对比可见,整条曲线左低右高,这是由于求矩适线法公式计算的偏差系数 C_{v} 偏小,故可稍微加大理论频率曲线的 C_{v} 值进行试算。

根据第二次假定,可见理论频率曲线整条曲线下凹严重,应减小理论频率曲线的 C_{s} 值。

根据第三次假定的理论频率曲线计算的各流量 Q 值,从适线对比表(特别是 $P = 50\%$ 处)可见整条曲线偏低,应加大理论频率曲线的均值 $\overline{Q}$。

根据第四次假定的理论频率曲线与经验频率曲线符合得较好,因此选定三参数为 $\overline{Q} = 1805 \mathrm{m}^3/\mathrm{s}$,$C_{\mathrm{v}} = 0.41$,$C_{\mathrm{s}} = 0.451$。

(4)根据确定的三参数,推算规定频率流量。

$Q_{P=2\%} = (1 + \phi_{P=2\%} C_{\mathrm{v}})\overline{Q} = (1 + 2.29 \times 0.41) \times 1805 = 3500 \mathrm{m}^3/\mathrm{s}$

$Q_{P=1\%} = (1 + 2.65 \times 0.41) \times 1805 = 3766 \mathrm{m}^3/\mathrm{s}$

例 8-2

某水文站的年洪峰流量资料,见表 8-3 第 1、2 栏所列。1981~1995 共 15 年的连续实测资料,1964~1995 年共 26 年(个)不连续实测资料(见第 2 栏中不带括号的流量值),其中 1991 年出现特大洪水流量(本例中特大洪水值认为 $Q > 7000 \mathrm{m}^3/\mathrm{s}$)。调查到的历史洪水为 1954 年、1968 年、1975 年、1976 年、1980 年共 5 年(第 2 栏中带小括号值),其中 1954 年出现特大洪水流量;1968年洪水在调查中根据群众回忆约略小于1985年,但流量值不清楚。另外从当地资料考证,得知1925年的洪水与1991年的不相上下。1917年、1925年都出现特大洪水流量(第2栏中带中括号值)。现按混合资料推算规定频率 $P=1\%$ 时的流量。

解:(1)计算经验频率

某水文站年洪峰流量资料　　　　　表8-3

按时间顺序排列		按递减顺序排列		经验频率 $P(\%)$									
				第一种方法								第二种方法	
年份	流量 (m^3/s)	年份	流量 (m^3/s)	序号	实测数 $n=26$	序号	实测期 $N=32$	序号	调查期 $N=42$	序号	考证期 $N=79$	选用值	选用值
1	2	3	4	5	6	7	8	9	10	11	12	13	14
1917	(8100)	1917	(8100)							1	1.3	1.3	1.3
1925	(-7630)	1925	(-7630)							2	2.5~3.8	2.5~3.8	2.5~3.8
1954	(7140)	1991	7630	1	3.7	1	3.0	1	2.3	3	2.5~3.8	2.5~3.8	2.5~3.8
1964	3380	1954	(7140)					2	4.7			4.7	5.0
1965	3540	1980	(6600)			2	6.1	3	7			7.0	8.2
1968	(—)	1975	(6100)			3	9.1	4	9.3			9.3	11.3
1969	2140	1976	(5870)			4	12.1	5	11.6			11.6	14.5
1970	3960	1985	5600	2	7.4	5	15.2	6	14.0			14.0	17.7
1971	4650	1968	(≤5600)			6	18.2	7	16.3			16.3	20.8
1972	4100	1974	5200	3	11.1	7	21.2					21.2	24.0
1973	2650	1971	4650	4	14.8	8	24.2					24.2	27.2
1974	5200	1981	4300	5	18.5	9	27.3					27.3	30.3
1975	(6100)	1982	4150	6	22.2	10	30.3					30.3	33.5
1976	(5870)	1972	4100	7	25.9	11	33.3					33.3	36.7
1977	520	1970	3960	8	29.6	12	36.4					36.4	39.8
1978	1150	1965	3540	9	33.3	13	39.4					39.4	43.0
1979	770	1964	3380	10	37.0	14	42.4					42.4	46.2
1980	(6600)	1986	3050	11	40.7	15	45.5					45.5	49.3
1981	4300	1994	2770	12	44.4	16	48.5					48.5	52.5
1982	4150	1973	2650	13	48.1	17	51.5					51.5	55.7
1983	1340	1987	2450	14	51.9	18	54.5					54.5	58.8
1984	2060	1995	2300	15	55.6	19	57.6					57.6	62.0
1985	5600	1969	2140	16	59.3	20	60.6					60.6	65.2

续上表

按时间顺序排列		按递减顺序排列		经验频率 P(%)									
				第一种方法								第二种方法	
年份	流量 (m³/s)	年份	流量 (m³/s)	序号	实测数 n=26	序号	实测期 N=32	序号	调查期 N=42	序号	考证期 N=79	选用值	选用值
1	2	3	4	5	6	7	8	9	10	11	12	13	14
1986	3050	1984	2060	17	63.0	21	63.6					63.6	68.3
1987	2450	1990	1800	18	66.7	22	66.7					66.7	71.5
1988	1630	1988	1630	19	70.4	23	69.1					70.4	74.7
1989	980	1983	1340	20	74.1	24	72.7					74.1	77.8
1990	1800	1978	1150	21	77.8	25	75.7					77.8	81.0
1991	7630	1993	1080	22	81.5	26	78.8					81.5	84.2
1992	930	1989	980	23	85.2	27	81.8					85.2	87.3
1993	1080	1992	930	24	88.9	28	84.8					88.9	90.5
1994	2770	1979	770	25	92.6	29	87.9					92.6	93.7
1995	2300	1977	520	26	96.3	30	90.9					96.3	96.8

①按不连续系列第一种方法计算(单独连续系列处理)。首先把流量按从大到小顺序排列,见表8-3第3、4栏。实测数 $n = 26$ (1964～1995年),计算的经验频率如表第6栏。实测期 $N = 32$ (1964～1995年),包括此范围内的实测和调查资料,计算的经验频率如表第8栏。调查期 $N = 42$ (1954～1995年),考虑到本期后续调查流量的可能遗漏,频率计算排到1968年为止。考证期 $N = 79$ (1917～1995年),由于1925年的洪水与1991年不相上下,故两者频率都以 $P = 2.5\%$ ～3.8%表示,考虑到本期后续考证流量的可能遗漏,频率计算排到1991年为止。

经验频率选用的方法是:按资料期长的(右列)向资料期短的(左列),每一流量逐列选取频率值。但若以实测期计算频率来控制经验曲线后半支,往往显得由于经验频率偏小而引起误差较大。为了较好地控制整条经验频率曲线,可以在同一流量下,取"实测期"和"实测数"两系列中计算频率大者作为选用值。经验频率选用值列于表8-3第13栏。

根据每一流量及对应的经验频率选用值,点绘出一条经验频率曲线(图8-2)。

②按不连续系列第二种方法计算。本例中考证期 $N = 79$,$Q > 7000\text{m}^3/\text{s}$ 的特大洪水个数 $a = 4$,其各自的经验频率按式(8-3)计算,列于表8-3第14列前4行。1954年的洪水经验频率:

$$P_{(M=a)} = P_4 = \frac{4}{79 + 1} = 0.05 = 5\%$$

实测资料26个,调查资料5个,$n = 26 + 5 = 31$,其中1991年实测资料和1954年调查资料为特大洪水,即 $l = 2$。其后的一般洪水流量按式(8-4)计算 P。例如,1980年调查流量 $Q = 6600\text{m}^3/\text{s}$,属一般洪水中的首位,其经验频率:

$$P_5 = \frac{4}{79+1} + (1 - \frac{4}{79+1}) \times (\frac{2+1-2}{31-2+1}) = 0.082 = 8.2\%$$

本例实测系列较长,代表性较好,但历史洪水可靠性较差,故按第一种方法确定并绘制经验频率曲线。

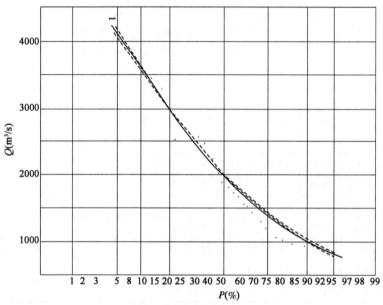

图 8-2 频率曲线(例 8-2)

注:图 8-2 中实线为经验频率曲线;虚线为第一次假定理论频率曲线;点划线为确定的理论频率曲线。

(2)矩法确定统计参数

用式(8-7)计算 $\overline{Q}$(列表 8-4 为辅助计算用),则

$$\overline{Q} = \frac{1}{N}\left(\sum_{j=1}^{a} Q_j + \frac{N-a}{n-l}\sum_{i=l+1}^{n} Q_i\right) = \frac{1}{79}\left(30500 + \frac{79-4}{31-2} \times 90670\right) = 3354 \text{m}^3/\text{s}$$

用式(8-8)计算 C_v,则

$$C_v = \frac{1}{\overline{Q}}\sqrt{\frac{1}{N-1}\left[\sum_{j=1}^{a}(Q_j - \overline{Q})^2 + \frac{N-a}{n-l}\sum_{i=l+1}^{n}(Q_i - \overline{Q})^2\right]}$$

$$= \sqrt{\frac{1}{N-1}\left[\sum_{j=1}^{a}(K_j - 1)^2 + \frac{N-a}{n-l}\sum_{i=l+1}^{n}(K_i - 1)^2\right]}$$

$$= \sqrt{\frac{1}{79-1} \times \left[6.526 + \frac{79-4}{31-2} \times 8.336\right]} = 0.6$$

矩法确定统计参数辅助用表 表 8-4

	Q	K	$(K-1)$	$(K-1)^2$
特大洪水 $a=4$	8100	2.415	1.415	2.002
	7630	2.275	1.275	1.625
	7630	2.275	1.275	1.625
	7140	2.129	1.129	1.274
Σ	30500			6.526

续上表

	Q	K	$(K-1)$	$(K-1)^2$
	6600	1.968	0.968	0.937
	6100	1.819	0.819	0.670
	5870	1.750	0.750	0.563
	5600	1.670	0.670	0.448
	5600	1.670	0.670	0.448
	5200	1.550	0.550	0.303
	4650	1.386	0.386	0.149
	4300	1.282	0.282	0.080
	4150	1.237	0.237	0.056
	4100	1.222	0.222	0.049
	3960	1.181	0.181	0.033
	3540	1.055	0.055	0.003
	3380	1.008	0.008	0.000
一般洪水 $n-l=31-2=29$	3050	0.909	-0.091	0.008
	2770	0.826	-0.174	0.030
	2650	0.790	-0.210	0.044
	2450	0.730	-0.270	0.073
	2300	0.686	-0.314	0.099
	2140	0.638	-0.362	0.131
	2060	0.614	-0.386	0.149
	1800	0.537	-0.463	0.215
	1630	0.486	-0.514	0.264
	1340	0.400	-0.600	0.361
	1150	0.343	-0.657	0.432
	1080	0.322	-0.678	0.460
	980	0.292	-0.708	0.501
	930	0.277	-0.723	0.522
	770	0.230	-0.770	0.594
	520	0.155	-0.845	0.714
Σ	90670			8.336

(3) 适线并推算规定频率流量

以 $\overline{Q}=3354\text{m}^3/\text{s}$、$C_\text{v}=0.6$、假定 $C_\text{s}=1$ 作为理论频率曲线第一次假定的三参数。为了便于适线过程中对比,列表 8-5。(ϕ 值查表 7-4 可得)

表 8-5

P(%)			5	20	50	75	95
经验频率曲线		Q	7100	4910	3050	1840	640
理论频率曲线	(一) $\bar{Q} = 3354$ $C_v = 0.6; C_s = 1.0$	ϕ	1.88	0.76	-0.16	-0.73	-1.32
		Q	7137	4883	3032	1885	698
	(二) $\bar{Q} = 3354$ $C_v = 0.6; C_s = 0.9$	ϕ	1.86	0.77	-0.15	-0.73	-1.35
		Q	7097	4904	3052	1885	637

由对比表可见，第二次假定的理论频率曲线与经验频率曲线符合较好。因此，确定主要三参数为 $\bar{Q} = 3354\text{m}^3/\text{s}, C_v = 0.6, C_s = 0.9$。当 $C_s = 0.9$ 时，查表 7-4 得 $\phi_{1\%} = 2.96$，所以规定频率流量：

$$Q_{1\%} = (1 + 2.96 \times 0.6) \times 3354 = 9311\text{m}^3/\text{s}$$

第三节　利用历史洪水位推算设计流量

一、历史洪水流量计算

当收集的水文资料较少，不能达到"有观测资料"规定的要求；或者当无观测资料时，可按以下几种方法计算历史洪水流量。

(1) 当调查的历史洪水位处于比降均一、河道顺直、河床断面较规整的稳定均匀流河段时，可按式(8-9)计算，即

$$Q = A_c V_c + A_t V_t \tag{8-9}$$

$$V_c = \frac{1}{n_c} R_c^{\frac{2}{3}} I^{\frac{1}{2}}$$

$$V_t = \frac{1}{n_t} R_t^{\frac{2}{3}} I^{\frac{1}{2}}$$

式中：Q——历史洪水流量，m^3/s；

A_c、A_t——河槽、河滩过水面积，m^2；

V_c、V_t——河槽、河滩平均流速，m/s；

n_c、n_t——河槽、河滩糙率；

R_c、R_t——河槽、河滩水力半径，m；当宽深比大于10时，可用平均水深代替；

I——水面比降。

(2) 当调查的历史洪水位处于河床断面形状和面积相差较大的稳定非均匀流河段时，可按式(8-10)计算洪峰流量 Q_n，即

$$Q_n = \bar{K} \sqrt{\frac{\Delta H}{L - \left(\frac{1-\xi}{2g}\right)\left(\frac{\bar{K}^2}{A_1^2} - \frac{\bar{K}^2}{A_2^2}\right)}} \tag{8-10}$$

$$\Delta H = H_1 - H_2 \tag{8-11}$$

$$\bar{K} = \frac{1}{2}(K_1 + K_2) \tag{8-12}$$

$$K_1 = \frac{1}{n_{c1}}A_{c1}R_{c1}^{\frac{2}{3}} + \frac{1}{n_{t1}}A_{t1}R_{t1}^{\frac{2}{3}} \tag{8-13}$$

$$K_2 = \frac{1}{n_{c2}}A_{c2}R_{c2}^{\frac{2}{3}} + \frac{1}{n_{t2}}A_{t2}R_{t2}^{\frac{2}{3}} \tag{8-14}$$

式中：H_1、H_2——上下游断面的水位，m；

ΔH——上下游断面间的水位差，m；

L——上下游两断面的距离，m；

A_1、A_2——上下游断面总过水面积，m²；

A_{c1}、A_{t1}——上游断面河槽、河滩过水面积，m²；

A_{c2}、A_{t2}——下游断面河槽、河滩过水面积，m²；

R_{c1}、R_{t1}——上游断面河槽、河滩水力半径，m；

R_{c2}、R_{t2}——下游断面河槽、河滩水力半径，m；

n_{c1}、n_{t1}——上游断面河槽、河滩糙率；

n_{c2}、n_{t2}——下游断面河槽、河滩糙率；

K_1、K_2——上下游断面的输水系数，m³/s；

$\bar{K}$——上下游断面输水系数的平均值，m³/s；

g——取用 9.80，m/s²；

ξ——局部水头损失系数。向下游收缩时，$\xi = -0.1 \sim 0$；向下游逐渐扩散时，$\xi = 0.3 \sim 0.5$；向下游突然扩散时，$\xi = 0.5 \sim 1.0$。

（3）当调查的历史洪水位处于洪水水面线有明显曲折的稳定非均匀流河段时，可按式(8-15)试算水面线，推求历史洪水流量，即

$$H_1 = H_2 + \frac{Q^2}{2}\left[\left(\frac{1}{K_1^2} + \frac{1}{K_2^2}\right)L - \frac{1-\xi}{g}\left(\frac{1}{A_1^2} - \frac{1}{A_2^2}\right)\right] \tag{8-15}$$

$$A_1 = A_{c1} + A_{t1} \tag{8-16}$$

$$A_2 = A_{c2} + A_{t2} \tag{8-17}$$

（4）当调查的历史洪水位处于卡口，且河底无冲刷时，可按式(8-18)试算历史洪水流量。

$$Q = A_2\sqrt{\frac{2g(H_1 - H_2)}{\left(1 - \frac{A_2^2}{A_1^2}\right) + \frac{2gLA_2^2}{K_1 + K_2}}} \tag{8-18}$$

式中：H_1、A_1——卡口上游断面的水位，m；过水面积，m²；

H_2、A_2——卡口断面的水位，m；过水面积，m²；

K_1、K_2——卡口上游断面、卡口断面的输水系数，m³/s。

二、历史洪水流量的经验频率

历史洪水流量的经验频率,可根据当地老居民的叙述或历史文献考证确定历史洪水流量的序位,按式(8-19)计算

$$P_M = \frac{M}{N+1} \times 100 \tag{8-19}$$

式中符号同前。

三、设计流量推算

(1)利用历史洪水流量推算设计流量,历史洪水流量不宜少于两次,C_v、C_s 值应符合地区分布规律。若出入较大,应分析原因进行适当调整。

(2)当有多个历史洪水流量,能在海森概率格纸上点绘出经验频率曲线时,可采用求矩适线法、三点适线法等计算洪水流量系列的均值 $\overline{Q}$、偏差系数 C_v、偏态系数 C_s 初算值。点绘理论频率曲线与实测流量频率曲线点距相比较,吻合程度不理想时,可调整 C_v、C_s 值,使两者基本吻合。

设计流量根据调整后的频率曲线参数按式 8-20 推算

$$Q_P = \overline{Q}(1 + \phi_P C_v) \tag{8-20}$$

(3)当各次历史洪水流量不能在海森概率格纸上定出经验频率曲线时,可按以下方法推算设计流量:

①参照地区资料选定 C_v、C_s 值;
②按以下公式计算平均流量

$$\overline{Q}_{Ti} = \frac{Q_{Ti}}{1 + \phi_T C_v} \tag{8-21}$$

$$\overline{Q} = \frac{\sum_{i=1}^{n} \overline{Q}_{Ti}}{n} \tag{8-22}$$

式中:$\overline{Q}_{Ti}$——按第 i 次历史洪水流量计算的平均流量,m³/s;

Q_{Ti}——第 i 次重现期为 T 年的历史洪水流量,m³/s;

ϕ_T——重现期为 T 年的离散系数;

n——历史洪水流量的年次数。

四、设计流量计算的其他方法

(1)无资料地区,可根据地区经验公式及水文参数求算设计流量。求算的设计流量应有历史洪水流量的验证。

(2)汇水面积小于 100km² 的河流,可根据推理公式计算,式中参数和指数采用各地区编制的暴雨径流图值表,详见本教材第九章。

1. 举例说明水文现象的三个基本特性。
2. 推算设计流量的资料来源于哪三个方面？
3. 试述水文断面处与桥位断面处各种流量之间的关系，以及对应的各种水位之间的关系。
4. 有连续观测资料的规定频率流量推算方法？简述其一般步骤。
5. 用混合资料推算规定频率流量过程中，计算经验频率两种方法的思路和适用性。求矩适线法确定统计三参数的思路是什么？
6. 当缺乏观测资料时，如何推算规定频率的流量？

习题

1. 某水文站年洪峰流量（m³/s）资料见表 8-6。用求矩适线法求规定频率 $P=1\%$ 时的流量。

表 8-6

序号	1	2	3	4	5	6	7	8	9	10	11	12	13	14	15	16	17	18	19	20	21
年份	1975	1976	1977	1978	1979	1980	1981	1982	1983	1984	1985	1986	1987	1988	1989	1990	1991	1992	1993	1994	1995
流量	2270	1750	480	720	840	2805	1960	1840	1460	1550	2570	1710	1600	1490	1280	1510	3025	1100	1310	1680	1580

2. 某水文站的年洪峰流量资料（m³/s）见表 8-7。表中不带括号值为实测资料，带括号值为调查资料，带"( )"值为考证资料。当 $Q \geqslant 700\text{m}^3/\text{s}$ 时为特大洪水流量。现按混合资料推算规定频率 $P=1\%$ 时的流量。

表 8-7

序号	1	2	3	4	5	6	7	8	9	10	11	12	13	14	15
年份	1925	1954	1964	1965	1969	1970	1971	1972	1973	1974	1975	1977	1978	1979	1980
流量	(830)	(720)	600	610	500	616	(630)	618	568	635	(650)	370	450	382	(700)
序号	16	17	18	19	20	21	22	23	24	25	26	27	28	29	
年份	1982	1983	1984	1985	1986	1987	1988	1989	1990	1991	1992	1993	1994	1995	
流量	626	470	492	645	580	530	480	420	483	756	405	440	572	522	

第九章 CHAPTER NINE
小桥涵设计流量推算

流量是小桥涵设计中确定建筑物形式和孔径的一个主要参数。公路沿线跨越的小河沟，其汇水面积小，洪水历时短，不易为人注意，往往缺少或根本没有水文站，因此，大多属于无观测资料的情况。我国幅员辽阔，各地气候、地形、地貌、地质和水利化措施等条件差异很大，难以对小桥涵逐个地详尽调查、收集其各种水文资料，这就给小桥涵流量计算带来了一定的困难。目前全国各地公路、铁路、水利部门根据历年实践经验和理论探讨，制定了各种小流域流量计算公式和相应的图表，实际应用时，这些公式和图表可作参考，并应以多种计算方法予以比较。

本章介绍通常采用的形态调查法、暴雨推理法（包括推理公式和经验公式）和直接类比法。

第一节 形态调查法

通过建立形态断面，并绘制形态断面图，确定主河沟的糙率 n（滩槽应分计）、主河沟平均坡度 I_z，有条件时实测洪水位与流速，一般可结合形态断面进行洪水调查，确定比较可靠的某一历史洪水位及其相应的频率，同时确定历史洪水位在形态断面上的过水面积 A，相对应的洪水比降 I 等资料，根据已确定流速，推算形态断面的历史洪峰流量 Q_n，进而求得规定频率 P 时的设计流量 Q_P。

这种结合形态断面进行洪水调查，确定流量的形态调查法，是目前公路部门较为普遍运用的一种方法。

一、断面平均流速 v 和历史洪峰流量或多年平均洪峰流量 Q 的计算

形态断面必须垂直于水流方向,按单式和复式断面分别进行计算。单式断面是按全断面确定同一平均流速,然后计算流量的。复式断面一般采用左、右河滩和河槽的平均流速与流量分开计算,然后再对全断面进行流量相加。

1. 流速的确定

1)用流速仪、浮标法确定流速

详见本教材第六章第一节内容。

2)用均匀流公式计算流速

(1)一般野外勘测时,河沟水位达不到多年平均洪水位,即处于常水位、枯水位或根本无水状态。在进行洪水调查的同时,通常尽可能地选取河床比较顺直,过水断面沿流程变化不大的河段上建立水文断面。当河沟底纵坡变化不大,且附近无支流汇入或分出时,根据形态断面处比较可靠的历史洪水位,可按均匀流计算流速。若是单式断面,应用式(9-1)计算全断面的平均流速;若是复式断面,仍按式(9-1)分别计算左、右河滩与河槽各过水面积的平均流速。

$$v = C\sqrt{R \cdot i} \tag{9-1}$$

(2)洪水时河床糙率变化不大的小河沟,也可以简化公式(9-2)计算全断面的平均流速。

$$v = m_z H_P^{\frac{2}{3}} I_z^{\frac{1}{2}} \tag{9-2}$$

式中:m_z——主河沟粗糙系数,按表9-1采用;

I_z——主河沟平均坡度(‰),计算中以小数计;

H_P——平均水深,m。近似为:三角形断面 $H_P = 0.5H$;梯形断面 $H_P = 0.6H$;矩形断面 $H_P = H$;

H——多年平均洪水位时的最大水深,m。

主河沟粗糙系数 m_z 表9-1

河沟类型	m_z	河沟类型	m_z
平坦土质河床	25	杂草丛生河床	15
弯曲或生长杂草河床	20	阻塞的河沟、巨大的顽石	10

3)按沉积物粒径或土的类属特征估算流速

(1)山区河沟中,在形态断面附近平时高出常水位的浅滩上,找3~5个最大石块(应注意鉴别确认是洪水时从上游被冲下来的,而不是河岸受冲刷后坍下来或从山坡滚下来的),全断面的平均流速估算公式(不适用于泥石流河流)为

$$v = 5.5\sqrt{D} \tag{9-3}$$

式中:D——最大石块的平均直径,m。

(2)平原区河沟中,可按河床土的类属特征,参考表9-2估算平均流速。

平原区平均流速（按河床土确定）　　　　　　表9-2

序号	河床土的特征		冲刷程度	平均流速(m/s)
	类属			
1	淤泥、细砂		弱	1.3
2	粗砂或有淤泥隔离的黏土		中等	1.6
3	带卵石的粗砂、黏土		中等	1.8
4	砾石(粒径为2～20mm)		强	2.0
5	卵石(粒径为20～60mm)		强	3.0
6	圆石(粒径为60～200mm)		强	4.0
7	松散或中等密实的土，在深水部分冲刷较强烈，冲刷深度至不冲刷层	当冲刷宽度占河槽整个宽度(%)	20%	1.8
			30%	2.0
			40%	2.3

2. 形态断面处历史洪峰流量 Q 的计算

1）采用流速仪、浮标法实测流速后的流量计算

具体方法同本教材第六章第三节。

2）以均匀流公式确定形态断面处流量

根据形态断面处比较可靠的洪水位（指某一历史洪水位或多年平均洪水位），以均匀流公式计算出流速后，若是单式断面，则是全断面的平均流速 v，可按 $Q = v \cdot A$ 计算流量；若是复式断面，则应分别计算河滩、河槽流量，最后计算总的流量。

$$Q = \sum v_i \cdot A_i = Q_{滩} + Q_{槽}$$

3）沉积物粒径或土的类属特征估算流速后的流量确定

根据形态断面洪水调查所获得的比较可靠的某一历史洪水位或多年平均洪水位，以前述"按沉积物粒径或土的类属特征估算流速"的方法，确定全断面的平均流速 v 后，可按 $Q = v \cdot A$ 计算对应的流量（即某一历史洪峰流量或多年平均洪峰流量 Q）。

例9-1

某小河沟，其形态断面如图9-1所示，主河沟平均坡度 I_z 为40‰，河床杂草丛生，经调查得

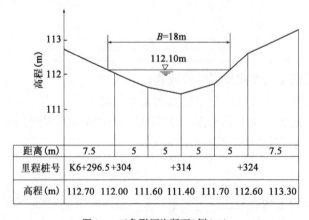

图9-1　三角形河沟断面（例9-1）

到多年平均洪水位高程为 112.10m,现以简化公式计算全断面的平均流速和多年平均洪峰流量 Q。

解:因系小河沟,可按式(9-2)计算流速。查表 9-1 杂草丛生河床的主河沟粗糙系数 $m_z = 15$。当水位高程为 112.10m 时,$H = 0.7$m。由图可知,水面宽度 $B = 18$m。三角形河沟的平均水深,得

$$H_p = 0.5H = 0.5 \times 0.7 = 0.35\text{m}$$

过水面积

$$A = 0.5BH = 0.5 \times 18 \times 0.7 = 6.3\text{m}^2$$

因此全断面平均流速

$$v = 15 \times 0.35^{\frac{2}{3}} \times 0.04^{\frac{1}{2}} = 1.48\text{m/s}$$

多年平均洪峰流量

$$Q = vA = 1.48 \times 6.3 = 9.3\text{m}^3/\text{s}$$

二、按桥涵规定设计频率推算形态断面处的周期流量 Q'_P

在调查到形态断面处的洪水位(如某一历史洪水位或多年平均洪水位),并确定其频率且计算出洪峰流量(即历史洪峰流量或多年平均洪峰流量 Q)后,还必须把此流量换算成拟建小桥涵的规定设计频率时形态断面处的周期流量 Q'_P。

1. 按流量偏差系数推算

(1)通过调查获得多年平均洪水位,根据已算出的多年平均洪峰流量 Q,可按下式推求当小桥涵的规定频率为 P 时,在形态断面处的周期流量 Q'_P。

$$Q'_P = (1 + \phi_P \cdot C_v)\overline{Q} \tag{9-4}$$

式中:Q_P——与拟建小桥涵规定设计频率 P 相应时在形态断面处的周期流量,m³/s;

ϕ_P——离均系数,与频率 P 及偏态系数 C_s 有关(C_s 又与 C_v 具有函数关系);

C_v——流量偏差系数,确定方法见后述,当无资料时可查表 9-3 确定;

K_P 为规定频率 P 时的流量模比系数,$K_P = 1 + C_v\phi_P$。K_P 可只表达为 C_v 和 P 的关系,并根据 C_s 与 C_v 的函数关系求得 C_s,确定方法见后述。

表 9-3

土的吸水类属	流量偏差系数 C_v 的平均值 日雨量偏差系数 C'_v	全国 C'_v 平均值	流量偏差系数 C_v 的平均值及其变幅
Ⅰ	1.00	全国 40 余站 $C'_v = 0.3 \sim 0.6$,而记录最长的北京、上海、天津三站的历时 10~1440min 间的 C'_v 为 0.3~0.6,平均 $C'_v = 0.45$	0.45(0.30~0.60)
Ⅱ	1.25		0.56(0.38~0.75)
Ⅲ	1.40		0.63(0.42~0.84)
Ⅳ	1.60		0.72(0.48~0.96)
Ⅴ	2.50		1.12(0.75~1.50)
Ⅵ	3.50		1.57(1.05~2.10)

注:土的吸水类属见表 9-4。

土的吸水类属　　　　　　　　　　　表9-4

类别	名称	含沙量(%)
Ⅰ	无缝岩石、沥青、混凝土面、冻土、沼泽土、冰沼土、水稻土	0~5
Ⅱ	黏土、盐土、碱土、龟裂土、山地草甸土	5~15
Ⅲ	壤土(亚黏土)、红壤、黄壤、灰化土、灰钙土、漠钙土、紫色土	15~35
Ⅳ	黑钙土、黄土、栗钙土、黑色森林土、棕色森林土(棕壤)、褐色土、生草砂壤土、冲积性土壤	35~65
Ⅴ	砂壤土(亚黏土)、生草的沙	65~85
Ⅵ	沙	85~100

注:1. 表中所指含沙率的砂粒径0.05~3mm;
　　2. 土取样位置在地下0.2~0.5m;
　　3. 取样质量为200g;
　　4. 其他说明详见《公路桥涵设计手册(涵洞)》手册表4-9a)注。

(2) 通过调查获得某一历史洪水位(或其他洪水位),并知其频率为 n,且在计算出其洪峰流量 Q 后,可按下式推求小桥涵与规定频率 P 相应在形态断面处的周期流量 Q'_P。

$$Q'_P = \frac{K_P}{K_n}Q \tag{9-5}$$

式中:K_n——历史洪水位(或其他洪水位)已知频率 n 时的流量模比系数,确定方法见后述;
　　　其他符号意义同前。

(3) C_v、C_s 及 K 值的确定:

①影响偏差系数 C_v、偏态系数 C_s 的因素有降雨、地形、地貌及河沟形状、汇水面积,按概率与数理统计理论的要求,需要具有相当长期的水文资料才能确定。如 C'_v 一般要求有20年以上的实测资料,而 C_s 则需要100年以上的实测资料,所以目前常按经验的间接的方法来确定。

我国有关科研单位提出小流域(汇水面积 $F \leqslant 30\text{km}^2$)流量按土的吸水类属分别确定偏差系数 C_v 的平均值,如表9-4。

②若当地有暴雨强度偏差系数 C'_v 的资料,可按表9-4,根据不同土的吸水类属查出 C_v/C'_v 的平均值,求得当地的流量偏差系数 C_v。若无偏差系数 C'_v 资料时,则可根据不同土的吸水类属查表9-3中 C_v 的平均值(或在变幅内取值),但仅作参考用。

③当由表9-3选定偏差系数 C_v 后,可根据频率 P(或 n),查表9-5确定流量模比系数 K_P(或 K_n)。由于偏差系数 C_s 与偏差系数 C_v 存在函数关系,由该表可确定偏态系数 C_s。

④当偏差系数 C_v 值有当地实测资料时,可用表9-5直接查得相应的 C_s 及 K 值。

流量模比系数 K 值　　　　　　　　　　　表9-5

C_v	频率 P						C_s	C_v	频率 P						C_s
	$\frac{1}{300}$	$\frac{1}{100}$	$\frac{1}{50}$	$\frac{1}{25}$	$\frac{1}{10}$	$\frac{1}{5}$			$\frac{1}{300}$	$\frac{1}{100}$	$\frac{1}{50}$	$\frac{1}{25}$	$\frac{1}{10}$	$\frac{1}{5}$	
0.11	1.37	1.30	1.26	1.20	1.15	1.09	0.6	0.17	1.63	1.50	1.43	1.32	1.23	1.13	0.9
0.13	1.46	1.37	1.31	1.24	1.17	1.10	0.7	0.20	1.76	1.60	1.51	1.38	1.27	1.15	1.0
0.15	1.54	1.43	1.37	1.28	1.20	1.12	0.8	0.22	1.86	1.68	1.57	1.42	1.29	1.16	1.1

续上表

C_v	频率 P						C_s	C_v	频率 P						C_s
	$\frac{1}{300}$	$\frac{1}{100}$	$\frac{1}{50}$	$\frac{1}{25}$	$\frac{1}{10}$	$\frac{1}{5}$			$\frac{1}{300}$	$\frac{1}{100}$	$\frac{1}{50}$	$\frac{1}{25}$	$\frac{1}{10}$	$\frac{1}{5}$	
0.29	2.17	1.91	1.76	1.55	1.39	1.21	1.2	1.06	6.19	4.98	4.18	3.13	2.35	1.59	2.3
0.36	2.49	2.16	1.96	1.69	1.48	1.26	1.3	1.12	6.58	5.24	4.39	3.28	2.40	1.61	2.4
0.45	2.92	2.48	2.23	1.95	1.61	1.32	1.4	1.20	7.00	5.60	4.67	3.41	2.49	1.64	2.5
0.50	3.17	2.67	2.37	1.98	1.67	1.35	1.5	1.27	7.48	5.91	4.92	3.55	2.56	1.65	2.6
0.56	3.47	2.89	2.55	2.19	1.75	1.38	1.6	1.34	7.97	6.24	5.18	3.69	2.62	1.66	2.7
0.63	3.83	3.16	2.77	2.35	1.83	1.41	1.7	1.41	8.47	6.57	5.44	3.84	2.69	1.66	2.8
0.72	4.34	3.53	3.05	2.45	1.95	1.46	1.8	1.48	8.99	6.90	5.71	3.99	2.76	1.67	2.9
0.78	4.67	3.77	3.25	2.55	2.02	1.49	1.9	1.57	9.50	7.33	6.00	4.25	2.83	1.66	3.0
0.85	5.09	4.06	3.47	2.70	2.11	1.52	2.0	1.69	10.30	7.90	6.24	4.40	2.86	1.65	3.2
0.92	5.42	4.36	3.70	2.84	2.19	1.55	2.1	1.83	11.61	8.59	7.02	4.64	3.43	1.64	3.4
0.99	5.85	4.66	3.94	2.99	2.27	1.57	2.2	1.98	12.96	9.36	7.57	4.90	3.59	1.61	3.6

注：该表可以内插。

2. 按周期换算系数推算

由于小流域洪水频率的确定是近似值，因此也可用简单的换算系数来推求规定频率的周期流量 Q_P。周期换算系数 M 列于表9-6。

$$Q'_P = Q_n M_P \tag{9-6}$$

式中：Q'_P——水文断面处拟建小桥涵规定频率流量，m^3/s；

Q_n——水文断面处已知某一历史洪峰流量或多年平均洪峰流量；

M_P——令已知频率为 n 的周期换算系数 $M_n = 1$ 时，查表9-6得的规定频率 P 时的周期换算系数。

周期换算系数 M   表9-6

编制单位	频率 P						
	$\frac{1}{300}$	$\frac{1}{100}$	$\frac{1}{50}$	$\frac{1}{25}$	$\frac{1}{20}$	$\frac{1}{10}$	$\frac{1}{5}$
第二铁路设计院 $F \leq 30 km^2$（西南地区用）	1.00	0.80	0.67	0.50	0.45	0.33	0.25
	1.25	1.00	0.83	0.62	0.57	0.42	0.32
	1.50	1.20	1.00	0.75	0.68	0.50	0.38
	2.00	1.60	1.33	1.00	0.91	0.67	0.51
	2.21	1.76	1.47	1.10	1.00	0.74	0.56
	3.00	2.40	2.00	1.50	1.36	1.00	0.76
	3.95	3.16	2.64	1.97	1.79	1.32	1.00
第三铁路设计院 $F \leq 30 km^2$（华北辽宁地区用）		1.00	0.80	0.60	0.50	0.30	
		1.25	1.00	0.75	0.63	0.38	
		1.67	1.33	1.00	0.83	0.50	

续上表

编制单位	频率 P						
	$\frac{1}{300}$	$\frac{1}{100}$	$\frac{1}{50}$	$\frac{1}{25}$	$\frac{1}{20}$	$\frac{1}{10}$	$\frac{1}{5}$
第三铁路设计院 $F \leq 30\text{km}^2$（华北辽宁地区用）		2.00	1.60	1.20	1.00	0.60	
		3.33	2.66	2.00	1.66	1.00	

例 9-2

按例 9-1 的基本情况,现汇水区以红壤为主,现根据计算出的多年平均洪峰流量,推求小桥规定设计洪水频率 P 为 1/25 时形态断面处的周期流量。

解：由例 9-1 得 $Q = 9.3\text{m}^3/\text{s}$,规定频率为 $P = 1/25 = 4\%$,汇水区为红壤,查土的吸水类属,由表 9-4 得知属三类土。查表 9-3 得 $C_v = 0.63$；再查表 9-5 得 $K_P = K_{4\%} = 2.35$；按式(9-4)计算形态断面处 $P = 4\%$ 时的周期流量,则

$$Q'_P = QK_P = 9.3 \times 2.35 = 21.9\text{m}^3/\text{s}$$

例 9-3

形态调查中,已知四川省某河形态断面处 5 年一遇的洪峰流量 $30\text{m}^3/\text{s}$,求该处规定设计洪水频率为 1/50 的周期流量。

解：当 $Q_n = 30\text{m}^3/\text{s}$,频率 $n = 1/5 = 20\%$,规定频率 $P = 1/50 = 2\%$ 时,查表 9-6 取周期换算系数 $M_n = M_{20\%} = 1$,对应的 $M_p = M_{2\%} = 2.64$；由式(9-6)知：

$$Q'_P = Q_n \cdot M_P = 30 \times 2.64 = 79\text{m}^3/\text{s}$$

第二节 暴雨推理法

暴雨推理法是运用成因分析与经验推理相结合的方法,从实际的暴雨资料入手,运用地区的综合分析方法来分析暴雨资料和地区特征关系,从而间接地推求设计流量。它是一种半理论半经验的计算方法。此种方法是 1984 年交通部科研所主持的全国性科研成果,使用时应在本省区的等值线图和分区图上查取有关取值。

一、暴雨推理公式

1. 交通部公路科学研究所的推理公式

$$Q_P = 0.278\left(\frac{S_P}{\tau^n} - \mu\right)F \tag{9-7}$$

式中：Q_P——规定频率为 P 时的洪峰流量,m^3/s；

S_P——频率为 P 时的雨力,mm/h,查各省(自治区)雨力等值线图；

μ——损失参数,mm/h;
n——暴雨递减指数,按各省(自治区)的分区见表 9-7,表中 n_1、n_2、n_3 由 τ 值分查;
τ——汇流时间,h;
F——汇水区面积,km²。

暴雨递减指数 n 值分区　　　　　表 9-7

省　份	分　区	n 值		
		n_1	n_2	n_3
内蒙古	Ⅰ	0.62	0.79	0.86
	Ⅱ	0.60	0.76	0.79
	Ⅲ	0.59	0.76	0.80
	Ⅳ	0.65	0.73	0.75
	Ⅴ	0.63	0.76	0.81
	Ⅶ	0.59	0.71	0.77
	Ⅷ	0.62	0.74	0.82
陕西	Ⅰ	0.59	0.71	0.78
	Ⅱ	0.52	0.75	0.81
	Ⅲ	0.52	0.72	0.78
福建	Ⅰ	0.53	0.65	0.70
	Ⅱ	0.52	0.69	0.73
	Ⅲ	0.47	0.65	0.70
	Ⅳ	0.48	0.65	0.73
	Ⅴ	0.51	0.67	0.70
浙江	Ⅰ	0.60	0.65	0.78
	Ⅱ	0.49	0.62	0.65
	Ⅲ	0.53	0.68	0.73
安徽	Ⅰ		0.61	0.69
	Ⅱ	0.38	0.69	0.69
	Ⅲ	0.39	0.76	0.77
甘肃	Ⅰ	0.69	0.72	0.78
	Ⅱ	0.61	0.76	0.82
	Ⅲ	0.62	0.77	0.85
	Ⅳ	0.55	0.65	0.82
	Ⅴ	0.58	0.74	0.85
	Ⅵ	0.49	0.59	0.84
	Ⅶ	0.53	0.66	0.75
宁夏	Ⅰ	0.52	0.62	0.81
	Ⅱ	0.58	0.66	0.75

续上表

省 份	分 区	n 值		
		n_1	n_2	n_3
湖南	Ⅰ	0.45	0.62～0.63	0.70～0.75
	Ⅱ	0.30～0.40	0.65～0.70	0.75
	Ⅲ	0.40～0.50	0.55～0.60	0.70～0.80
	Ⅳ	0.40～0.50	0.65～0.70	0.75～0.80
	Ⅴ	0.40～0.50	0.70～0.75	0.75～0.80
辽宁	Ⅰ	0.60～0.66	0.70～0.74	
	Ⅱ	0.60～0.55	0.70～0.60	
	Ⅲ	0.55～0.50	0.60～0.55	
吉林	Ⅰ	0.56	0.70	0.76
	Ⅱ	0.56	0.75	0.82
	Ⅲ	0.60	0.69	0.75
四川	Ⅰ	0.50	0.60～0.65	
	Ⅱ	0.45	0.70～0.75	
	Ⅲ	0.73	0.70～0.75	
青海	Ⅰ	0.49	0.75	0.87
	Ⅱ	0.47	0.76	0.82
	Ⅲ	0.65	0.78	
河南	Ⅰ	0.55～0.60	0.65～0.70	0.75～0.80
	Ⅱ	0.50～0.55	0.70～0.75	0.75～0.80
	Ⅲ	0.45～0.50	0.60～0.65	0.75
广西	Ⅰ	0.38～0.43	0.65～0.70	0.70～0.73
	Ⅱ	0.40～0.45	0.70～0.75	0.75～0.85
	Ⅲ	0.40～0.45	0.60～0.65	0.75～0.85
新疆	Ⅰ	0.63	0.70	0.84
	Ⅱ	0.73	0.78	0.85
	Ⅲ	0.56	0.72	0.88
	Ⅳ	0.45	0.64	0.80
	Ⅴ	0.63	0.77	0.91
	Ⅵ	0.62	0.74	0.80
	Ⅶ	0.60	0.72	0.86
	Ⅷ	0.60	0.66	0.85
山西		0.60	0.70	
贵州		0.47	0.69	0.80
河北	Ⅰ	0.40～0.50	0.50～0.50	0.65

续上表

省份	分区	n值		
		n_1	n_2	n_3
河北	Ⅱ	0.50~0.55	0.60~0.70	0.70
	Ⅲ	0.55	0.60	0.60.~0.70
	Ⅳ	0.30~0.40	0.70~0.75	0.75~0.80
云南	Ⅰ	0.50~0.55	0.75~0.80	0.75~0.80
	Ⅱ	0.45~0.55	0.70~0.80	0.75~0.80
	Ⅲ	0.55	0.60	0.65
	Ⅳ	0.45~0.50	0.65~0.75	0.70~0.80

注：n_1——小于1h的暴雨递减指数；
n_2——1~6h的暴雨递减指数；
n_3——6~24h的暴雨递减指数。

2.确定汇水区几何参数

在暴雨推理公式的查表及计算系数中，需要确定的汇水区几何参数有三个：汇水面积 F（km^2）、主河沟长度 L（km）、主河沟平均坡度 I_z（‰）。具体方法见本教材第五章第一节。

3.推理公式中两个因子的计算及适用性

推理公式本身具有统一模式，但通过其中两个因子，即损失参数 μ 和汇流时间 τ，来充分体现出南北方及地区的差异性。

1）损失参数 μ 的计算

北方多采用
$$\mu = K_1 S_P^{\beta_1} \tag{9-8}$$

南方多采用
$$\mu = K_2 S_P^{\beta_2} \cdot F^{-\lambda} \tag{9-9}$$

式中：K_1、K_2——系数，见表9-9；表中土壤植被分类见表9-8；
β_1、β_2、λ——指数，见表9-9可得。

土壤植被分类 表9-8

类别	特征
Ⅱ	黏土、盐碱土地面、土壤瘠薄的岩石地区；植被差、轻微风化的岩石地区
Ⅲ	植被差的砂质黏土地面；土层较薄的土面山区，植被中等、风化中等的山区
Ⅳ	植被差的黏土、沙土地面；风化严重、土层厚的山区；草灌较厚的山区或草地；人工幼林区；水土流失中等的黄土地区
Ⅴ	植被差的一般沙土地面；土层较厚森林较密的地区；有大面积水土保持措施治理较好的土质
Ⅵ	无植被松散的沙土地面，茂密并有枯枝落叶层的森林

2）汇流时间 τ 的计算

汇流时间 τ 可依据以下几点进行计算：

(1)将汇水区内降雨概化为平均净雨过程，假定同一时间的汇水区内净雨是相同的。

(2)对小流域均按全面汇流计算。因汇水面积小，汇流时间 τ 相应也短，故一般净雨（产流）历时 $t_c > \tau$；但只是 τ 时段的部分最大净雨过程 $t_c \leq \tau$，则此时可以 τ 取代 t_c。

损失参数的分区和系数指数值 表 9-9

省份	分区	分区、指标	系数、指数				
			K_1	β_1	K_2	β_2	λ
河北	Ⅰ	河北平原区	1.23	0.61			
		冀北山区	0.95	0.60			
	Ⅱ	冀西北山区	1.15	0.58			
		冀西山区	1.12	0.56			
	Ⅲ	坝上高原区	1.52	0.5			
山西	Ⅰ	煤矿塌陷和森林覆盖较好地区	0.85	0.98			
	Ⅱ	裸露石山区	0.25	0.98			
	Ⅲ	黄土丘陵区	0.65	0.98			
四川	Ⅰ	青衣山区			0.742	0.542	0.222
	Ⅱ	盆地丘陵区			0.270	0.897	0.272
	Ⅲ	盆缘山区			0.263	0.887	0.281
安徽	Ⅱ	根据表9-8 土壤分类			0.755	0.74	0.0171
	Ⅲ				0.103	1.21	0.0425
	Ⅳ				0.406	1.00	0.1104
	Ⅴ				0.52	0.94	0
	Ⅵ				0.332	1.099	0
甘肃	Ⅰ	根据表9-8 土壤分类	0.67	0.82			
	Ⅱ		0.75	0.84			
	Ⅲ		0.75	0.86			
宁夏	Ⅰ	根据表9-8 土壤分类	0.93	0.86			
	Ⅱ		1.98	0.69			
湖南	Ⅰ	湘资流域	0.697	0.567			
	Ⅱ	沅水流域	0.213	0.94			
	Ⅲ	沣水流域	1.925	0.223			
吉林	Ⅱ	根据表9-8 土壤分类	0.12	1.44			
	Ⅲ		0.13	1.37			
	Ⅳ		0.29	1.01			
	Ⅴ		0.29	1.01			
河南	Ⅰ	根据表9-8 土壤分类	0.0023	1.75			
	Ⅱ		0.057	1.00			
	Ⅲ		1.00	0.71			
	Ⅳ		0.80	0.51			
青海	Ⅰ	东部区	0.52	0.774			
	Ⅱ	西部区	0.32	0.913			

续上表

省份	分区	分区、指标	系数、指数				
			K_1	β_1	K_2	β_2	λ
新疆	I	50 < F < 200	0.46	1.99			
	II	F < 200	0.68	1.09			
浙江	I	浙北地区	0.08	0.15			
	II	浙东南沿海区	0.10~0.11	0.15			
	III	浙西南、西北及东部丘陵区	0.13~0.14	0.15			
	VI	杭嘉湖平原边缘地势平缓区	0.15	0.15			
内蒙古	IV	大兴安岭中段及余脉山区	0.517~0.83	0.4~0.71			
	VI	黄河流域山地丘陵区	1.00	1.05			
福建		全省通用	0.34	0.93			
贵州	I	深山区			1.17	1.099	0.437
	II	浅山区			0.51	1.099	0.437
	III	平丘区			0.31	1.099	0.437
广西	I	丘陵区	0.52	0.744			
	II	山区	0.32	0.915			

(3) 不计算汇流过程,只计算最大洪峰流量。
(4) 主要考虑汇水区特征、降雨量和地形等因素。
综合以上因素,采用以下计算公式

北方多采用
$$\tau = K_3 \left[\frac{L}{\sqrt{I_z}} \right]^{\alpha_1} \tag{9-10}$$

南方多采用
$$\tau = K_4 \left[\frac{L}{\sqrt{I_z}} \right]^{\alpha_2} S_P^{-\beta_3} \tag{9-11}$$

式中: τ——汇流时间,h;
L——主河沟长度,km;
I_z——主河沟平均坡度,‰;
S_P——频率为 P 时的雨力,mm/h;
K_3、K_4——系数,见表 9-10;
α_1、α_2、β_3——指数,见表 9-10。

汇流时间分区和系数指数 表 9-10

省份	分区	分区、指标	系数、指数				
			K_3	α_1	K_4	α_2	β_3
河北	I	河北平原区	0.70	0.41			
	II	冀北山区	0.65	0.38			
		冀西北山区	0.58	0.39			

续上表

省份	分区	分区、指标	系数、指数				
			K_3	α_1	K_4	α_2	β_3
河北	Ⅱ	冀西山区	0.54	0.4			
	Ⅲ	坝上高原区	0.45	0.18			
山西		土石山覆盖的林区	0.15	0.42			
		煤矿塌陷漏水区和严重塌陷区	0.13	0.42			
		黄土丘陵区	0.1	0.42			
四川		盆地丘陵区 $I_Z \leq 10‰$			3.67	0.62	0.203
		青衣江区 $I_Z > 10‰$			3.67	0.516	0.203
		盆缘山区 $I_Z < 15‰$			3.29	0.696	0.239
		西昌区 $I_Z \geq 15‰$			3.29	0.536	0.239
安徽	Ⅰ	>15‰			$\begin{cases} F<(90)37.5 \\ F>(90)26.3 \end{cases}$	0.925	0.725
	Ⅱ	10‰~15‰			11	0.512	0.395
	Ⅲ	5‰~10‰			29	0.810	0.544
	Ⅳ	<5‰			14.3	0.30	0.330
湖南	Ⅰ	湘资水系	5.59	0.38			
	Ⅱ	沅水系	3.79	0.197			
	Ⅲ	沣水系	1.57	0.636			
宁夏	Ⅰ	山区	0.14	0.44			
	Ⅱ	丘陵区	0.38	0.21			
广西	Ⅰ	山区	0.56	0.306			
	Ⅱ	丘陵区	0.42	0.419			
甘肃	Ⅰ	平原	0.96	0.71			
	Ⅱ	丘陵区	0.62	0.71			
	Ⅱ	山区	0.39	0.71			
吉林	Ⅰ		0.00035	1.40			
			1.40	0.84			
	Ⅱ		0.032	0.84			
	Ⅲ		0.022	1.45			
河南	Ⅰ	根据 n 值分区查资料	0.73	0.32			
	Ⅱ		0.038	0.75			
	Ⅲ		0.63	00:15			
	Ⅳ		0.80	0.20			

续上表

省份	分区	分区、指标	系数、指数				
			K_3	α_1	K_4	α_2	β_3
青海	I	东部区	0.871	0.75			
	II	内陆区	0.96	0.747			
新疆	I	$50<F<200$	0.6	0.65			
	II	$F<200$	0.2	0.65			
浙江		浙北地区			72	0.187	0.9
		浙东南沿海区			72	0.187	0.9
		浙西南、西北及东部丘陵区			72	0.187	0.9
		杭嘉湖平原边缘地势平缓区			105	0.187	0.9
内蒙古		大兴安岭中段及余脉山区	0.334~0.537				
		黄河流域山地丘陵区	0.334~0.537				
福建	I	平原区			1.8	0.48	0.51
	II	丘陵区			2	0.48	0.51
	III	山区			2.6	0.48	0.51
贵州	I	平丘区	0.08	0.713			
	II	浅山区	0.193	0.713			
	III	深山区	0.302	0.713			

二、经验公式

经验公式 I

$$Q_p = \psi(S_P - \mu)^m F^{\lambda_2} \qquad (9\text{-}12)$$

经验公式 II

$$Q_p = C S_p^\beta F^{\lambda_3} \qquad (9\text{-}13)$$

式中：ψ——地貌系数，见表 9-11；

m、λ_2——指数，见表 9-11；

C、β、λ_3——系数、指数，见表 9-12；

F——汇水区面积，km^2；

其他符号意义同前。

经验公式(9-12)各区系数指数 表 9-11

省份	分区	分区、指标		ψ		m	λ_2
四川	I	盆地丘陵	$I_Z \leq 2‰$	0.086		1.18	0.712
			$2 < I_Z < 10‰$	0.105			0.730
			$I_Z \geq 10‰$	0.174			0.747
	II	盆缘山区,青衣江区	$I_Z \leq 10‰$	0.102		1.20	0.724
			$10 < I_Z < 20‰$	0.123			0.745
			$I_Z \geq 20‰$	0.142			0.788
安徽	I	$I_Z > 15‰$	$P = 4\%$	1.2×10^{-4}		2.75	0.896
			2%	1.4×10^{-4}			
			1%	1.6×10^{-4}			
	II	$I_Z = 5‰ \sim 20‰$	$P = 4\%$	4.8×10^{-4}		2.75	1.0
			2%	5.5×10^{-4}			
			1%	7.0×10^{-4}			
	III	$I_Z < 5‰$	$P = 4\%$	1.8×10^{-4}		2.75	1.0
			2%	1.9×10^{-4}			
			1%	2.0×10^{-4}			
宁夏	I	丘陵		0.308		1.32	0.6
	II	山区		0.542		1.32	0.6
	III	林区		0.085		1.32	0.75
甘肃	I	平原		0.08		1.08	0.96
	II	丘陵		0.14		1.08	0.96
	III	山区		0.27		1.08	0.96
吉林	I	平原		$0.0076 \sim 5.6$		1.5	0.8
	II	丘陵		$0.0053 \sim 7.0$		1.5	0.8
	III	山区		$0.003 \sim 0.68$		1.5	0.8
河南	I	根据河南省 n 值区图		0.22		0.98	0.86
	II			0.66		1.03	0.65
	III			0.76		1.00	0.67
	IV			0.28		1.07	0.81
新疆	I	林区土石山		0.0065		1.5	0.8
	II	土石山		0.035		1.5	0.8

续上表

省份	分区	分区、指标	系数、指数		m	λ_2
			ψ			
内蒙古	I	大青山东端山区	$P=4\%$	8.4	0.41	0.55
			2%	12.3		
			1%	19.2		
	II	大青山东部和蛮汉山山区丘陵	$P=4\%$	7.8	0.41	0.55
			2%	11.8		
			1%	16.5		
	III	大青山西端山区	$P=4\%$	7.4	0.41	0.55
			2%	11.2		
			1%	15		
福建	I	平原	0.09		1.0	0.96
	II	丘陵	0.1			
	III	浅山	0.16			
	IV	深山	0.25			
贵州	I	平原丘陵	0.022		1.085	0.98
	II	浅山	0.038			
	III	深山	0.066			

经验公式(9-13)各区系数指数　　　　表9-12

省份	分区	分区、指标		系数、指数	β	λ_3
				C		
山西	I	石山、黄山丘陵植被差		0.24~0.20	1.0	0.78
	II	土石山、风化石山植被一般		0.19~0.16		
	III	煤矿漏水区、植被较好地区		0.15~0.12		
四川	I	盆地丘陵	$I_Z \leq 10‰$	0.125	1.10	0.723
			$I_Z > 15‰$	0.145		
	II	盆缘山区	$I_Z \leq 10‰$	0.14	1.14	0.737
		青衣江区	$I_Z > 10‰$	0.16		
安徽	I	$I_Z > 15‰$	$P=4\%$	2.29×10^{-4}	2.414	0.896
			2%	3.15×10^{-4}		
			1%	3.36×10^{-4}		
	II	$I_Z = 5‰~15‰$	$P=4\%$	1.27×10^{-4}	2.414	1.0
			2%	1.32×10^{-4}		
			1%	1.50×10^{-4}		
	III	$I_Z < 5‰$	$P=4\%$	2.35×10^{-4}	2.414	0.965
			2%	2.66×10^{-4}		
			1%	2.75×10^{-4}		

续上表

省份	分区	分区、指标		系数、指数		
				C	β	λ_3
宁夏	Ⅰ	丘陵		0.061	1.51	0.06
	Ⅱ	山区		0.082		0.60
	Ⅲ	林区		0.013		0.75
甘肃	Ⅰ	平原		0.016	1.40	0.95
	Ⅱ	丘陵		0.025		
	Ⅲ	山区		0.05		
吉林	Ⅰ	松花江、图们江、牡丹江水系	山岭	0.075	0.8	1.12
			丘陵	0.035		
			平原	0.0135		
	Ⅱ	拉林河、饮马河水系	山岭	0.31	0.8	1.37
			丘陵	—		
			平原	0.14~0.618		
	Ⅲ	东运河水系	山岭	—	0.8	0.52
			丘陵	—		
			平原	0.275		
河南	Ⅰ	根据河南省 n 值区图		0.18	1	0.86
	Ⅱ			0.45	1.09	0.65
	Ⅲ			0.36	1.07	0.67
	Ⅳ			0.48	0.95	0.8
福建	Ⅰ	平原		0.03	1.25	0.90
	Ⅱ	丘陵		0.034		
	Ⅲ	浅山区		0.05		
	Ⅳ	深山区		0.071		
浙江	Ⅰ	钱塘江流域		0.01	1.37	1.11
	Ⅱ	浙北地区		0.02		
	Ⅲ	其他		0.015		
贵州	Ⅰ	平原丘陵		0.016	1.112	0.985
	Ⅱ	浅山区		0.03		
	Ⅲ	深山区		0.056		

例9-4

甘肃省某公路上的石沟桥,石沟属黄河流域关川河支流,汇水面积 $F=89\text{km}^2$,主河沟长 $L=21.32\text{km}$,主河沟平均坡度 $I_z=16‰$;河床为砂砾夹卵石,两岸为粉质亚土,地表为黄土层,划为Ⅲ类土;地处丘陵区;该小桥工程点无实测流量资料,现用暴雨推理公式和经验公式分别

推求 $Q_{2\%}$。

解：(1) 用推理公式计算

①查雨力，得

$$S_{P=2\%} = 45\text{mm/h}$$

②汇流时间 τ 值的计算。

北方公式

$$\tau = K_3 \left(\frac{L}{\sqrt{I_Z}}\right)^{\alpha_1}$$

查表 9-10 得：丘陵区 $K_3 = 0.62$，$\alpha_1 = 0.71$；则

$$\tau = 0.62 \times \left(\frac{21.32}{\sqrt{16}}\right)^{0.71} = 2.03\text{h}$$

③确定暴雨递减指数 n 值。先知石沟属中部干旱黄土山区，或查表 9-7，当 $\tau = 2.03h$ 时，取 $n = 0.65$。

④损失参数 μ 值计算。

北方公式

$$\mu = K_1 S_{P=2\%}^{\beta_1}$$

查表 9-9，Ⅲ类土 $K_1 = 0.75$，$\beta_1 = 0.84$ 则

$$\mu = 0.75 \times 45^{0.84} = 18.36\text{mm/h}$$

⑤以上数值代入流量计算公式。

$$Q_{2\%} = 0.278 \times \left(\frac{45}{2.03^{0.65}} - 18.36\right) \times 89 = 249\text{m}^3/\text{s}$$

(2) 按经验公式 Ⅰ 推算

$$Q_{P=2\%} = \psi(S_p - \mu)^m F^{\lambda_2}$$

查表 9-11 得 $\psi = 0.14$，$m = 1.08$，$\lambda_2 = 0.96$；则

$$Q_{P=2\%} = 0.14 \times (45 - 18.36)^{1.08} \times 89^{0.96} = 361\text{m}^3/\text{s}$$

按经验公式 Ⅱ 推算

$$Q_{P=2\%} = C S_{P=2\%}^{\beta} \cdot F^{\lambda_3}$$

查表 9-12 得 $C = 0.025$，$\beta = 1.4$，$\lambda_3 = 0.95$；则

$$Q_{P=2\%} = 0.025 \times 45^{1.4} \times 89^{0.95} = 367\text{m}^3/\text{s}$$

第三节　直接类比法

直接类比法是当公路路线所跨同河沟上下游附近存在原有小桥涵时,可通过对原有桥涵的泄流等情况调查,然后经过计算,推求出原有小桥涵在历史洪水情况下通过的洪峰流量,并换算为原有桥涵处的天然流量,进而推算出原有桥涵处拟建小桥涵规定频率 P 洪峰流量。

一、通过原有小桥的洪峰流量

1. 小桥的两种水力图式

桥头路堤及墩台对水流的横向束挟,使桥前产生壅水,入口处形成水面降落,其水力图式与宽顶堰相似。

水流通过小桥的可能图式,视下游天然水深的大小可分为自由出流与非自由出流(淹没出流)两种。在判定小桥水力计算图式之前,必须首先确定判断条件中的两个水深。

1) 临界水深 h_K 和原有小桥下游天然水深 h_t
(1) 临界水深 h_K

$$h_K = \frac{v_y^2}{g} \tag{9-14}$$

式中:v_y——桥下允许流速,m/s;根据河床土的种类或铺砌加固类型,可查表9-13;
　　g——重力加速度,取 9.81m/s^2。
(2) 天然水深 h_t

可直接调查原小桥通过某一历史洪峰流量时小桥下游的洪水位获得;也可对原桥桥前的某一历史洪水位调查,获得小桥桥前水深 H,根据桥前上游的河床土的种类,查表9-13近似得流速 v_0,以式(9-15)计算桥前水头高度 H_0,然后以式(9-16)计算桥下游天然水深 h_t。

$$H_0 = H + \frac{v_0^2}{2g} \tag{9-15}$$

$$h_t = H_0 - \frac{v_y^2}{2g\psi^2} \tag{9-16}$$

式中:H——小桥桥前水深,m;
　　H_0——包括桥前行进流速 v_0 在内的水头高度,m;
　　ψ——流速系数,查表9-14。

非黏性土的允许(不冲刷)平均流速

表 9-13a)

序号	土及其特征 名称	土及其特征 形状	土的颗粒尺寸 (mm)	水流平均深度(m) 0.4	1.0	2.0	3.0	5.0	10 及以上
				平均流速(m/s)					
1	2	3	4	5	6	7	8	9	10
1	粉砂及淤泥	粉砂及淤泥带细砂、沃土	0.005~0.05	0.15~0.20	0.20~0.30	0.25~0.40	0.30~0.45	0.40~0.55	0.45~0.65
2	砂,小颗粒	细砂带中等尺寸的砂粒	0.05~0.25	0.20~0.35	0.30~0.45	0.40~0.55	0.45~0.60	0.65~0.70	0.65~0.80
3	砂,中颗粒	细砂带黏土、中等尺寸的砂粒带大的砂粒	0.25~1.00	0.35~0.50	0.45~0.60	0.55~0.70	0.60~0.75	0.70~0.85	0.80~0.95
4	砂,大颗粒	大砂夹杂着砾石,中等颗粒砂带黏土	1.00~2.50	0.50~0.65	0.60~0.75	0.70~0.80	0.75~0.90	0.85~1.00	0.95~1.20
5	砾,小颗粒	细砂带着中等尺寸的砾石	2.50~5.00	0.65~0.80	0.75~0.85	0.80~1.00	0.90~1.10	1.00~1.20	1.20~1.50
6	砾,中颗粒	大砾带着小砾	5.00~10.00	0.80~0.90	0.85~1.05	1.00~1.15	1.10~1.30	1.20~1.45	1.50~1.75
7	砾,大颗粒	小卵石带砂带砾	10.0~15.0	0.90~1.10	1.05~1.20	1.15~1.35	1.30~1.50	1.45~1.65	1.75~2.00
8	卵石,小颗粒	中等尺寸卵石带砂带砾	15.0~25.0	1.10~1.25	1.20~1.45	1.35~1.65	1.50~1.85	1.65~2.00	2.00~2.30
9	卵石,中颗粒	大卵石夹杂着砾	25.0~40.0	1.25~1.50	1.45~1.85	1.65~2.10	1.85~2.30	2.00~2.45	2.30~2.70
10	卵石,大颗粒	鹅卵石带砂带砾	40.0~75.0	1.50~2.00	1.85~2.40	2.10~2.75	2.30~3.10	2.45~3.30	2.70~3.60
11	鹅卵石,小个	中等尺寸鹅卵石带砾	75.0~100	2.00~2.45	2.40~2.80	2.75~3.20	3.10~3.50	3.30~3.80	3.60~4.20
12	鹅卵石,中等	中等尺寸鹅卵石;夹杂着大个的鹅卵石;大鹅卵石带着小的夹杂物	100~150	2.45~3.00	2.80~3.35	3.20~3.75	3.50~4.10	3.80~4.40	4.20~4.50
13	鹅卵石,大个	大卵石带小漂圆石带卵石	150~200	3.00~3.50	3.35~3.80	3.75~4.30	4.10~4.65	4.40~5.00	4.50~5.40
14	漂圆石,小个	中等漂圆石带卵石	200~300	3.50~3.85	3.80~4.35	4.30~4.70	4.65~4.90	5.00~5.50	5.40~5.90
15	漂圆石,中等	漂圆石夹杂着鹅卵石	300~400	—	4.35~4.75	4.70~4.95	4.90~5.30	5.50~5.60	5.90~6.00
16	漂圆石,特大		400~500 及以上的	—	—	4.95~5.35	5.30~5.50	5.60~6.00	6.00~6.20

黏性土的允许（不冲刷）平均流速

表 9-13b

序号	土的名称	颗粒成分(%) 小于0.005 mm	颗粒成分(%) 0.005~0.050 mm	土的特征 不密结的土（孔隙系数0.9~1.2），土的骨料重度在12kN/m³以下				中等密结的土（孔隙系数0.6~0.9），土的骨料重度12~16.6kN/m³				密结的土（孔隙系数0.3~0.6），土的骨料重度16.6~20.4kN/m³				极密结的土（孔隙系数0.2~0.3），土的骨料重度20.4~21.4kN/m³			
				水流平均深度(m)															
				0.4	1.0	2.0	3.0	0.4	1.0	2.0	3.0	0.4	1.0	2.0	3.0	0.4	1.0	2.0	3.0
				平均流速(m/s)															
1	2	3	4	5	6	7	8	9	10	11	12	13	14	15	16	17	18	19	20
1	黏土	30~50	70~50	0.35	0.40	0.45	0.50	0.70	0.85	0.95	1.10	1.00	1.20	1.40	1.50	1.40	1.70	1.90	2.10
2	重砂质黏土	20~30	80~70	0.35	0.40	0.45	0.50	0.65	0.80	0.90	1.00	0.95	1.20	1.40	1.50	1.40	1.70	1.90	2.10
3	硬塑的砂质黏土	10~20	90~80	—	—	—	—	—	0.70	0.80	0.85	0.80	1.00	1.20	1.30	1.10	1.30	1.50	1.70
4	新沉淀的黄土性黏土	—	—	—	—	—	—	0.60	—	—	—	—	—	—	—	—	—	—	—
5	砂质土	5~10	20~40	—	—	—	—	—	—	—	—	—	—	—	—	—	—	—	—

根据砂粒大小采用表9-13a数值

石质土的容许（不冲刷）平均流速表

表 9-13c

序号	土石的名称	水流平均深度(m)			
		0.4	1.0	2.0	3.0
		平均流速(m/s)			
1	2	3	4	5	6
1	砾岩、泥灰岩、页岩	2.0	2.5	3.0	3.5
2	多孔的石灰岩、紧密的砾岩、成层的石灰岩、白云质砂岩、白云质石灰岩	3.0	3.5	4.0	4.5
3	白云石质砂岩、紧密不分层的石灰岩、硅质石灰岩、大理石	4.0	5.0	6.0	6.5
4	花岗岩、辉绿岩、玄武岩、安山岩、石英岩、斑岩	15.0	18.0	20.0	22.0

人工加固工程的允许（不冲刷）平均流速

表 9-13d

序号	加固工程种类	水流平均深度 (m) 平均流速 (m/s)				
		0.4	1.0	2.0	3.0	
1	平铺草皮（在坚实基底上）	0.9	1.2	1.3	1.4	
	叠铺草皮	1.5	1.8	2.0	2.2	
2	用大圆石或大片石堆积，当石块平均尺寸为 $\begin{cases}20\sim30cm\\30\sim40cm\\40\sim50cm及以上\end{cases}$	3.3 — —	3.6 4.1 —	4.9 5.4 5.7	5.3 5.7 5.9	
3	在篾格内堆两层大石块，当石块平均尺寸为 $\begin{cases}20\sim30\\30\sim40cm\\40\sim50cm及以上\end{cases}$	4.0 5.0 —	4.5 5.0 —	3.0 3.5 4.0	3.5 4.0 4.5	
4	青苔上单层铺砌（青苔层厚度不小于5cm）					
	(1) 用15cm大小的片石（或圆石）	2.0	2.5	3.0	3.5	
	(2) 用20cm大小的片石（或圆石）	2.5	3.0	3.5	4.0	
	(3) 用25cm大小的片石（或圆石）	3.0	3.5	4.0	4.5	
5	碎石（或砾石）上的单层铺砌（碎石层厚度不小于10cm）					
	(1) 用15cm大小的片石（或圆石）	2.5	3.0	3.5	4.0	
	(2) 用20cm大小的片石（或圆石）	3.0	3.5	4.0	4.5	
	(3) 用25cm大小的片石（或圆石）	3.5	4.0	4.5	5.0	
6	单层细面粗糙石料铺砌在碎石（或砾石）上（碎石层厚度不小于10cm）					
	(1) 用20cm大小的石块	3.5	4.5	5.0	5.5	
	(2) 用25cm大小的石块	4.0	4.5	5.5	5.5	
	(3) 用30cm大小的石块	4.0	5.0	6.0	6.0	

续上表

序号	加固工程种类	水流平均深度(m)				
		0.4	1.0	2.0	3.0	
		平均流速(m/s)				
7	铺在碎石（或砾石）上的双层片石（或圆石）	3.5	4.5	5.0	5.5	
8	下层用15cm石块，上层用20cm石块（碎石层厚度不小于10cm）；铺在坚实基底上的枯枝铺篱（临时性加固工程用）： (1) 铺面厚度 δ = 20～25cm； (2) 铺面为其他厚度时	—	2.0	2.5	—	
9	柴排： (1) 厚度 δ = 50cm 时； (2) 其他厚度时	2.5	3.0	3.5	—	按上值乘以系数 $0.2\sqrt{\delta}$
10	石笼（尺寸不小于0.5m×0.5m×1.0m者）	4.0 及以下	5.0 及以下	5.5 及以下	6.0 及以下	
11	在碎石层上M5水泥砂浆砌双层片石，其石块尺寸不小于20cm	5.0	6.0	7.5		
12	M5水泥砂浆砌石灰岩片石的污工（石料极限强度不小于10MPa）	3.0	3.5	4.0	4.5	
13	M5水泥砂浆砌坚硬的粗糙片石场工（石料极限强度不小于30MPa）	6.5	8.0	10.0	12.0	
14	C20混凝土护面加固	6.5	8.0	9.0	10.0	
	C15混凝土护面加固	6.0	7.0	8.0	9.0	
	C10混凝土护面加固	5.0	6.0	7.0	7.5	
15	混凝土水槽表面光滑者： (1) C20混凝土 (2) C15混凝土 (3) C10混凝土	13 12 10	16 14 12	190 160 13	20 180 150	
16	木料光面铺底，基层稳固及水流顺木纹者	8.0	10.0	12.0	14.0	

注：1. 表列流速数值（以上4张表格）可不用内涌，当水深在不表列数值时，则流速应采取与实际水深最接近时的数值；
2. 当水深大于3.0m（在缺少特别观测与计算的情况下）时，各冲流速采用水深为3.0时的数值。

桥梁的 ε、M、ψ 值 　　表 9-14

桥台形式	挤压系数 ε	流量系数 M	流速系数 ψ
单孔桥锥坡填土	0.90	1.55	0.90
单孔桥有八字翼墙	0.85	1.46	0.90
多孔桥或无锥坡或桥台伸出锥坡以外	0.80	1.37	0.85
拱脚淹没的拱桥	0.75	1.29	0.80

2) 自由出流和非自由出流的水力图式及判定条件

(1) 当小桥下游天然水深 $h_t \leqslant 1.3 h_K$ 时,水面二次跌落,桥下为自由出流,水力图式如图 9-2a) 所示,此时桥下水深为临界水深 h_K。

(2) 当小桥下游天然水深 $h_t > 1.3 h_K$ 时,进桥水流不能推开下游水面顶托的影响,流速有所降低而成非自由出流,如图 9-2b) 所示。此时水面仅一次跌落,桥下水深为天然水深 h_t。

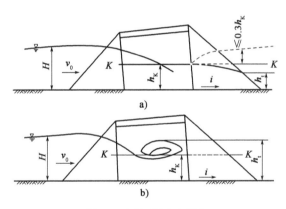

图 9-2　小桥两种水力图式
a) 自由出流；b) 非自由出流

2. 原有小桥的洪峰流量计算

(1) 按自由出流图式(即 $h_t \leqslant 1.3 h_K$)计算通过小桥的某一历史洪峰流量或多年平均洪峰流量

$$Q = MBH_0^{\frac{3}{2}} \qquad (9-17)$$

式中：B——小桥净跨径,m；

H_0——桥前包括行进流速水头在内的水头高度,m；

M——流量系数,查表 9-14。

(2) 按非自由出流图式(即 $h_t > 1.3 h_K$)计算通过小桥的某一历史洪峰流量或多年平均洪峰流量

$$Q = \varepsilon v_y h_t B \qquad (9-18)$$

式中：ε——挤压系数,查表 9-14；

v_y——桥下允许流速,m/s;查表9-13;

h_t——原小桥下游的天然水深,m,可调查得到或按式(9-16)确定。

二、通过原有涵洞的洪峰流量

1. 三种水力图式

按涵洞进水口建筑形式以及涵前水深的不同,可分为无压力式、半压力式、压力式三种水力图式,如图9-3所示。

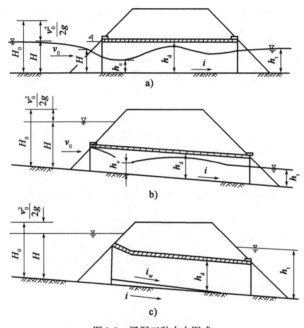

图9-3 涵洞三种水力图式
a)无压力式;b)半压力式;c)压力式

1)无压力式

无压力式水流状态的特征,是水流在进口处受侧向束挟,水面急剧下降,而进涵后不远处形成收缩断面。水流流经全涵均保持自由液面,下游水面不影响水流出口,如图9-3a)所示。

无压力式涵洞的判定条件是:

(1) 当 $H \leq 1.2h_d$ 时,普通进水口(如端墙式、八字式、平头式、锥坡式等);

(2) 当 $H \leq 1.4h_d$ 时,流线型进水口(如喇叭形、升高管节式等)。

其中,H 为涵前水深(m);h_d 为涵洞洞身净高(m)。

2)半压力式

半压力式水流状态的特征,是水流充满进口,呈有压状态,但其余部分仍为自由液面,呈无压状态,如图9-3b)所示。

半压力式涵洞的判定条件是:

当 $H > 1.2h_d$ 时,普通进水口,且出水口不被淹没。

3) 压力式

压力式水流状态的特征,是全涵内充满水流,无自由液面,涵顶呈有压状态,如图9-3c)所示。

压力式涵洞的判定条件是:

(1)进出水口全被淹没(如果是普通进水口,且涵身长度较短时);

(2)当出水口不被淹没时,$H > 1.4h_d$,流线型进水口,且涵底坡度 $i < i_w$,可按式(9-19)计算,即

$$i_w = \frac{Q^2}{A^2 C^2 R} \tag{9-19}$$

式中:i_w——摩阻坡度(恰好克服水流阻力所需的坡度);

Q——通过涵洞的某一历史洪峰流量或多年平均洪峰流量;当计算时,可对涵洞下游进行洪水调查,并按形态调查法求得;

A——涵身断面全面积,m^2;

R——涵身断面水力半径,m;

C——谢才系数,$C = \frac{1}{n}R^{1/6}$,其中 n 为糙率。

2. 原有涵洞通过洪峰流量计算

当已知原有涵洞的水力图式,可按以下方法分别计算某一历史洪峰流量或多年平均洪峰流量。

1) 无压力式、半压力式涵洞通过的洪峰流量计算

无压力式、半压力式涵洞一般可按涵洞的形式、假设坡度 i 和涵前水深 H,查相应的涵洞水力计算用表,如《公路桥涵设计手册(涵洞)》中表5-9~表5-20,获得宣泄流量和流速等数值。若涵洞假设坡度 i 大于表内计算坡度时,则需按本教材第十二章第二节中的计算方法,推算其相应的流速和流量。

2) 压力式涵洞通过的洪峰流量计算

在某一历史洪水位或多年平均洪水位时,已调查到涵前水深 H 和原涵下游天然水深 h_t,则涵洞内流速 V_d 可按下式计算

$$V_d = \sqrt{2g(H - h_t)\frac{1}{1 + \xi + \frac{2gL}{C^2 R}}} \tag{9-20}$$

其流量 Q

$$Q = V_d A \tag{9-21}$$

式中:H——涵前水深,m;

h_t——涵后水深,m,调查得来;或按式(9-16)确定;

ξ——涵洞进水口摩阻系数,见表9-15;

L——涵洞长度,m;

R——水力半径,m,为涵洞断面积 A 与湿周 χ 之比;

C——谢才系数,$C = \frac{1}{n}R^{1/6}$。

桥涵进水口摩阻系数 ξ 值　　　　　　　　　　表 9-15

上游洞口建筑形式	ξ
没有洞口建筑的涵洞和没有锥坡的桥梁	0.45
有扩张式斜翼墙的洞口建筑的涵洞	0.25
有锥形洞口建筑的涵洞	0.10
有锥形护坡的小桥	0.15

三、原有小桥涵处拟建小桥涵规定频率 P 的周期流量推算

1. 原有小桥涵处通过的洪峰流量 Q 换算为天然洪峰流量 Q_n

按前述方法所求得的流量均为原有小桥涵通过的历史洪峰流量或多年平均洪峰流量。由于桥涵挤束河道的影响,造成桥涵前积水现象,致使小桥涵通过的洪峰流量小于天然洪峰流量 Q_n。但山区、重丘地区由于积水影响小,当河沟底纵坡较大,且小桥涵挤束河沟水流又较小时,可认为原小桥涵通过的洪峰流量 Q 近似等于天然的洪峰流量 Q_n。平原、微丘地区当小桥涵挤束河道时,则应以式(9-22)将原有桥涵的通过洪峰流量 Q 换算为天然洪峰流量 Q_n。

$$Q_n = SQ \qquad (9-22)$$

式中:Q——某一历史洪水位(或多年平均洪水位)时原有小桥涵处的通过流量,m^3/s;

S——积水折减系数,可通过表 9-16 查用。

天然流量计算用的积水折减系数 S　　　　　　表 9-16

H	$\dfrac{B}{Hi}$ \ $Q^{\frac{3}{2}}F$	2	5	10	15	20	30	50	100	200	500	1000
1.25	10	1.31	1.15									
	15	1.48	1.21	1.12								
	20	1.60	1.32	1.19	1.11							
	25	1.78	1.40	1.23	1.17	1.13						
	30	2.09	1.60	1.35	1.25	1.20	1.10					
	40	2.30	1.73	1.45	1.32	1.26	1.17					
	50	2.50	1.85	1.56	1.40	1.31	1.23	1.18				
	70	3.18	2.40	1.83	1.60	1.49	1.32	1.22	1.15			
	100		2.63	2.10	1.86	1.70	1.56	1.37	1.21	1.12		
	150		3.19	2.60	2.30	2.10	1.83	1.60	1.37	1.18		
	200			3.01	2.60	2.38	2.03	1.79	1.50	1.30		
	250				2.98	2.65	2.30	2.01	1.62	1.40	1.18	
	300				3.25	3.00	2.54	2.10	1.71	1.43	1.24	
	400							2.43	1.92	1.58	1.31	
	500							2.72	2.11	1.71	1.39	

续上表

H	$\dfrac{B}{Hi}$ $Q^{\frac{3}{2}}F$	2	5	10	15	20	30	50	100	200	500	1000
1.50	10	1.69	1.33	1.16								
	15	1.96	1.52	1.30	1.21	1.18						
	20	2.27	1.70	1.39	1.27	1.20	1.12					
	25	2.47	1.84	1.53	1.37	1.33	1.24	1.21				
	30	2.81	2.02	1.66	1.48	1.39	1.27	1.22				
	40	3.26	2.32	1.85	1.65	1.52	1.37	1.24				
	50		2.58	1.98	1.74	1.59	1.43	1.33				
	70		3.26	2.46	2.12	1.94	1.71	1.50				
	100			3.06	2.60	2.33	2.02	1.73	1.43	1.24		
	150				3.30	2.94	2.47	2.02	1.64	1.39	1.24	
	200					3.30	2.87	2.42	1.93	1.59	1.28	
	250							2.72	2.08	1.67	1.35	
	300								2.20	1.90	1.50	
	400								2.50	2.06	1.64	
1.75	10	2.27	1.64	1.34	1.22	1.15	1.10					
	15	2.50	1.88	1.56	1.41	1.32	1.22	1.12				
	20	3.08	2.00	1.74	1.56	1.45	1.32	1.22				
	25	3.23	2.35	1.92	1.71	1.58	1.43	1.27				
	30		2.72	2.06	1.81	1.67	1.49	1.35				
	40		3.30	2.42	2.06	1.87	1.67	1.50	1.33	1.23		
	50			2.84	2.38	2.10	1.85	1.63	1.52	1.28		
	70				2.70	2.49	2.20	1.92	1.61	1.36	1.14	
	100					2.94	2.47	2.12	1.76	1.43	1.23	
	150						2.54	2.28	1.96	1.69	1.39	
	200								2.76	2.13	1.52	
2.0	10	2.82	1.93	1.52	1.37	1.28	1.21					
	15		2.44	1.89	1.67	1.52	1.36	1.22				
	20		2.67	2.13	1.90	1.76	1.56	1.39				
	25		3.30	2.47	2.12	1.92	1.70	1.49	1.20			
	30				2.38	2.13	1.89	1.63	1.36	1.16		
	40				2.62	2.38	2.12	1.82	1.47	1.21		
	50				3.23	2.87	2.46	2.04	1.67	1.35	1.10	
	70						2.94	2.42	1.92	1.56	1.24	
	100							2.50	2.11	1.79	1.43	
	150								2.73	2.17	1.63	

续上表

H	$\dfrac{B}{Hi}$ $Q^{\frac{3}{2}}F$	2	5	10	15	20	30	50	100	200	500	1000
2.5	10		3.18	2.32	2.00	1.82	1.60	1.41				
	15					2.13	1.90	1.65	1.35	1.11		
	20					2.70	2.25	1.98	1.56	1.22		
	25						2.35	2.02	1.70	1.43	1.11	
	30						3.13	2.50	1.92	1.52	1.20	
	40							2.81	2.15	1.72	1.32	1.16
	50								2.59	1.94	1.56	1.22
	70								3.10	2.40	1.70	1.30
3.0	10	2.60	1.92	1.50	1.32	1.20						
	15					3.00	2.68	2.06	1.83	1.50	1.10	
	20							2.18	1.93	1.16	1.27	
	25							2.90	2.30	1.90	1.33	
	30								2.65	2.10	1.55	1.20
3.5	10						3.10	2.60	2.00	1.60	1.14	
	15							2.70	2.28	1.80	1.40	1.13
4.0	10								2.38	1.93	1.41	
	15								2.90	2.22	1.58	

注:1. 表中符号意义如下:

　　Q——原小桥涵通过某一历史洪峰流量或多年平均洪峰流量,m^3/s;

　　F——原小桥涵位上游的汇水面积,km^2;

　　H——洪峰时原小桥涵前的水深,m;

　　B——原小桥涵前相应于洪峰水深时的水面宽度,m;

　　i——原小桥涵处纵向平均坡度(‰)。

2. 表中所列 S 值宜在 1.1~3.3;当 S > 3.3 时,应详细调查,确定积水原因后再行计算;当 S < 1.1 时按 1.1 计算。

3. 表中所列数值,可以内插法计算。

2. 原有小桥涵处拟建小桥涵规定频率 P 的周期流量推算

按上述方法算出了某一历史洪水位或多年平均洪水位所对应的原小桥涵处天然洪峰流量 Q_n 后,即可按本章第一节形态调查法中"按桥涵规定设计频率推算形态断面处的周期流量"的方法,在确定了该洪水的频率 n 之后,根据拟建小桥涵处的规定频率 P,利用式(9-6)推求原有小桥涵处规定频率 P 时的周期流量 Q'_P。

例 9-5

四川省某微丘地区拟建一公路小桥,其下游不远原有一座单孔净跨 5.4m 的钢筋混凝土板式桥,两桥台具有八字翼墙。桥下河底加固采用碎石垫层上厚20cm 的片石单层铺砌,纵向坡度 i 为 200‰。桥头路基高 3.4m,经调查知约 10 年一遇的某次历史洪水位离路基边缘尚有

1m,洪水时估计桥下平均水深为2m,桥前积水面宽度 B 为25m;此桥汇水面积 $F=6\text{km}^2$,河床土质为大砾石带沙和小沙石。现按拟建小桥的规定频率 $P=2\%$,以直接类比法计算原有小桥处的周期流量 Q'_P。

解:1)判定水力图式

根据桥下平均水深为2m以及桥下铺砌,查表9-13d)得 $v_y=4\text{m/s}$。桥下临界水深为

$$h_K = \frac{v_y^2}{g} = \frac{4^2}{9.81} = 1.63\text{m}$$

桥前水深 $H=3.4-1.0=2.4\text{m}$,根据河床土质为大砾石带沙和小砾石,查表9-13a)取行进流速 $v_0=1.1\text{m/s}$,查表9-14得 $\varphi=0.9$。桥下游天然水深 h_t 按式(9-15)及式(9-16)计算

$$H_0 = H + \frac{v_0^2}{2g} = 2.4 + \frac{1.1^2}{2\times 9.81} = 2.46\text{m}$$

$$h_t = H_0 - \frac{v_y^2}{2g\varphi^2} = 2.46 - \frac{1.1^2}{2\times 9.81 \times 0.9^2} = 1.45\text{m}$$

$\therefore h_t < 1.3 h_K$,属自由出流。

2)求通过原有小桥的历史洪峰流量 Q

查表9-14得流量系数 $M=1.46$,小桥净跨径 $B=5.4\text{m}$,则以式(9-17)计算 Q

$$Q = MBH_0^{\frac{3}{2}} = 1.46 \times 5.4 \times 2.46^{\frac{3}{2}} = 30.4\text{m}^3/\text{s}$$

3)折算原有小桥处天然洪峰流量 Q_n

由

$$Q^{\frac{3}{2}}F = 30.4^{\frac{3}{2}} \times 6 = 1006 \approx 1000$$

$$\frac{B}{Hi} = \frac{25}{2.4 \times 0.2} = 52 \approx 50$$

$H=2.4\text{m} \approx 2.5\text{m}$ 查表9-16,得 $S=1.22$。

以式(9-22)计算天然洪峰流量

$$Q_n = SQ = 1.22 \times 30.4 = 37.1\text{m}^3/\text{s}$$

4)推求原有小桥处拟建小桥规定频率的周期流量 Q'_P

四川省属西南地区,频率 $n=1/10=10\%$ 时,$M_n = M_{10\%}=1$ 频率 $P=2\%$ 时,查周期换算系数表9-6得 $M_P = M_{2\%} = 2.00$,以式(9-6)计算周期流量 Q'_P(式中 Q 此应为 Q_n)。

$$Q'_p = Q_n M_P = 37.1 \times 2 = 74.2\text{m}^3/\text{s}$$

第四节　小桥涵位设计流量的推算和各种计算方法的比较

一、小桥涵位设计流量推算

暴雨推理公式是直接根据设计规定频率 P 推求出对应的洪峰流量 Q_P，此方法计算出的 Q_P 是拟建小桥涵处设计流量。

形态调查法和直接类比法仅推出了形态断面处或原有小桥涵位处的流量 Q'_P，故须向拟建小桥涵位处折算成设计洪峰流量 Q_P。

(1) 形态断面(或原有小桥涵位)处与拟建小桥涵位处估计两者流量相差在 ±10% 左右时(或可近似以两者汇水面积相比较)，可不再折算，即认为形态断面(或原有小桥涵位)处规定频率 P 对应的周期洪峰流量 Q'_P 就等于拟建小桥涵处设计规定频率 P 所对应的设计洪峰流量 Q_P。

(2) 若形态断面(或原有小桥涵位)处与拟建小桥涵位处两者流量或汇水面积相差较大时，可按下式折算

$$Q_P = \frac{F_2^n B_2^m I_{z2}^{\frac{1}{4}}}{F_1^n B_1^m I_{z1}^{\frac{1}{4}}} \cdot Q'_P \tag{9-23}$$

式中：Q_P——拟建小桥涵处设计洪峰流量，$\mathrm{m^3/s}$；

Q'_P——形态断面(或原有小桥涵位)处由拟建桥涵规定频率 P 而定的周期洪峰流量，$\mathrm{m^3/s}$；

F_1、F_2——分别为形态断面(或原有小桥涵位)处及拟建小桥涵位处的汇水区面积，$\mathrm{km^2}$；

B_1、B_2——分别为形态断面(或原有小桥涵位)处及拟建小桥涵位处汇水区的平均宽度，确定方法见第五章第一节所述；也可近似分别以汇水面积 F 除以主河沟长度 L 确定；

I_{z1}、I_{z2}——分别为形态断面(或原有小桥涵位)处及拟建小桥涵位处的主河沟平均坡度，确定方法见第五章第一节，计算中以小数计；

n——汇水面积的指数参数，大流域时取 $1/2 \sim 2/3$；$F \leq 30 \mathrm{km^2}$ 时，取 $n = 0.8$；

m——流域形状的指数参数，暴雨所造成的洪水取 $m = 1/3$。

(3) 若 $F \leq 30 \mathrm{km^2}$，形态断面(或原有小桥涵位)处与拟建小桥涵位处相距不很远，且两者地形无显著区别时，可按下述简化公式计算设计洪峰流量

$$Q_P = \frac{F_2^{0.8}}{F_1^{0.8}} Q'_P \tag{9-24}$$

式中符号意义同式(9-23)。

(4) 若无汇水面积资料，可通过调查实测形态断面(或原有小桥涵位)处及拟建小桥涵位

处的主河沟长度 L_1 和 L_2,按下列经验公式计算拟建小桥涵位处的设计洪峰流量 Q_P

$$Q_P = \left(\frac{L_1}{L_2}\right)^{1.6} Q'_P \tag{9-25}$$

式中:L_1、L_2——分别为形态断面(或原有小桥涵位)处及拟建小桥涵位处的主河沟长度,确定方法见本教材第五章第一节所述。

其他符号意义同前。

例 9-6

按例 9-3 的基本情况,已知形态断面处拟建小桥设计规定频率的周期流量 $Q'_P = 79\text{m}^3/\text{s}$,形态断面处汇水面积 $F_1 = 12\text{km}^2$,主河沟长度 $L_1 = 4.3\text{km}$,主河沟平均坡度 $I_{z1} = 40‰$,拟建小桥桥位于形态断面下游 1.2km,汇水面积 $F_2 = 16\text{km}^2$,主河沟平均坡度 $I_{z2} = 34‰$。该地区属雨洪地区,求小桥位处的设计流量 Q_P。

解:由于两处(形态断面与拟建小桥桥位处)汇水面积 F 相差较大,且 >10%,所以采用式 (9-23) 计算小桥位处的设计流量可得

$$Q_P = \frac{F_2^n B_2^m I_{z2}^{\frac{1}{4}}}{F_1^n B_1^m I_{z1}^{\frac{1}{4}}} \cdot Q'_P$$

$$B_1 = \frac{F_1}{L_1} = \frac{12}{4.3} = 2.79\text{m}$$

$$B_2 = \frac{F_2}{L_2} = \frac{16}{4.3 + 1.2} = 2.91\text{m}$$

所以汇水面积 $F < 30\text{km}^2$,$n = 0.8$;雨洪地区 $m = 1/3$,$I_{z1} = 0.04$,$I_{z2} = 0.034$;则小桥位处的设计流量为

$$Q_P = \frac{16^{0.8} \times 2.91^{\frac{1}{3}} \times 0.034^{\frac{1}{4}}}{12^{0.8} \times 2.79^{\frac{1}{3}} \times 0.04^{\frac{1}{4}}} \times 79 = 97.6\text{m}^3/\text{s}$$

二、各种流量计算方法的比较

(1)按暴雨计算洪峰流量的推理公式,考虑的因素较多,其优点是计算较为简单。但在确定本公式的过程中,只考虑了区域的普遍特征,故参变数是简化了的概略值,且暴雨递减指数 n 值的分区和土壤分类均较粗略,因此,与各个地区河沟和流域的实际情况有一定出入,这些均有待于以后完善。按暴雨推理法得出的经验公式应用简便,但纯属经验性,地区差异较大。

(2)形态调查法中由于计算设计流量所依据的资料是现场调查所得,较客观地反映出实际情况,所以是目前能弥补按暴雨推理法计算中资料不足的最好方法。但是小流域洪流历时短,不易较准确地确定河沟床的糙率(或粗糙系数)。同时,对于河床下切和沉积等影响程度难以掌握,所以往往使计算偏大或偏小。为了获得较准确的结果,可将形态调查法与其他方法论证使用。

(3)直接类比法因其资料来自对原有桥涵(或其他水工构造物)的调查,故这种方法计算结果比较可靠,有条件时,应首先使用。但在新建公路中,实用机会较少。

由于流量计算受多种因素和地区差异性的制约,所以目前想用极简单的计算方法准确地求得可靠数据结果是较困难的。因此,在条件许可时,宜用几种方法计算互相核对比较;并通过加强调查研究,积累资料,进行科学实验,找出适合本地区的计算方法,结合实际情况确定计算公式和有关的参数系数。

1. 什么是形态调查法？具体的计算步骤有哪些？
2. 什么是直接类比法？其主要计算步骤有哪些？
3. 小桥和涵洞分别有哪些水力图式？各自的判别条件是什么？
4. 暴雨推理公式是根据怎样的思路建立的？
5. 本书介绍的三种小桥涵设计流量计算方法,哪些属直接计算？哪些属流量的折算？为什么？
6. 试比较三种流量计算方法的优缺点及适用性。

习 题

1. 石太高速公路太原段某桥,地形为黄土丘陵区。其汇水面积 $F = 32\text{km}^2$,主河沟长 $L = 8\text{km}$,主河沟平均坡度 $I_z = 16‰$。该桥工程点无实测流量资料,现用暴雨推理会式推求规定频率 $P = 2\%$ 时的流量,并以经验会式修正。

2. 有一小河沟,主河沟平均坡度 $I_z = 50‰$,土质黏土,河床弯曲、生长杂草,经调查得 25 年一遇的历史洪水位时,形态断面近似梯形,底宽 4m,边坡 1∶1.5,最大水深 $H = 1.2\text{m}$。现以简化公式推算规定频率 $P = 2\%$ 时的流量。

第十章 大中桥桥孔与桥面高程

CHAPTER TEN

本章介绍桥位选择的一般知识和桥位调查的内容,进行桥孔长度计算,推算桥面中心和引道路堤的最低高程。

第一节 桥位选择和桥位调查

一、桥位选择

1. 桥位选择的一般规定

(1)除控制性桥位外,桥位选择原则上应服从路线走向。在适当范围内,可根据河段的水文、地形、地质、地物等特征,路桥综合考虑,必选确定。

(2)对水文、地质和技术复杂的特殊大桥的桥位,应在已定路线大方向的前提下,根据河流形态、水文、地质、通航要求、地面设施、施工条件以及与地方经济社会发展的关系等,在较大范围内进行全面的技术、经济比较后确定。必要时应先期进行物探和钻探,保证桥梁建造的可实施性。

(3)桥位选择在水文方面应符合下列规定:

①桥位应选在河道顺直、稳定、较窄的河段上。

②桥位选择应专虑河道的自然演变以及建桥后对天然河道的影响。

③桥轴线宜与中、高洪水位时的流向正交。斜交时应在孔径及墩放台基础设计中考虑其影响。

(4)通航水域的桥位选择应符合下列规定:

①桥位应选在航道稳定、顺直且具有足够通航水深的河段上,航道不稳定时,应考虑河道

②桥轴法线与通航主流的夹角不宜大于5°,大于5°时应增大通航孔的跨径。

③桥位应避开既有水工设施、港口作业区和船舶锚地等。

(5)对改扩建桥梁,既有桥梁位于港区、地形地物复杂处、航道弯道处或航道交织处,可另择桥位。拟建桥位与既有桥位之间的距离应考虑通航和防洪要求,且水中部分的桥墩宜相互对应。

2. 各类河段上的桥位选择

(1)水深、流急的山区峡谷河段,桥位宜选在可以一孔跨越处。

(2)山区开阔河段,桥位应选在河槽稳定、水深较浅,流速较缓处。

(3)山前变迁河段,桥位宜选在两岸与河槽相对比较稳定的束窄河段上;必须跨越扩散段时,应选在河槽摆动范围比较小的地段。桥轴线宜与洪水总趋势正交。

(4)山前冲积、漫流河段,桥位宜选在上游狭窄段或下游收缩河段上,不宜选在中游扩散段。

(5)平原顺直、微弯河段,桥位宜选在河槽与河床走向一致,槽流量较大处,桥轴线应与河岸线正交。

(6)平原弯曲河段,桥位一般应选在主槽流向与河流总趋势一致的较长河段上;当河湾发展已逼近河床的基本岸边时,桥位宜选在河湾顶部的中间位置。

(7)平原分汊河段,桥位宜选在深泓线分汊点以上;在江心洲稳定的分汊河段上,桥位宜可选在江心洲或洲尾两汊深泓线汇合点以下。

(8)平原宽坦河段,桥位宜选在河滩地势较高、河槽居中、稳定、顺直和滩槽流量比较小的河段上。

(9)平原游荡河段,桥位宜选在两岸有固定依托的较长束窄河段上,桥轴线宜与河岸正交。

(10)倒灌河段,桥位跨越倒灌河段的支流时,桥位宜选在受大河壅水倒灌影响范围之外或受大河壅水倒灌影响较小处跨越。

(11)潮汐河段,桥位不直选在涌潮区段,应避开凹岸和岸滩消长多变地段,不宜紧邻挡潮闸。

(12)冰凌河段,桥位宜选在河道顺直稳定、主槽较深、流水顺畅的河段上,不宜选在浅滩、沙洲较多、河流分汊、水流不畅等容易发生冰塞、冰坝的河段。

3. 特殊地区的桥位选择

1)水库地区的桥位选择应符合下列规定

(1)应考虑因修建水库而引起的河流状态的改变,以及可能产生的各种不利因素。

(2)在水库蓄水影响区内时,桥位宜选在库面较窄、岸坡稳定、泥沙沉寂较少的地段;在冰封地区,不宜选在回水末端、容易形成冰坝的地段。

(3)在水库下游,桥位宜选在下游集中冲刷影响范围以外。

2)泥石流地区的桥位选择应符合下列规定

(1)在泥石流发展强烈的形成区,应采取绕避方案。

(2)不宜挖沟设桥,不宜改沟并桥。

(3)路线必须通过泥石流流通区时,桥位宜选在河床稳定的流通区的直线段上,并宜与主流正交。不宜选在河床纵坡由陡变缓、断面突然收缩或扩散地段以及弯道的转折处。

(4)路线通过泥石流堆积扇时,桥位应避开扇腰、扇顶部位,宜选在扇缘及其尾部,桥梁应沿等高线分散设置,如堆积扇濒临大河,受到水流切割时,桥位应考虑切割的发展,留有一定的安全余地。

(5)路线通过泥石流堆积扇群时,桥位宜选在各沟出山口处或横切各扇缘尾部。

3)平原低洼(河网)地区的桥位选择应符合下列规定

(1)桥位选择应注意与当地水利和航运规划相配合,不宜选在水闸、引水或分洪口门等水利工程附近。

(2)桥位宜选在两岸地势较高处,不宜选在淤泥或土质特殊松软的地段。

(3)桥位跨越灌溉渠网时,不宜破坏原有排灌系统。

4)岩溶地区桥位选择应符合下列规定

(1)桥位宜避开强岩溶地区,选择岩溶发育轻微的区域。必须在强岩溶地区设桥时,应选在岩层比较完整、洞穴顶板较厚处。

(2)桥位应避开巨大洞室、大竖井和构造破碎带。无法绕避构造破碎带时,应使桥位垂直或以较小的斜交角通过。

(3)桥位宜设在非可溶岩层地带上,不宜设在可溶岩层与非可溶岩层的接触带上。

(4)路线跨越岩溶丘陵区的峰间谷地时,桥位不宜选在漏斗、落水溶洞、岩溶泉、地下通道以及地下河出露处。

(5)岩溶塌陷区的桥位应选在工业与民用取水点所形成的地下水位下降漏斗范围以外,覆盖层较厚、土层稳固、洞穴和地下水位稳定处。

(6)地下河范围内不宜设桥。

5)海湾地区的桥位选择应符合下列规定

(1)桥位宜选在有岛屿相连、过水断面较窄的地段。

(2)桥位宜选在与两岸公路连接顺畅、桥轴线与海流流向正交的地段。

(3)桥位宜选在河岸基本稳定,泥沙来源少、沿岸泥沙流弱的地段,不宜选在两股或多股泥沙流相汇的地段。

(4)桥位选择宜避开船舶锚地。

二、水文调查与勘测

水文调查与勘测为水文分析和计算提供了基础资料,是确定设计洪水的依据。

1. 水文调查

1)汇水区概况调查

(1)绘制沿线水系图,核实低内涝区、分洪区、滞(蓄)洪区的分布及主要水利工程位置和形式。

(2)从地形图上量绘沿线各汇水区面积、长度、宽度、坡度等特征值及主要水利工程控制的汇水面积。

(3) 调查岩溶、泉水、泥石流等的分布和规模,以及土壤类型、地形、地貌、植被情况等特征资料。

(4) 调查各汇水区内对工程设计有影响的水利及河道整治规划资料。

2) 河段调查应符合下列规定

(1) 收集河段历年变迁的图纸和资料,调查河湾发展及滩槽稳定情况。

(2) 调查支流、分流、急滩、卡口、滑坡、塌岸和自然壅水等现象。

(3) 调查洪水流泛滥宽度、河岸稳定程度。

(4) 调查河床冲淤变化、上游泥沙来源、历史上淤积高度和下切深度。

(5) 调查河堤设计标准、河道安全泄洪量及相应水位。

(6) 调查河道整治方案及实施时间。

(7) 调查航道等级、最高和最低通航水位、通航孔数、高、中、低水位的上下行航线位置。

(8) 调查漂流物类型及尺寸。

(9) 根据河床形态、泥沙组成、岸壁及植被情况,确定河床各部分洪水糙率。

3) 洪水调查应符合下列规定

(1) 结合所收集的历史洪水资料,在河段两岸调查各次洪水发生的时间、洪痕(遗留在沿河建筑物、植被式河岸上标志洪水最高水位的天然痕迹或人工题刻)位置、洪水来源、涨落过程、主流方向,调查有无漫流、分流及受人工建筑物的影响,确定洪水重现期。

(2) 调查各次洪水发生时的雨情、灾情、汇水区内有无受人类活动影响及自然条件有无变化,并按大小排序确定其重现期。

(3) 洪水调查的河段宜选择两岸有较多洪痕点,水流顺直稳定,无回流、分洪及人工建筑物影响处,并宜靠近水文断面。

(4) 同一次洪水应调查 3 个以上较可靠的洪痕点,作出标志,记录洪痕指定人的姓名、职业、年龄和叙述内容。根据指定的洪痕标志物情况、指定人对洪水记忆程度,综合分析,可按照表 10-1 的规定判断洪痕点的可靠性。

洪水痕迹可靠程度评定标准   表 10-1

评定因素	等级		
	1	2	3
	可靠	较可靠	供参考
指证人的印象和旁证情况	亲眼所见,印象深刻,情况逼真,旁证确凿	亲眼所见,印象深刻,所述情况较逼真,旁证材料较少	听传说或印象不深刻,所述情况不够清楚具体,缺乏旁证
标志物和洪痕情况	标志物固定,洪痕位置具体或有明显的洪痕	标志物变化不大,洪痕位置较具体	标志物有较大变化,洪痕位置不具体
估计可靠误差范围(m)	小于 0.2	0.2~0.5	0.5~1.0

注:评定时以表内 1、2 项为主,3 项仅作参考,使用时根据具体情况确定。

(5) 在洪水调查的同时,还要调查枯水位、常水位、洪水期的水面坡度、水拱及波浪高度等。

4) 冰凌调查

(1) 调查历年封冻及开河时间、开河形势、最高和最低流冰水位。

(2) 调查冰塞和冰坝现象、历史上凌汛水害情况以及流冰对上下游建筑物的影响。

5) 涉河工程调查

(1) 调查桥位河段上既有桥梁设计标准、过河管缆的跨度、基础埋深、修建年代、水毁和防护等情况。

(2) 调查堤坝设计洪水标准、结构形式、基础埋置深度、施工质量、洪水检验等情况。

(3) 调查上下游水库位置、设计洪水标准、泄洪流量、控制汇水面积、回水范围及建库后上下游河床冲淤变化。

(4) 调查取水口、泵站、码头、储木场、锚地等涉河工程的位置及其对公路工程的影响。

2. 水文勘测

1) 水文断面测绘应符合下列规定

(1) 水文断面宜选在洪痕分布较多、河岸稳定、冲淤不大、泛滥宽度较小、无死水和回流、断面比较规则的顺直河段上,宜与流向垂直。

(2) 水文断面应在桥位上下游各测绘一个;对河面不宽的中桥,可只测绘一个;当桥位断面符合水文断面条件时,桥位断面可作为水文断面;对改扩建工程,应施测既有桥梁处水文断面,并在不受既有桥梁影响的河段上,再选 1~2 个水文断面测绘。

(3) 平原宽滩河流测绘范围应测至历史最高洪水泛滥线以外 50m;山区河流应测至历史最高洪水位以上 2~5m。

(4) 应标出河床地面线、滩槽分界线、植被和地质情况、糙率、测时水位、施测时间、历史洪水位及发生年份、其他特征水位等,滩槽分界线应在现场确定。

2) 河段比降测绘应符合下列规定

(1) 水文断面测绘范围,下游不应小于 1 倍河宽,上游不应小于 2 倍河宽。

(2) 应标出河床比降线、测时水面比降线、历次洪水比降线、水文断面及桥位断面位置。

3) 河床质测定应符合下列规定

(1) 河床质测定应根据地质勘探资料确定河床断面各层河床质的类别、性质和平均粒径。

(2) 对表层河床质,可按现行《公路土工试验规程》(JTG E40—2007) 规定,采集扰动土样,进行颗粒分析或液、塑限试验确定。

(3) 河槽内的土样采集数量,小桥涵不应少于 1 个,中桥不应少于 2 个,大桥、特大桥不应少于 3 个;河滩内的采集数量,可视土质分布情况取 1~2 个。

(4) 采样深度应大于底沙运动的厚度。

4) 冰凌观测应符合下列规定

(1) 在春季即将开河时,宜现场观测河心冰厚、冰温、冰块尺寸、流动速度和方向、冰层面积、沿水流方向的长度、冰层下的水流速度、水面比降、风速、风向、气温变化率,以及冰压力计算所需的其他内容。

(2) 观测期不宜少于一个凌汛期,宜每隔 5d 观测一次,必要时应按每隔 1~2d 观测一次。改扩建工程除常规水文勘测内容外,尚应测绘既有工程与拟建工程的相互关系、既有工程水害和修复的工程范围,测量既有桥梁墩台冲刷深度。

3. 洪水观测

(1) 对水文情况复杂或需做水力模型试验的特殊桥梁,应进行洪水观测,观测项目可视需要而定,宜包括水位、水深、流速、流向、水文断面、水面比降和含沙量。一般桥梁在勘测遇洪水时,宜进行水位、流速、流向、比降等观测,洪水过后补测水文断面。

(2) 水位、水面比降观测应符合下列规定:

①应在水文断面上设置基本水尺或自记水位计观测水位;可在基本水尺上下游应分别布设比降水尺,观测水面比降;也可用基本水尺兼用上下游比降水尺,比降水尺间距不宜小于表 10-2 的要求。

比降水尺间距 表 10-2

比降(‰)	0.068	0.038	0.028	0.022	0.019	0.016	0.015	0.013	0.012	0.011
水尺间距(m)	100	200	300	400	500	600	700	800	900	1000

②基本水尺的观测时段和精度,宜与上下游水文(位)站一致。在水位变化急剧的洪水期,应增加观测次数,控制洪峰过程。

③上下游比降水尺的水位,宜同时观测,观测次数应与流速观测相一致。

④洪水位观测,可在涨水过程、洪峰附近、落水过程中各观测一次,同时沿水文断面上下游观测水面比降。观测总长度宜控制水面差 $0.1 \sim 0.3 \mathrm{m}$,上游长度占 2/3,下游长度占 1/3。

(3) 流速观测应符合下列规定:

①宜采用流速仪施测,有困难时可用均匀浮标法施测;当洪峰历时短、需缩短测速时间时,可改用中泓浮标法施测。

②流速观测不应少于一个洪峰过程,每个洪峰至少应峰前观测 2 次,峰顶附近观测 1 次,峰后观测 2 次。与此同时,应观测水位、风力和风向。

③一般桥梁可采用中泓浮标法或漂浮物浮标法施测,在洪峰峰前、峰后及峰顶附近各测一次。

(4) 流向观测宜符合下列规定:

①可采用流向仪、流向器、浮标等观测;当采用浮标观测时,宜与浮标测速同时进行。

②采用浮标观测的河段长度,在水文断面或桥位上游不宜小于 2 倍河宽,在水文断面或桥位下游不宜小于 1 倍河宽。

③宜根据浮标运行轨迹确定流向。

(5) 水深、水文断面测量宜与测速同时进行,并应符合本章水文断面测绘的有关规定。

第二节 桥孔长度和桥孔布设

一、桥孔最少净长 L_j 计算

沿着设计水位的水面线,两桥台前缘之间(埋入式桥台则为两桥台护坡坡面之间)的水面宽度,称为桥孔长度 L。扣除全部桥墩宽度(仍沿原水面线)后,称为桥孔净长 L_j。

桥孔设计须保证设计洪水以内的各级洪水和泥沙安全通过,并满足通航、流冰及其他漂流物通过的要求。桥孔布设应适应各类河段的特性及演变特点,避免河床产生不利变形,且做到经济合理。建桥后引弓起的桥前壅水高度、流势变化和河床变形,应在安全允许范围之内。

(1)峡谷型河段上的桥梁,可按河床地形布设,不宜压缩河槽,可不做桥孔最小长度计算。

(2)开阔、顺直微弯、分汊、弯曲河段,以及滩、槽可分的不稳定河段,按式(10-1)计算

$$L_j = K_q \left(\frac{Q_P}{Q_C}\right)^{n_3} B_C \qquad (10\text{-}1)$$

式中:L_j——最小桥孔净长,m;
Q_P——设计流量,m³/s;
Q_C——设计水位下天然河槽流量,m³/s;
B_C——天然河槽宽度,m;
K_q、n_3——系数和指数,其值按表10-3采用。

K、n 值表 表10-3

河 段 类 型	K_q	n_3
开阔、顺直微弯河段	0.84	0.90
分岔、弯曲河段	0.95	0.87
滩、槽可分的不稳定河段	0.69	1.59

(3)宽滩河段,按式(10-2)计算

$$L_j = \frac{Q_P}{\beta q_c} \qquad (10\text{-}2)$$

$$\beta = 1.19 \left(\frac{Q_C}{Q_t}\right)^{0.10} \qquad (10\text{-}3)$$

式中:L_j——最小净长,m;
q_c——河槽平均单宽流量,m³/(s·m);
β——水流压缩系数;
Q_t——河滩流量,m³/s。

(4)滩槽难分的不稳定河段,按式(10-4)计算

$$L_j = C_P B_0 \qquad (10\text{-}4)$$

$$B_0 = 16.07 \left(\frac{\overline{Q}^{0.24}}{d^{0.3}}\right) \qquad (10\text{-}5)$$

$$C_P = \left(\frac{Q_P}{Q_{2\%}}\right)^{0.33} \qquad (10\text{-}6)$$

式中:B_0——基本河槽宽度,m;
$\overline{Q}$——年最大流量平均值,m³/s;

$\overline{d}$——河床泥沙平均粒径,m;

C_P——洪水频率系数;

$Q_{2\%}$——频率为2%的洪水流量,m³/s。

(5)桥孔设计长度确定。桥孔设计长度除应满足上述公式计算的最小净长外,还应结合桥位地形、桥前壅水、冲刷深度、桥梁及引道纵坡和台后填土高度等情况,进行不同桥长的技术经济比较,综合论证后确定。

二、桥孔布设

(1)桥孔布设应与天然河流断面流量分配相适应。在稳定性河段上,左右河滩桥孔长度之比应近似与左右河滩流量之比相当;在次稳定性和不稳定性河段上,桥孔布设必须考虑河床变形和流量分布变化趋势的影响。桥孔一般不压缩河槽,可适当压缩河滩。

(2)在内河通航的河段上,通航孔布设应符合通航净空规定,并应充分考虑河床演变和不同水位所引起的航道变化。

(3)在设有防洪堤的河段上,桥孔布设应避免扰动现有河堤;与堤防交叉处宜留有防汛抢险通道。

(4)在断层、陷穴、溶洞、滑坡等不良地质地段不宜布设墩台。

(5)在冰凌严重河段,桥孔应适当加大,并应增设预防冰撞措施。

(6)山区河流的桥孔布设应符合下列规定:

①峡谷河段宜单孔跨越;桥面设计高程应根据设计洪水位,并结合两岸地形和路线等条件确定。

②在开阔河段可适当压缩河滩;河滩路堤宜与洪水主流流向正交,斜交时应增设调治工程。

③山区沿河纵向桥,宜提高线位,将沿河纵向桥设置在山坡坡脚,避开水面或少占水面。

(7)平原河流的桥孔布设应符合下列规定:

①在顺直微弯河段,桥孔布设应考虑河槽内边滩下移,主槽在河槽内摆动的影响。

②在弯曲河段,应通过河床演变调查,预测河湾发展和深泓变化,考虑河槽凹岸水流集中冲刷和凸岸淤积等对桥孔及墩台的影响。

③在滩槽较稳定的分岔河段上,若多年流量分配基本稳定,可考虑布设一河多桥;桥孔布设应预计各岔流量分配比例的变化,并应设置同流量分配相对应的导流构造物。

④在宽滩河段,可根据桥位上下游主流趋势及深泓线摆动范围布设桥孔,并可适当压缩河滩,但应考虑壅水对上游的影响。当河汊稳定又不宜导入桥孔时,可考虑修建一河多桥。

⑤在游荡河段,不宜过多压缩河床,应结合当地治理规划,辅以调治工程。

(8)山前区河流桥孔布设应符合下列规定:

①在山前变迁河段,在辅以适当的调治构造物的基础上,可较大地压缩河滩。桥轴线应与河岸线或洪水总趋势正交。河滩路堤不宜设置小桥和涵洞。当采用一河多桥方案时,应堵截临近主河槽的支汊。

②在冲积漫流河段,桥孔宜在河流上游狭窄或下游收缩段跨越。在河床宽阔、水流有明显分支处跨越时,可采用一河多桥方案,并应在各桥间采用相应的分流和防护措施。桥下净空应考虑河床淤积影响。

例 10-1

按例 6-1 的基本情况,南方地区该桥位地处开阔河段,河道顺直。拟建桥梁上部采用标准跨径为 13m 的钢筋混凝土简支梁,净跨径 $L_0 = 11.8$m,梁高 1m(包括桥面铺装层);下部为单排双柱钻孔桩墩,墩径 $d = 1.2$m,采用 U 形桥台,台长为 6m。试选择公式计算最小桥孔长度,并进行桥孔布设。

解:开阔河段,河道顺直,以式(10-1)计算最小桥孔净长,已知设计流量 $Q_P = 3468 \text{m}^3/\text{s}$,天然河槽流量 $Q_C = 1958 \text{m}^3/\text{s}$,河槽宽度 $B_C = 680 - 600 = 80$m。

查表 10-3 可得:$K_q = 0.84, n_3 = 0.90$;则

$$L_j = 0.84 \times \left(\frac{3468}{1958}\right)^{0.90} \times 80 = 133.8 \text{m}$$

套用标准跨径,采用 12 孔方案,即两桥台前缘之间距离为

$$L_d = 11.8 \times 12 + 1.2 \times 11 = 154.8 \text{m}$$

桥梁两端桥台台尾间的距离(即全桥长)为

$$L'_d = 154.8 + 2 \times 6.0 = 166.8 \text{m}$$

具体桥孔布设如图 10-1 所示。

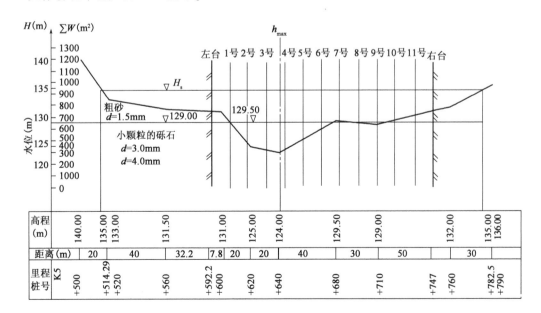

图 10-1 形态断面图

第三节 桥面设计高程

一、确定桥面最低高程

桥面中心最低高程是按河流不通航和通航分别确定的。

不通航河流上当按设计水位推算桥面中心最低高程时,需考虑桥孔压缩水流后的桥下壅水、浪高、水拱、局部股流壅高、河弯超高和河床淤积等引起的桥下水位增高。关于流冰、水拱、局部股流壅高、河弯超高和河床淤积等引起的桥下水位增高,目前尚无成熟的计算公式,可根据调查和实测确定。在计算中必须详细分析影响桥下水位增高的各个因素是否属实,并客观、合理地进行组合,不可随意加入。

1. 对于不通航河流

(1) 按设计水位计算桥面中心最低高程,即

$$H_{\min} = H_s + \sum \Delta h + \Delta h_j + \Delta h_0 \tag{10-7}$$

式中:$H_{\min}$——桥面最低高程,m;
　　　H_s——设计水位,m;
　　　$\sum \Delta h$——考虑壅水、浪高、水拱、局部股流壅高(水拱与局部股流壅高只取其大者)、床面淤高、漂浮物高度等诸因素的总和,m;
　　　Δh_j——桥下净空安全值,见表10-4;
　　　Δh_0——桥梁上部构造建筑高度(包括桥面铺装高度),m。

不通航河流桥下净空安全值 Δh_j　　　　表10-4

桥梁部位	按设计水位计算的桥下净空安全值(m)	按最高流冰水位计算的桥下净空高度安全值(m)
梁底	0.50	0.75
支座垫石顶面	0.25	0.50
拱脚	0.25	0.25

注:1. 无铰拱的拱脚,可被洪水淹没,淹没高度一般不宜超过拱圈矢高的三分之二;拱顶底面至设计水位的净高不小于1m。
　　2. 山区河流水位变化大,桥下净空安全值可适当加大。

(2) 按流冰水位计算桥面中心最低高程(北方寒冷地区),即

$$H_{\min} = H_{SB} + \Delta h_j + \Delta h_0 \tag{10-8}$$

式中:H_{SB}——设计最高流冰水位,m,应考虑床面淤高。

(3) 桥面设计高程不应低于式(10-7)、式(10-8)的计算值。

2. 对于通航河流

(1) 通航河流的桥面设计高程除应满足不通航河流的要求外,同时还应满足式(10-9)的要求:

$$H_{\min} = H_{tn} + H_M + \Delta h_0 \tag{10-9}$$

式中：H_{tn}——设计最高通航水位，m，采用各级洪水重现期水位；

H_M——通航净空高度，m。

（2）通航河流的设计最高通航水位、桥下净空等按现行《内河通航标准》（GB 50139—2014）规定执行。通航海轮的设计最高通航水位、通航净空、航道宽度等按现行相关标准规范执行。

二、壅水计算

1. 桥前最大壅水高度 ΔZ

建桥后，天然水流受到桥孔压缩，桥前形成壅水，天然水面（正常水深）以上壅起的高度，称为壅水高度。最大壅水高度的位置，无导流堤时大约在桥位中线上游一个桥孔长度（L）附近，有导流堤时大约在导流堤的上游堤端附近。

由于桥位附近的水流及河床变形非常复杂，ΔZ 的准确计算至今仍是亟待研究的课题。

相关资料推荐试用下式计算桥前最大壅水高度

$$\Delta Z = \frac{K_N K_y}{2g}(v_M^2 - v_{0M}^2) \tag{10-10}$$

$$K_y = \frac{0.5}{\dfrac{v_m}{\sqrt{g}} - 0.1} \tag{10-11}$$

$$K_N = \frac{2}{\sqrt{\dfrac{v_m}{v_{0m}} - 1}} \tag{10-12}$$

$$v_M = \frac{v_M'}{1 + 0.5 d_{50}^{-0.25}\left(\dfrac{v_M'}{v_c} - 1\right)} \tag{10-13}$$

式中：ΔZ——桥前最大壅水高度，m；

K_y——修正系数，当桥下河床为岸石或者铺砌时，取 1.0；

K_N——河床壅水系数；

v_M——冲刷后桥下平均流速，m/s，当桥下河床为岸石或有铺砌时，为 v_M'；

v_M'——冲刷前桥下平均流速，m/s，为设计流量除以桥下净过水面积；

v_{0m}——天然状态下桥孔部分的平均流速，m/s；

v_c——河槽平均流速，m/s；

d_{50}——河床质中值粒径，大于和小于这种粒径的泥沙在沙样总质量中各占 50%，mm；对黏性土河床，可按表 10-5 换算。

黏性土换算粒径 d_{50} 表10-5

天然空隙比 e	>1.2	1.2~0.6	0.6~0.3	0.3~0.2
换算粒径 d_{50} (mm)	0.15	3	10	50

该公式系铁道部科学研究院陆浩、曹瑞章、王玉洁于1998年的铁道部课题成果。2000年,曹瑞章进行了简化。桥前壅水问题的详细讨论,可参阅《桥梁水力学》(陆浩、高冬光,1991年版)。

2. 桥下壅水高度 $\Delta'Z$

桥下壅水高度 $\Delta'Z$ 是指桥下断面处的壅水高度,可根据洪水情势和土质易冲程度参照表10-6取值。

桥下壅水高度 $\Delta'Z$ 取值   表10-6

序号	洪水和河床土质条件	$\Delta'Z$ 取值
1	一般情况	$0.5\Delta Z$
2	洪水暴涨暴落,土壤坚实,不易冲刷时	ΔZ
3	洪水涨落缓慢,土壤松软,易冲刷时	不计

3. 壅水曲线

最大壅水断面以下的壅水曲线,对于缓坡 ($i < i_k$) 河流为 a_1 型壅水曲线,曲线的精确绘制可按水力学中的"水面曲线绘制方法"进行,但在桥位设计中,一般可近似地看作二次抛物线进行计算,如图10-2所示。

壅水曲线的全长 L 和任意断面 A 处壅水高度 ΔZ_A 可按下列公式计算,得

$$L = \frac{2\Delta Z}{i} \quad (10\text{-}14)$$

$$\Delta Z_A = \left(1 - \frac{iL_A}{2\Delta Z}\right)^2 \Delta Z \quad (10\text{-}15)$$

式中:L——壅水曲线的全长,m;
ΔZ——桥前最大壅水高度,m;
i——河床比降(以分数计);
ΔZ_A——任意断面 A 的壅水高度,m;
L_A——任意断面 A 至最大壅水断面的距离,m。

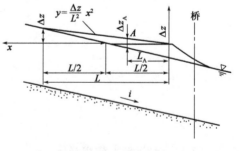

图10-2 壅水曲线示意图

三、波浪高度和波浪侵袭高度

水面受风的作用而呈现起伏波动,并沿风向传播,形成波浪,如图10-3所示。波浪的实际表面形状非常复杂,并不是整齐对称的。波面凸起的最高点称为波峰。波面凹下的最低点称为波谷。相邻的波峰与波谷之间的垂直距离称为波浪高度。相邻两个波峰(或两个波谷)之间的水平距离称为波浪长度。波浪传播的距离称为浪程(风距)。

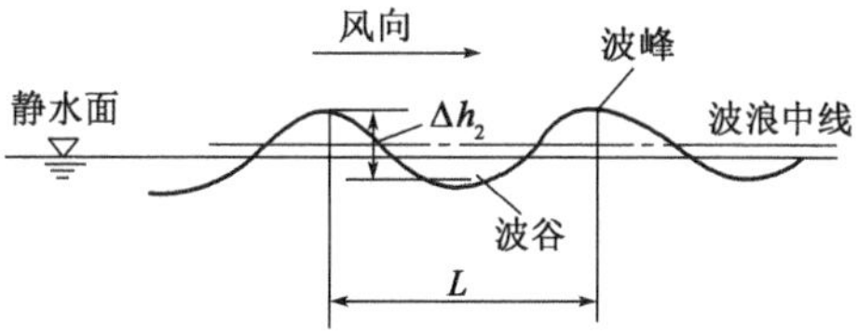

图 10-3　波浪(风浪)示意图

1. 波浪高度 h_b 计算

浪高一般可在桥位现场调查取得,调查有困难时,可按以下方法计算确定。

(1)在水库、湖泊、港湾等局部水域或设计洪水持续时间较长的河流上,波浪高度按下式计算,得

$$h_b = \Delta h_2 = K_F \Delta \bar{h}_2 \tag{10-16}$$

$$\frac{g\Delta\bar{h}_2}{v_w^2} = 0.13 \text{th}\left[0.7\left(\frac{g\Delta\bar{h}}{v_w^2}\right)^{0.7}\right]\text{th}\left\{\frac{0.0018\left(\frac{gF_f}{v_w^2}\right)^{0.45}}{0.13\text{th}\left[0.7\left(\frac{g\Delta\bar{h}}{v_w^2}\right)^{0.7}\right]}\right\} \tag{10-17}$$

式中:Δh_2——波浪计算高度,m;

$\Delta\bar{h}$——波浪平均高度,m;

th——双曲正切函数 $\text{th}x = \frac{e^x - e^{-x}}{e^x + e^{-x}}$;

K_F——波列累积频率换算系数,当 $\frac{\Delta\bar{h}_2}{\bar{h}} < 0.1$ 时,取 2.42,$\frac{\Delta\bar{h}_2}{\bar{h}} \geq 0.1$ 时,取 2.30;

v_w——计算点设计水位以上 10m 高度处,多年测得的洪水期间自记 2min 平均最大风速的平均值.当无风速资料时。可根据调查按风力见表 10-7 参考确定;

$\bar{h}$——沿计算风向断面上设计水位时的平均水深,m;当计算水域内水深变化较大时,采用水域平均水深,$\bar{h} = A/F_f$;

F_f——风区,即风吹生成波浪的水面距离,m;

g——重力加速度,m/s^2,取 9.81。

风 力 等 级　　　　表 10-7

风力等级	陆地地面物的征象	相当风速(m/s) 范围	相当风速(m/s) 中数
0	静,烟直上	0~0.2	0.1
1	烟能表示风向	0.3~1.5	0.9
2	人面感觉有风,树枝不微响	1.6~3.3	2.5
3	树枝及微枝动摇不息,旌旗展开	3.4~5.4	4.4
4	能吹起地面灰尘和纸张,树的小枝动摇	5.7~7.9	6.7
5	有叶的小树摇动,内陆的水面有小波浪	8.0~10.7	9.4

续上表

风力等级	陆地地面物的征象	相当风速(m/s) 范围	相当风速(m/s) 中数
6	大树枝摇动,电线呼呼有声,举伞困难	10.8～13.8	12.4
7	全树摇动,大树枝弯下来,迎风步行感觉不便	13.9～17.1	15.5
8	可折毁树枝,人向前感觉阻力甚大	17.2～20.7	19.0
9	烟囱及平房顶受到损坏,小屋受到破坏	20.8～24.4	22.6
10	陆上少有,有则可使树木拔起或将建筑物摧毁	24.5～28.4	26.5
11	陆上少有,有则损毁重大	28.5～32.6	30.6
12	陆上极少,其摧毁力极大	>32.6	>30.6

(2) 当实测风速资料与标准观测条件不符时,应按下式换算后,再求平均值。

$$v_{wi} = K_h \cdot \frac{e_{l1}}{e_{l2}} \cdot \frac{e_{r1}}{e_{r2}} v_z \tag{10-18}$$

式中：v_{wi}——换算为标准观测条件后的风速,m/s；

v_z——实测风速,m/s；

K_h——高度换算系数,见表10-8；

e_{l1}、e_{l2}——桥址、测站地形风速比值,见表10-9；

e_{r1}、e_{r2}——桥址、测站地貌风速比值,见表10-10。

高度换算系数　　　　　　　　　　表10-8

测风仪离水面高度(m)	5	6	7	8	9	10	11	12
K_h	1.14	1.11	1.07	1.04	1.02	1.00	0.98	0.97
测风仪离水面高度(m)	13	14	15	16	17	18	19	20
K_h	0.96	0.95	0.94	0.93	0.92	0.91	0.90	0.89

各种地形与平地风速比值　　　　　　　　　　表10-9

平地风速(m/s)		10	15	20	25	30
各种地形风速 / 平地风速	山间盆地	0.84	0.79	0.77	0.76	0.75
	弯曲河谷	0.82	0.79	0.77	0.76	0.75
	峡谷口或山口	1.20	1.19	1.18	1.18	1.17

各种地貌对风速比值　　　　　　　　　　表10-10

地貌	海面	湖面	空旷平原	一般田野	多树乡村	城镇	大城市内
风速比值	1.22	1.14	1.00	0.81	0.69	0.63	0.48

当自记风速时距不符时,也应按各地换算关系进行换算。

(3) 风区(浪程)长度的确定。对于开阔水域,一般可沿波浪计算方向,从地形图上量取波浪计算点至设计水位泛滥边缘的距离确定,当最大风区的方向与风向之间的夹角不超过22.5°时,可认为两者重合。图10-4为利用当地气象站的实测风向和风速资料绘制的汛月风玫瑰图,结合此图可查出桥位上游最大浪程向的风速。考虑浪高影响;推求桥面中心最低高程时,

取 $\frac{2}{3}h_b$ 计入。

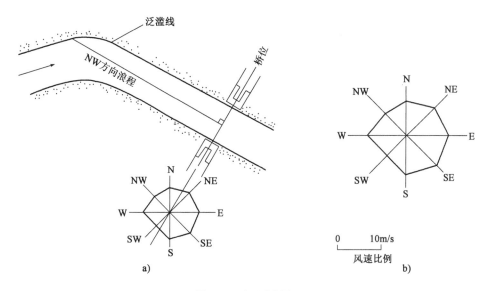

图 10-4 浪程示意图
a) 最大浪程的方向和长度；b) 桥位所在地汛月的风玫瑰图

2. 路堤（或导流堤等）边坡处的波浪爬高

波浪冲向路堤（向导流堤等）边坡而爬升的高度，称为波浪爬高或波浪侵袭高度（图 10-5）。确定河滩路堤和导流堤等顶面高程时，应计入这一高度。可按下列公式计算

$$h_e = K_A K_V R_0 \Delta h_2 \tag{10-19}$$

式中：h_e——波浪爬高，m，其高度自静水位算起；
K_A——边坡糙渗系数，见表 10-11；
K_V——与风速有关的系数，见表 10-12；
R_0——相对波浪侵袭高度系数，见表 10-13；
Δh_2——波浪计算高度，m。

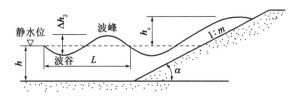

图 10-5 波浪爬高

边坡糙渗系数 K_A 表 10-11

边坡护面类型	整片光滑不透水护面（沥青混凝土）	混凝土及浆砌片石护面与光滑土质护坡	干砌片石及植草皮	一、二层抛石加固	抛石组成的建筑物
K_A	1.0	0.9	0.75~0.80	0.6	0.50~0.55

风速影响系数 K_V　　　　　　表 10-12

风速(m/s)	5~10	10~20	20~30	>30
K_V	1.0	1.2	1.4	1.6

相对波浪侵袭系数 R_0　　　　　　表 10-13

侵袭高度系数	1.00	1.25	1.50	1.75	2.00	2.50	3.00
R_0	2.16	2.45	2.52	2.40	2.22	1.82	1.50

有下列情况之一时,可不考虑波浪侵袭高度的影响。
(1)洪峰历时短促的河流。
(2)浪程短于 200m 时。
(3)水深小于 1m。
(4)靠近路堤的河滩上,长有高于水深加半个波浪高度的成片灌木丛时。

3. 斜向的波浪爬高

当桥台和引道路堤受到波浪斜向侵袭时,侵袭高度有所减弱,当边坡系数 $m>1$ 和斜向角度 $\beta \geqslant 30°$时,可用下式计算值代替引道路堤最低设计高程计算中所考虑的 $\Delta h'_e$

$$\Delta h'_e = 1 + \frac{2\sin\beta}{3} h_e \qquad (10-20)$$

式中:$\Delta h'_e$——修正后的波浪侵袭高度,m;
　　　β——构造物边坡上水边线与浪射线之间的夹角;
　　　h_e——波浪侵袭高度,m,按式(10-19)计算。

四、河湾超高

在山区山前区河流上,当弯道急、流速大时,水流受离心力作用形成较大的水面超高,其计算公式如下

$$\Delta h = \frac{\bar{v}^2 B}{gR} \qquad (10-21)$$

式中:Δh——河湾两岸水位高差,m;
　　　B——河湾水面宽度,m,如滩地有丛林或死水时,该部分水面宽应予以扣除;
　　　R——河湾曲率半径,m,$R \approx (R_0 + r_0)/2$,R_0 为凹岸曲率半径,r_0 为凸岸曲率半径。

确定桥面中心最低高程时,河湾水位超高可取 $\Delta h/2$。由于桥位处河湾并非理想的圆曲线,且河流急弯处水流干扰很大,流向紊乱不定,故公式计算出的河湾超高值,应与现场调查相核对。

五、急流河槽中桥墩的水流冲击高度 Δh_d

急流河槽($Fr > 1.0$)修建桥梁后,桥梁上游河槽不出现 a_1 型壅水曲线,即不存在桥前壅水高度和桥下壅水高度,但是出现桥墩迎水面水流溅起的冲击高度 Δh_d。在确定桥面高程时,

不计壅水高度 ΔZ，而以水流冲击高度计入。墩前水流冲击高度 Δh_d 由动量方程和连续方程得

$$\Delta h_d = 0.5\left[\left(h_0^2 + 16h_0\frac{v_0^2}{2g}\right)^{0.5}\right] - 1.5h_0 \tag{10-22}$$

式中：Δh_d——急流河槽桥墩水流冲击高度，m；

h_0、v_0——墩前河槽的天然水深，m；流速，m/s。

例 10-2

按例 10-1 的基本情况，河槽内为中等密实的砾石，$d_{50}=2.5\text{mm}$。汛期沿浪程向（垂直桥轴线和引道路堤）为八级风，桥前浪程 2km，沿浪程平均水深 $\bar{h}$ 为 4.0m，无水拱和河床淤积影响。不通航，无导流堤，桥头路堤边坡 1：1.5，并采用干砌片石护面。要求桥前最大壅高不超过 0.6m。试推断桥面中心最低设计高程。

解： 1）列表表示各墩台桩号和水深

为了便于各设计高程和以后的各墩台冲刷计算，结合例 10-1，列表见表 10-14。

表 10-14

所处位置	左滩	河槽						
墩台编号	左台	1号	2号	3号	h_m	4号	5号	6号
桩号	+592.20	+604.60	+617.60	+630.60	+640.00	+643.60	+656.60	+669.60
原地面高程(m)	131.10	129.62	125.72	124.47	124.00	124.49	126.28	128.07
水深(m)	3.90	5.38	9.28	10.53	11.00	10.51	8.27	6.93

所处位置	右滩					
墩台编号	7号	8号	9号	10号	11号	右台
桩号	+682.60	+695.60	+708.60	+721.60	+734.60	+747.00
原地面高程(m)	129.46	129.24	129.02	129.70	130.48	131.22
水深(m)	5.54	5.76	4.98	5.30	4.52	3.78

2）壅水高度计算

结合例 6-1 的表 6-6 可计算出左滩被阻挡的过水面积

$$A'_{tz} = 5.7 + 110 + \left(\frac{3.50+3.90}{2}\right) \times 32.2 = 234.8\text{m}^2$$

右滩被阻挡的过水面积

$$A'_{ty} = 33.8 + \left(\frac{3.78+3.00}{2}\right) \times 13 = 77.9\text{m}^2$$

河滩路堤阻挡流量

$$Q'_t = v_{tz}A'_{tz} + v_{ty}A'_{ty} = 1.9 \times 234.8 + 2.33 \times 77.9 = 446.1 + 181.5 = 627.6\text{m}^3/\text{s}$$

天然状态下桥下通过流量

$$Q_{oM} = Q_P - Q'_t = 3467 - 627.6 = 2840.4\text{m}^3/\text{s}$$

桥墩过水面积

$$A_{oM} = 1377 - 234.8 - 77.9 = 1064.3\text{m}^2$$

天然状态下桥下平均流速

$$v_{oM} = \frac{Q_{oM}}{A_{oM}} = \frac{2840.4}{1064.3} = 2.67 \text{m/s}$$

桥下阻水面积

$$A'_D = (5.38 + 9.28 + 10.53 + 10.51 + 8.72 + 6.93 + 5.54 + 5.76 + \\ 5.98 + 5.30 + 4.52) \times 1.2 = 94.1 \text{m}^2$$

桥下提供净过水面积

$$A_j = A_{oM} - A'_D = 1064.3 - 94.1 = 970.2 \text{m}^2$$

$$v'_M = \frac{Q_P}{A_j} = \frac{3468}{970.2} = 3.57 \text{m/s}$$

由式(10-10)计算壅水高度,有

$$\Delta Z = \frac{K_N K_y}{2g}(v_M^2 - v_{oM}^2)$$

$$v_M = \frac{v'_M}{1 + 0.5 d_{50}^{-0.25}\left(\frac{v'_M}{v_C} - 1\right)} = \frac{3.57}{1 + 0.5 \times 2.5^{-0.25} \times \left(\frac{3.57}{2.88} - 1\right)} = 3.26 \text{m/s}$$

$$K_N = \frac{2}{\sqrt{\frac{v_M}{v_{oM}} - 1}} = \frac{2}{\sqrt{\frac{3.26}{2.67} - 1}} = 4.25$$

$$K_y = \frac{0.5}{\frac{v_M}{\sqrt{g}} - 0.1} = \frac{0.5}{\frac{3.26}{\sqrt{9.8}} - 0.1} = 0.53 \text{m/s}$$

桥前最大壅水高度

$$\Delta Z = \frac{K_N K_y}{2g}(v_M^2 - v_{oM}^2)$$
$$= \frac{4.25 \times 0.53}{2 \times 9.8} \times (3.26^2 - 2.67^2)$$
$$= 0.40 \text{m} < 0.6 \text{m}$$

桥下壅水高度取 $0.5\Delta Z$,则

$$\Delta Z = 0.5 \times 0.4 = 0.20 \text{m}$$

(3) 波浪高度和波浪侵袭高度计算

由式(10-16)和式(10-17)计算波浪高度,查表10-7,当8级风时风速。$\bar{v}_w = 19 \text{m/s}$,已知浪程为2000m,$\bar{h} = 4.0$,取 $K_F = 2.30$。则波浪高度为

$$\Delta \bar{h}_2 = \frac{0.13 \text{th}\left[0.7\left(\frac{g\bar{h}}{\bar{v}_w^2}\right)^{0.7}\right]\text{th}\left\{\frac{0.0018(gF_f/\bar{v}_w^2)^{0.45}}{0.13\text{th}\left[0.7(g\bar{h}/\bar{v}_w^2)^{0.7}\right]}\right\}}{\frac{g}{\bar{v}_w^2}}$$

$$= \frac{0.13 \text{th}\left[0.7 \times \left(\frac{9.81 \times 4}{19^2}\right)^{0.7}\right]\text{th}\left\{\frac{0.0018 \times (9.81 \times 2000/19^2)^{0.45}}{0.13\text{th}\left[0.7 \times (9.81 \times 4.0/19^2)^{0.7}\right]}\right\}}{\frac{9.81}{19^2}}$$

$$= 0.417 \text{m}$$

$$\therefore \quad \frac{\Delta \overline{h}_2}{\overline{h}} = 0.104 > 0.1$$

$$K_F = 2.30 \quad h_b = K_F \Delta \overline{h}_2 = 0.96\text{m}$$

查表 10-11,当干砌片石时,$K_A = 0.75$;查表 10-12,当风速 $\overline{v}_w = 19\text{m/s}$ 时,$K_v = 1.2$;查表 10-13,当边坡为 1∶1.5 时,$R_o = 2.52$。以公式(10-19)计算波浪侵袭高度:

$$h_e = K_A \cdot K_v \cdot R_0 \cdot \Delta h_2 = 0.75 \times 1.2 \times 2.52 \times 0.96 = 2.177\text{m}$$

按《公路工程水文勘测设计规范》(JTG C30—2015),静水面以上波浪高度取 2/3 的波浪高。另外,波浪在墩前被阻挡时,墩前波浪高度将会壅高,近似取壅高值为 $0.2h_b$,这样静水面以上的波浪高度为波浪全高的 $(2/3 + 0.2)$ 倍,即 $(2/3 + 0.2) \times 0.96 = 0.832\text{m}$,桥头路堤和导流堤顶面高程应计入波浪坡面爬高 h_e,不计河弯超高。

(4)桥面最低高程计算

不通航河流以式(10-7)计算,查表 10-4,取梁底净高 $\Delta h_j = 0.50$;由例 10-1 题意知 $\Delta h_0 = 1.00\text{m}$。

$$\sum \Delta h = \Delta Z' + \left(\frac{2}{3} + 0.2\right)h_b + \Delta h_w = 0.20 + 0.832 + 0 = 1.032\text{m}$$

$$H_{\min} = H_s + \sum \Delta h + \Delta h_j + \Delta h_0 = 135 + 1.032 + 0.50 + 1.00 = 137.532$$

以上计算出的各最低高程,是从水力水文角度提出的最低建筑高程界限。设计高程应综合考虑排水、纵向坡度和两岸路线接线高程等因素后,分别以高于或等于各最低高程来确定。

1.一般地区的桥位选择有哪些方面的要求?
2.桥位调查主要包括哪些内容?
3.目前桥孔最小净长计算公式有哪些?各自的适用性如何?
4.桥面中心最低高程与桥面中心高程有何区别和联系?
5.桥面中心最低高程的确定包括哪些因素?哪些因素目前尚无成熟的计算套式而需根据调查和实测确定?
6.什么叫波浪高度和波浪侵袭高度?各自用于什么高程计算?

习 题

1. 现假设例 10-1 的资料中,桥位处于宽滩河段,试选用公式计算最小桥孔净长。

2. 接第六章习题 1 资料,该桥位地处宽滩河段,桥梁上部采用标准跨径 $L=35\mathrm{m}$ 的预应力钢筋混凝土简支梁,梁高 1.6m(包括桥面铺装层)。下部为重力式桥墩,墩顶宽为 1.4m(图 10-6),采用 U 形桥台,台长为 7m。试选择公式计算最小桥孔长度,并进行桥孔布设。

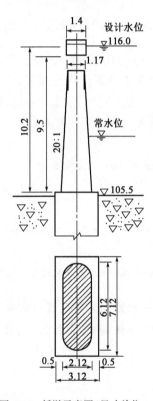

图 10-6 桥墩示意图(尺寸单位:m)

3. 接习题 2 资料,河床各层土壤均为中等密实,中砂层 $d_{50}=0.6\mathrm{mm}$,砾石夹粗沙 $d_{50}=2\mathrm{mm}$。经调查知,桥位上游 1km 处为河湾,汛期沿浪程方向为 6 级风,沿浪程方向的平均水深 $\bar{h}=3.2\mathrm{m}$。无水拱和河床淤积影响。本桥位不通航,无导流堤,引道路堤边坡系数 $m=1.5$,坡面植草皮。要求桥前最大壅高不超过 1m。试推求桥面中心最低设计高程。

第十一章
路基水文勘测设计

路基水文勘测设计应根据地区特点和水文特征,采用相应的勘测设计方法,为路基及其地表排水、防护工程的合理设计提供水文依据。

路基及其地表排水、防护工程的设计洪水频率,应符合本规范的规定。

路基水文勘测设计宜与桥涵水文勘测设计统一进行,综合考虑全线排水系统设计。

第一节 水文调查与勘测

(1)一般地区,应进行汇水区概况调查,收集暴雨径流及地质资料,调查涎流冰、地表积水的范围及地下水出露位置、流量、季节性变化等。

(2)沿河路基,水文调查与勘测应按下列规定进行:

①水文调查内容宜按《公路工程水文勘测设计规范》(JTG G30—2015)(以下简称《水文规范》)第5.2节的规定进行。

②水文断面沿路线布设的间距,可取1~2倍河宽;在河床断面及纵坡有明显变化、较大支流汇入、分流前后、历史洪水位调查点附近,应增设水文断面。水文断面的施测范围,应符合《水文规范》第5.3.1条的规定。

③河段地形图应包括对工程有影响的河段,高程测绘至历史最高洪水位以上;测绘内容着重于影响流向的地形、地物,并应标出水文断面及历史洪水位。

④河床比降可利用河段地形图点绘,洪水比降测绘应符合《水文规范》第5.3.2条的规定。

(3)河滩路基水文调查与勘测可按本书第十章的规定进行。

(4)平原低洼(河网)地区,路基水文调查与勘测可按《水文规范》第11.3节的规定进行。

(5)滨海路基水文调查与勘测可按《水文规范》第11.7.1条的规定进行。

第二节 水文分析与计算

一般地区,设计流量可按《水文规范》第6.4节的规定计算,地表径流深度或积水深度可由调查确定。

1.沿河路基,水文分析与计算应按下列规定进行

(1)设计流量可按第6章的规定推求。

(2)设计水面线可根据各水文断面的水位—流量关系曲线,推出设计水位,结合河床比降、历史洪水比降确定,也可采用水面曲线法求出设计水面线。

(3)沿路基的水流流速,可采用路基近旁河槽或河滩的平均流速,但应考虑可能的河床变迁所造成的影响。当路基受斜水流冲击时,沿路路基的水流流速应考虑流速不均匀分布的影响,可按式(11-1)计算,即

$$v_\beta = \frac{2\varepsilon_\beta}{1+\varepsilon_\beta} v_c(t) \tag{11-1}$$

式中:v_β——斜流流速,m/s;

$v_c(t)$——路基近旁河槽或河滩的平均流速,m/s;

ε_β——流速不均匀分布系数,可按表11-1查取。

流速不均匀分布系数 ε_β 值　　　表11-1

水流与路基夹角(°)	≤15	20	30	40	50	60	70	80	90
ε_β	1.00	1.25	1.50	1.75	2.00	2.25	2.50	2.75	3.00

(4)沿河路基不宜侵入河槽,亦不宜压缩河道过水面积,与水流的交角不宜过大。当压缩过水面积较多时,应计算壅水高度,分析对河道流向、河床变形及堤岸、田舍的影响。

2.河滩路基,水文分析与计算应按下列规定进行

(1)河滩上的设计流量、设计水位和和流速,应在桥位水文分析和计算中完成。

(2)桥头无导流堤或有梨形导流堤的路基上游侧最大壅水高度,可按下列规定确定:

①最大壅水高度可按式(11-2)、式(11-3)计算

$$\Delta h_{sh} = \Delta Z + L_{y1} I \tag{11-2}$$

$$L_{y1} = K_s(1 - M')B \tag{11-3}$$

式中:Δh_{sh}——路基上游侧,设计水位以上的最大壅水高度,m;

ΔZ——桥前最大壅水高度,m;

L_{y1}——桥前最大壅水高度处至桥标轴线的距离,m;

I——桥位河段天然洪水比降(以小数计);

M'——天然状态下桥孔范围内通过的流量与设计流量之比；

B——设计洪水时水面宽度，m；

K_s——系数，见表11-2。

K_s 值 表　　　　　　　表11-2

M'值	0.8	0.7	0.6	0.5
K_s	0.45	0.49	0.53	0.59

②最大壅水高度点至桥台前缘的距离，可按式(11-4)、式(11-5)计算，得

$$L_{sh} = AL_{y1} - 0.5L_d \tag{11-4}$$

$$E' = 1 - \frac{Q'_{t2}}{Q'_{t1}} \tag{11-5}$$

式中：L_{sh}——最大壅水高度点至桥台前缘的距离，m；

L_d——两桥台前缘间的距离，m；

A——系数，根据E'、M'值按表11-3查取；

E'——桥孔偏置系数；

Q'_{t1}——桥梁一端路基阻挡的较大流量，m³/s；当桥梁只有一端有路堤阻挡时，$Q'_{t1} = 0$；

Q'_{t2}——桥梁另一端路基阻挡的较小流量，m³/s。

A 值 表　　　　　　　表11-3

M'	E'									
	0	0.1	0.2	0.3	0.4	0.5	0.6	0.7	0.8	0.9
0.5	1.43	1.44	1.48	1.55	1.63	1.73	1.85	1.98	2.14	2.31
0.6	1.93	1.94	1.95	2.00	2.09	2.20	2.35	2.52	2.73	2.97
0.7	2.80	2.81	2.82	2.83	2.90	3.03	3.23	3.47	3.79	4.16
0.8	4.60	4.64	4.68	4.72	4.77	4.87	5.16	5.57	6.16	6.92

③沿路基的水面横坡，桥台前缘至最大壅水高度点的水面横坡可按式(11-6)计算，最大壅水高度点至岸边的水面，按平坡计算。

$$I_h = \frac{L_{y1}I}{L_{sh}} \tag{11-6}$$

④计算的L_{sh}大于河滩路基长度时，最大壅水高度可按式(11-7)计算

$$\Delta h'_{sh} = \Delta Z + \frac{L_a L_{y1} I}{L_{sh}} \tag{11-7}$$

式中：$\Delta h'_{sh}$——当$L_{sh} > L_a$时，路基上游侧边坡与岸坡交接处设计水位以上的最大壅水高度，m；

L_a——由桥台前缘至同一端岸边间的路基长度，m。

(3)桥头有非封闭式导流堤的路基上游侧壅水高，按下列规定确定：

①当$L_{sh} \leq L_a$时，按Δh_{sh}计算；

②当$L_{sh} > L_a$时，按$\Delta h'_{sh}$计算；

③沿路基的水面线按平坡考虑。

(4)沿路基下游侧水位,按同一高度计算。该水位比设计水位降低值可按式(11-8)估算

$$\Delta h_x = K_j h_{tl} \tag{11-8}$$

式中:Δh_x——水位降低值,m;

h_{tl}——设计水位时,河滩路基范围内的平均水深,m;

K_j——水位降低系数,可按表11-4查取。

水位降低系数 K_j　　　　表11-4

$\dfrac{Q'_t}{Q_p}$	E'											
	河滩路基阻挡流量较大一端						河滩路基阻挡流量较小一端					
	0	0.2	0.4	0.6	0.8	1.0	0	0.2	0.4	0.6	0.8	1.0
0	0.00	0.00	0.00	0.00	0.00	0.00	0.00	0.00	0.00	0.00	0.00	0.00
0.1	0.07	0.08	0.10	0.12	0.13	0.14	0.07	0.07	0.07	0.06	0.06	0.06
0.2	0.13	0.17	0.20	0.23	0.25	0.26	0.13	0.13	0.12	0.12	0.11	0.11
0.3	0.19	0.25	0.29	0.33	0.35	0.36	0.19	0.19	0.18	0.18	0.18	0.17
0.4	0.25	0.33	0.38	0.41	0.43	0.44	0.25	0.24	0.24	0.23	0.23	0.22
0.5	0.30	0.40	0.44	0.46	0.48	0.48	0.30	0.29	0.28	0.27	0.26	0.24
0.6	0.33	0.42	0.47	0.49	0.51	0.51	0.33	0.32	0.30	0.29	0.28	0.26
0.7	0.36	0.44	0.49	0.51	0.52	0.52	0.36	0.34	0.32	0.30	0.28	0.27

注:1. 表列 K_j 可内插计算;

2. 表中 Q'_t 为两端河滩路基所阻挡的流量之和(m³/s),E' 为桥孔偏置系数,Q_P 为设计流量(m³/s)。

(5)上下游两侧最大水位差可按式(11-9)、式(11-10)计算

$$\Delta h_m = \Delta h_{sh} + \Delta h_x \tag{11-9}$$

或

$$\Delta h_m = \Delta h'_{sh} + \Delta h_x \tag{11-10}$$

式中:Δh_m——上下游两侧最大水位差,m。

(6)上下游两侧沿路基的水流流速,可按式(11-11)计算

$$v_j = 0.7 v_{tj} \tag{11-11}$$

式中:v_j——上下游两侧沿路基的水流流速,m/s;

v_{tj}——天然状态下河滩路基范围内的平均流速,m/s。

3. 平原低洼(河网)地区,水文分析与计算应按下列规定进行

1)当路基上游有分洪、滞洪等情况时

(1)设计流量和水位可根据分洪进水口及路基上游汇水区的设计洪水频率流量过程线、路基上游蓄水体积与水位的关系线、路基水文断面水位与流量关系曲线,按水量平衡原理推算。

(2)当出水口建有泄洪控制闸时,应在水量平衡运算中考虑其对路基断面流量的影响。

2)当路基上游无分洪、滞洪等情况时
(1)路基区段的设计流量可按式(11-12)计算

$$Q_{p2} = Q_p - Q_{p1} \tag{11-12}$$

式中:Q_{p2}——路基区段的设计流量,m³/s;
Q_p——汇水区域内设计总流量,m³/s,可采用雨量资料或地区经验公式求算;
Q_{p1}——汇水区域内河沟排泄的设计流量,m³/s。

(2)设计水位可根据低洼区的特点,按《水文规范》式(11.3.2-1)或调查资料估定。
(3)滨海路基,水文分析与计算可按《水文规范》第11.7.2条、第11.7.3条的规定进行。

第三节 浸水路基高度

浸水路基的高度,除应满足现行《公路路基设计规范》(JTG D30—2015)规定的最小填土高度外,其边缘设计高程尚应高出式(11-13)计算值

$$H_{\min} = H_S + \sum \Delta h + 0.5 \tag{11-13}$$

式中:$H_{\min}$——路基边缘最低高程,m;
H_S——设计水位,m;
$\sum \Delta h$——考虑壅水高度或水位降低值、波浪爬高、局部冲高、河湾超高、床面淤高等因素的总和,m。

(1)沿河路基、河滩路基的壅水高度应按本章规定计算,波浪爬高及床面淤高可由计算、调查确定;位于凹岸的沿河路基,或当水流流向与路基轴线斜交时,宜按式(11-14)计算局部冲高值并与波浪爬高值比较,取大值计入式(11-13)

$$\Delta h_{ch} = \frac{v_g^2 \sin^2\theta}{g\sqrt{1+m^2}} \tag{11-14}$$

式中:Δh_{ch}——斜水流在路基边坡上的局部冲高,m;
v_g——冲向路基的水流平均流速,m/s;
θ——水流与河湾切线或路基轴线斜交角,°;
m——路基迎水面边坡系数。

(2)对有封闭式导流堤的河滩路基,当导流堤设计标准低于设计洪水频率时,应按式(11-13)计算路基边缘最低高程;当导流堤足以抵抗设计频率的洪水时,应按式(11-8)计算水位降低值,替代壅水高计入式(11-13),波浪爬高及床面淤高由计算、调查确定。
(3)平原低洼(河网)地区路基区段的壅水高、波浪爬高及床面淤高应由计算、调查确定。
(4)滨海路基的设计高程不应低于设计频率的高潮水位加波浪侵袭高,以及0.5m的安全高度。

第四节　冲刷防护

当浸水路基受水流冲刷时,应根据河流特性、水流性质、河道地貌、地质等因素,结合路基位置,选择适宜的防护措施及必要的调治工程。

滨海路基应根据波浪对路基的作用特点和堤前水深、波浪高度、最大波浪底流速及地基情况等因素,选择适宜的防护措施及必要的调治工程。

受水流冲刷的直接防护工程,基底应埋置在冲刷线以下不小于1.0m或嵌入基岩内,也可采用平面防护措施。

沿河路基直接防护工程的冲刷,应包括下列三部分:

(1)河床自然演变冲刷:宜按《水文规范》第8.2节的规定确定。

(2)一般冲刷:宜按《水文规范》第8.3节的规定确定。

(3)局部冲刷:宜通过计算并结合实际调查分析确定。

第十二章 CHAPTER TWELVE
桥下冲刷

冲刷计算的目的是确定桥下最大冲刷深度,确定桥梁基础最浅埋置深度;从水力水文的角度,为既安全又经济的墩台基础设计提供重要的依据。

桥梁墩台冲刷包括河床自然演变冲刷、一般冲刷和局部冲刷三部分。在确定基础埋深时,应根据桥位河段情况,取其不利组合作为基础埋深的依据。

墩台冲刷深度应根据地区特点、河段特性、水文与泥沙特征、河床地质等情况采用与规范相应的公式计算,必要时可采用其他公式或利用实测、调查资料验算,分析论证后选用合理的计算成果。

水文与泥沙条件复杂或墩型系数难以确定的特殊大桥,冲刷深度可通过水工模型试验确定。

计算河床自然演变冲刷有以下几种情况:

(1)对于河床逐年自然下切的变形,可通过调查或利用各年河床断面、河段地形图、洪水、泥沙等资料、分析河床逐年自然下切程度,估算桥梁使用年限内自然下切的深度。

(2)对于河槽横向变动引起的自然演变冲刷,宜在桥位河段内选用对计算冲刷不利的断面作为计算断面。

(3)对于现有涉河工程引起的河床变形,可收集已有的分析资料、河床模型实验成果进行预测,或采用相应公式计算确定。

第一节 桥下一般冲刷

因桥孔压缩水流,导致桥下流速增大而引起的桥下河床冲刷,称为一般冲刷。一般冲刷深度 h_p 是指桥下河床在一般冲刷完成后从设计水位算起的某一垂线水深。

一、非黏性土河床一般冲刷

1. 河槽部分

(1) 64-2 简化式(为计算桥梁一般冲刷深度的生产试用公式)

$$h_p = 1.04 \left(A_d \frac{Q_2}{Q_c}\right)^{0.90} \left[\frac{B_c}{(1-\lambda)\mu B_{cg}}\right]^{0.66} \cdot h_{cm} \tag{12-1}$$

$$Q_2 = \frac{Q_c}{Q_c + Q_{t1}} Q_p \tag{12-2}$$

$$A_d = \left(\frac{\sqrt{B_z}}{H_z}\right)^{0.15} \tag{12-3}$$

式中：h_p——桥下一般冲刷后的最大水深，m；

Q_p——设计流量，m³/s；

Q_2——桥下河槽部分通过的设计流量，m³/s，当河槽能扩宽至全桥时，$Q_2 = Q_p$；

Q_c——天然状态下河槽部分设计流量，m³/s；

Q_{t1}——天然状态下桥下河滩部分设计流量，m³/s；

B_{cg}——桥长范围内的河槽宽度，m，当河槽能扩宽至全桥时，取用桥孔总长度；

B_z——造床流量下河槽宽度，m，对复式河床可取平滩水位时的河槽宽度；

λ——设计水位下，在 B_{cg} 宽度范围内，桥墩阻水总面积 ω'_D 与过水面积 ω_{OM} 的比值；

μ——桥墩水流侧向压缩系数，按表12-1确定；

h_{cm}——河槽最大水深，m；

A_d——单宽流量集中系数，山前变迁、游荡、宽滩河段当 $A_d > 1.8$ 时，A_d 值可采用1.8；

H_z——造床流量下的河槽平均水深，m，对复式河床可取平滩水位时河槽平均水深。

桥墩水流侧向压缩系数 μ 值　　　　　表12-1

设计流速 v_s (m/s)	单孔净跨径 L_0 (m)								
	≤10	13	16	20	25	30	35	40	45
<1	1.00	1.00	1.00	1.00	1.00	1.00	1.00	1.00	1.00
1.0	0.96	0.97	0.98	0.99	0.99	0.99	0.99	0.99	0.99
1.5	0.96	0.96	0.97	0.97	0.98	0.98	0.98	0.99	0.99
2.0	0.93	0.94	0.95	0.97	0.97	0.98	0.98	0.98	0.98
2.5	0.90	0.93	0.94	0.96	0.96	0.97	0.97	0.98	0.98
3.0	0.89	0.91	0.93	0.95	0.96	0.96	0.97	0.97	0.98
3.5	0.87	0.90	0.92	0.94	0.95	0.96	0.96	0.97	0.97
≥4.0	0.85	0.88	0.91	0.93	0.94	0.95	0.96	0.96	0.97

注：1. 系数 μ 是指墩台侧面因漩涡形成滞流区而减少过水面积的折减系数。

2. 当单孔净跨径 L_0 大于45m时，可按 $\mu = 1 - 0.375v_s/L_0$ 计算。对不等跨的桥孔，可采用各孔 μ 值的平均值。当单孔净跨径大于200m时，取 $\mu \approx 1.0$。

(2)64-1 修正式(64-1 计算式为桥下一般冲刷的另一计算公式,规范对其做了局部修正,因此改为 64-1 修正式)

$$h_{\mathrm{p}} = \left[\frac{A_{\mathrm{d}}\dfrac{Q_2}{\mu B_{\mathrm{cj}}}\left(\dfrac{h_{\mathrm{cm}}}{h_{\mathrm{cq}}}\right)^{\frac{5}{3}}}{E\overline{d}^{\frac{1}{6}}}\right]^{\frac{3}{5}} \qquad (12\text{-}4)$$

式中:B_{cj}——河槽部分桥孔过水净宽,m;当桥下河槽扩宽至全桥时,为全桥桥孔过水净宽;

h_{cq}——桥下冲刷前河槽平均水深,m;

$\overline{d}$——河槽泥沙平均粒径,mm;

E——与汛期含沙量有关的系数,见表 12-2;

其他符号意义同前。

E 值 表　　　　表 12-2

含沙量 ρ (kg/m³)	<1.0	1~10	>10
E	0.46	0.66	0.86

注:含沙量 ρ 采用历年汛期月最大含沙量平均值。

(3)可选用《公路工程水文勘测设计规范》(JTG C30—2015)(以下简称《水文规范》)附录 3 一维河床冲淤数学模型,通过数值方法估计桥下一般冲刷。

2. 河滩部分

$$h_{\mathrm{p}} = \left[\frac{\dfrac{Q_1}{\mu B_{\mathrm{tj}}}\left(\dfrac{h_{\mathrm{tm}}}{h_{\mathrm{tq}}}\right)^{\frac{5}{3}}}{v_{\mathrm{H1}}}\right]^{\frac{5}{6}} \qquad (12\text{-}5)$$

$$Q_1 = \frac{Q_{\mathrm{t1}}}{Q_{\mathrm{c}} + Q_{\mathrm{t1}}} Q_{\mathrm{p}} \qquad (12\text{-}6)$$

式中:Q_1——桥下河滩部分通过的设计流量,m³/s;

h_{tm}——桥下河滩最大水深,m;

h_{tq}——桥下河滩平均水深,m;

B_{tj}——河滩部分桥孔净长,m;

v_{H1}——河滩水深 1m 时非黏性土不冲刷流速,m/s,见表 12-3。

水深 1m 时非黏性土不冲刷流速 v_{H1}　　　　表 12-3

河床泥沙		$\overline{d}$ (mm)	v_{H1} (m/s)	河床泥沙		$\overline{d}$ (mm)	v_{H1} (m/s)
砂	细	0.05~0.25	0.35~0.32	卵石	小	20~40	1.50~2.00
	中	0.25~0.50	0.32~0.40		中	40~60	2.00~2.30
	粗	0.50~2.00	0.40~0.60		大	60~200	2.30~3.60
圆砾	小	2.00~5.00	0.60~0.90	漂石	小	200~400	3.60~4.70
	中	5.00~10.00	0.90~1.20		中	400~800	4.70~6.00
	大	10~20	1.20~1.50		大	>800	>6.00

二、黏性土河床的一般冲刷

1. 河槽部分

$$h_\mathrm{p} = \left[\frac{A_\mathrm{d}\dfrac{Q_2}{\mu B_\mathrm{cj}}\left(\dfrac{h_\mathrm{cm}}{h_\mathrm{cq}}\right)^{\frac{5}{3}}}{0.33\left(\dfrac{1}{I_\mathrm{L}}\right)}\right]^{\frac{5}{8}} \tag{12-7}$$

式中：A_d——单宽流量集中系数，取 $1.0 \sim 1.2$；

I_L——冲刷坑范围内黏性土液性指数，适用范围为 $0.16 \sim 1.19$；
其他符号意义同前。

2. 河滩部分

$$h_\mathrm{p} = \left[\frac{A_\mathrm{d}\dfrac{Q_1}{\mu B_\mathrm{tj}}\left(\dfrac{h_\mathrm{tm}}{h_\mathrm{tq}}\right)^{\frac{5}{3}}}{0.33\left(\dfrac{1}{I_\mathrm{L}}\right)}\right]^{\frac{6}{7}} \tag{12-8}$$

式中符号意义同前。

三、一般冲刷后墩前行近流速

(1) 当采用式(12-1)(64-2 简化式)计算一般冲刷时

$$v = \frac{A_\mathrm{d}^{0.1}}{1.04}\left(\frac{Q_2}{Q_\mathrm{C}}\right)^{0.1}\left[\frac{B_\mathrm{C}}{\mu(1-\lambda)B_\mathrm{cg}}\right]^{0.34}\left(\frac{h_\mathrm{cm}}{h_\mathrm{c}}\right)^{\frac{2}{3}}v_\mathrm{c} \tag{12-9}$$

式中：v——一般冲刷后墩前行近流速，m/s。

v_c——河槽平均流速，m/s。

h_c——河槽平均水深，m。

(2) 当采用式(12-4)(64-1 修正式)计算一般冲刷时，则

$$v = E\bar{d}^{\frac{1}{6}}h_\mathrm{p}^{\frac{2}{3}} \tag{12-10}$$

(3) 当采用式(12-5)计算一般冲刷时，则

$$v = v_{\mathrm{H1}}h_\mathrm{p}^{\frac{1}{5}} \tag{12-11}$$

(4) 当采用式(12-7)计算一般冲刷时，则

$$v = \frac{0.33}{I_\mathrm{L}}h_\mathrm{p}^{\frac{3}{5}} \tag{12-12}$$

(5) 当采用式(12-8)计算一般冲刷时，则

$$v = \frac{0.33}{I_\mathrm{L}}h_\mathrm{p}^{\frac{1}{6}} \tag{12-13}$$

第二节　墩台局部冲刷计算

桥墩或桥台阻碍水流，导致其周围河床的冲刷称为局部冲刷。引起局部冲刷的水流结构如图 12-1 所示。

图 12-1　桥墩局部冲刷示意图
a) 立面；b) 平面

根据模型试验和观测资料可知，桥墩局部冲刷深度与涌向桥墩的流速 v 有关。当流速 v 逐渐增大到一定数值时，桥墩迎水面两侧的泥沙开始被冲走，产生冲刷，这时涌向桥墩的垂线平均流速称为墩前床沙的始冲流速 v_0'。当 v 继续增大时，冲刷坑逐渐加深和扩大，冲刷坑深度 h_b 与涌向桥墩的流速 v 近似呈直线关系。流速 v 增大到河床泥沙的起动流速 v_0 时，床面泥沙大量起动，上游来的泥沙有些将滞留在冲刷坑内。因此，当 $v > v_0$ 时，冲刷坑的发展因有大量泥沙补give而减缓，冲刷坑深度 h_b 与流速呈曲线关系（图 12-2）。

与此同时，冲刷坑内发生了土壤粗化现象，留下粗粒泥沙，覆盖在冲刷坑表面上，增大了抗冲能力和粗糙度，一直到水流对河床泥沙的冲刷作用与河床泥沙抗冲作用达到平衡时，冲刷就停止了。这时冲刷坑外缘与坑底的最大高差，就是这一次水流最大局部冲刷深度。

影响局部冲刷的主要因素有流速、墩形、墩宽、水深和床沙粒径等。局部冲刷深度 h_b 通常以一般冲刷 h_p 完成后的高程起算，所表示的是桥墩垂线上的冲刷坑深度。《水文规范》对桥墩局部冲刷计算有两类计算公式：一类是用于非黏性土河床的 65-2 修正式和 65-1 修正式；另一类是黏性土河床的桥墩局部冲刷公式。

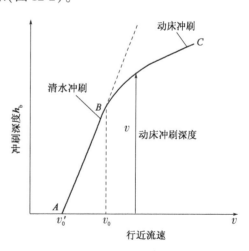

图 12-2　冲刷深度与行近流速的关系

一、非黏性土河床的桥墩局部冲刷

1. 65-2 式

当 $v \leq v_0$ 时

$$h_{\mathrm{b}} = K_{\xi}K_{\eta 2}B_1^{0.6}h_{\mathrm{p}}^{0.15}\left(\frac{v - v_0'}{v_0}\right) \tag{12-14}$$

当 $v > v_0$ 时

$$h_{\mathrm{b}} = K_{\xi}K_{\eta 2}B_1^{0.6}h_{\mathrm{p}}^{0.15}\left(\frac{v - v_0'}{v_0}\right)^{n_2} \tag{12-15}$$

式中：h_{b}——桥墩局部冲刷深度，m；

K_{ξ}——墩形系数，查本书后附录3选用；

B_1——桥墩计算宽度，m；

$\bar{d}$——河床泥沙平均粒径，mm；

$K_{\eta 2}$——河床颗粒影响系数；$K_{\eta 2} = \dfrac{0.0023}{\bar{d}^{2.2}} + 0.375\bar{d}^{0.24}$；

v——一般冲刷后墩前行近流速（m/s），见式（12-9）；

v_0——河床泥沙起动流速，m/s，$v_0 = 0.28(\bar{d} + 0.7)^{0.5}$；

v_0'——墩前泥沙起冲流速，m/s，$v_0' = 0.12(\bar{d} + 0.5)^{0.55}$；

n_2——指数，$n_2 = \left(\dfrac{v_0}{v}\right)^{0.23 + 0.19\lg\bar{d}}$。

2.65-1 修正式

当 $v \leqslant v_0$ 时（图12-2中的直线部分）

$$h_{\mathrm{b}} = K_{\xi}K_{\eta 2}B_1^{0.6}(v - v_0') \tag{12-16}$$

当 $v > v_0$ 时（图12-2中的曲线部分）

$$h_{\mathrm{b}} = K_{\xi}K_{\eta 1}B_1^{0.6}(v - v_0')\left(\frac{v - v_0'}{v_0 - v_0'}\right)^{n_1} \tag{12-17}$$

$$v_0 = 0.0246\left(\frac{h_{\mathrm{p}}}{\bar{d}}\right)^{0.14}\sqrt{332\bar{d} + \frac{10 + h_{\mathrm{p}}}{\bar{d}^{0.72}}} \tag{12-18}$$

$$K_{\eta 1} = 0.8\left(\frac{1}{\bar{d}^{0.45}} + \frac{1}{\bar{d}^{0.15}}\right) \tag{12-19}$$

$$v_0' = 0.462\left(\frac{\bar{d}}{B_1}\right)^{0.06}v_0 \tag{12-20}$$

$$n_1 = \left(\frac{v_0}{v}\right)^{0.25\bar{d}^{0.19}} \tag{12-21}$$

式中：$K_{\eta 1}$——河床颗粒影响系数；

n_1——指数；

$\bar{d}$——河床泥沙平均粒径，mm，适用范围为0.1～500mm；

h_{p}——桥下一般冲刷后的最大水深，适用范围为0.2～30m；

v——一般冲刷后墩前行近流速，适用范围为0.1～6m/s；

B_1——桥墩计算宽度,适用范围为 0～11m。

二、黏性土河床的桥墩局部冲刷

当 $\dfrac{h_p}{B_1} \geqslant 2.5$ 时,则

$$h_b = 0.83 K_\xi B_1^{0.6} I_L^{1.25} v \tag{12-22}$$

当 $\dfrac{h_p}{B_1} < 2.5$ 时,则

$$h_b = 0.55 K_\xi B_1^{0.6} h_p^{0.1} I_L^{1.0} v \tag{12-23}$$

式中:I_L——冲刷坑范围内黏性土液性指数,适用范围为 0.16～1.48。
其他符号意义同前。

三、桥台最大冲刷深度

桥台最大冲刷深度,应结合桥位河床特征、压缩程度等情况,分析、计算比较后确定。对于非黏性土河床桥台局部冲刷深度,可分河槽、河滩分别计算。

1. 桥台位于河槽时

当 $\dfrac{h_p}{d} \leqslant 500$ 时

$$h_b = 1.17 k_\varepsilon k_\alpha h_p \left(\dfrac{l}{h_p}\right)^{0.6} \left(\dfrac{\bar{d}}{h_p}\right)^{-0.15} \left[\dfrac{(v-v_0')^2}{gh_p}\right]^{0.15} \tag{12-24}$$

当 $\dfrac{h_p}{d} > 500$ 时

$$h_b = 1.17 k_\varepsilon k_\alpha h_p \left(\dfrac{l}{h_p}\right)^{0.6} \left(\dfrac{\bar{d}}{h_p}\right)^{-0.10} \left[\dfrac{(v-v_0')^2}{gh_p}\right]^{0.15} \tag{12-25}$$

$$k_\alpha = \left(\dfrac{\alpha}{90}\right)^{0.2} \quad (\alpha \leqslant 90°) \tag{12-26}$$

式中:h_b——桥台局部冲刷深度,m;
　　K_ε——台形系数,按表 12-4 选用;
　　α——桥(台)轴线与水流夹角,桥轴线与水流垂直时,$\alpha = 90°$;
　　k_α——桥台与水流交角系数,α 适用范围为 0°～90°时,按式(12-26)计算;
　　h_p——桥下河槽部分一般冲刷后水深,m;
　　l——垂直于水流流向的桥台和路堤长度,或称桥台和路堤阻挡过流的宽度,m;适用范围为 $l/h_p = 0.16～8.80$;
　　$\bar{d}$——河槽泥沙平均粒径,mm;
　　v——一般冲刷后台前行近流速,m/s,参照式(12-9)计算;
　　v_0'——台前泥沙起冲流速,m/s,参照式(12-20)计算;

g——取用 9.80m/s²。

台形系数 K_g 值 　　　表12-4

桥台形式	K_g	桥台形式	K_g
埋置式直立桥台	0.39~0.42	埋置式肋板桥台	0.43~0.47
重力式U形桥台	0.92		

2. 桥台位于河滩时

局部冲刷深度可按式(12-24)~式(12-26)计算，但其中水、沙变量均取河滩上的相应值。

四、特殊情况的冲刷计算

当桥下河床由多层成分不同的土质组成时，分层土河床的冲刷可采用逐层渐近计算法进行。软岩冲刷可根据岩石类别按表12-5规定计算。

岩石地基桥墩冲刷及基底埋深参考数据表　　　表12-5

岩石特征				调查资料		建议埋入岩面深度（按施工枯水季平均水位至岩面的距离分级）（m）		
岩石类别	极限抗压强度（MPa）	调查到有冲刷的桥渡岩石特征		桥梁座数	各桥的最大冲刷深度(m)	<2	2~10	>10
		岩石名称	特征					
I 极软岩	<5	胶结不良的长石砂岩、炭质页岩等	成分以长石为主，石英凝灰碎屑、云母次之；以黏土及铁质胶结，胶结不良，用手可捏成散砂，淋滤现象明显，但岩质均匀，节理、裂隙不发育；其他岩石如风化严重，节理、裂隙发育，强度小于5MPa，用镐、锹易挖动者	2	0.65~3.0	3~4	4~5	5~7
II 软质岩	II₁ 软岩 5~15	黏土岩、泥质页岩等	成分以黏土为主，方解石、绿泥石、云母次之胶结成分以泥质为主，钙质铁质次之；干裂现象严重，易风化，处于水下岩石整体性好，不透水，暴露后易干裂成碎块，碎块较坚硬，但遇水后崩解成土状	10	0.4~2.0	2~3	3~4	4~5
	II₂ 较软岩 15~30	砂质页岩、砂页岩互层、砂砾岩等	砂页岩成分同上，挟砂颗粒；砂岩以石英为主，长石、云母次之，圆砾石砂粒黏土等组成；胶结物以泥质、钙质为主，砂质次之，层理、节理较明显，砂页岩在水陆交替处，易干裂、崩解	9	0.4~1.25	1~2	2~3	3~4

续上表

岩石特征				调查资料		建议埋入岩面深度（按施工枯水季平均水位至岩面的距离分级）（m）		
岩石类别	极限抗压强度（MPa）	调查到有冲刷的桥渡岩石特征		桥梁座数	各桥的最大冲刷深度(m)	<2	2~10	>10
		岩石名称	特征					
Ⅲ	硬质岩	>30	板岩、钙质砂岩、矽质岩、石灰岩、花岗岩、流纹岩、石英岩等	岩石坚硬，强度虽大于30MPa，但节理、裂隙、层理非常发育，应考虑冲刷，如岩体完整节理、裂隙、层理少，风化很微弱，可不考虑冲刷，但基底也宜埋入岩面0.2~0.5m	9	0.4~0.7	0.2~1.0	0.2~2.0	0.5~3.0

注：1. 在条件较好的情况下，可选用埋深数值的下限；在条件较差的情况下，可选用埋深数值的上限。情况特殊的桥，如在水坝下游或流速特大等，可不受表列数值限制。
2. 表列调查最大冲刷值系参考桥中冲刷最深的桥墩，建议埋深值亦按此值推广使用。处于非主流部分及流速较小的桥墩，可按具体情况适当减少埋深。
3. 岩石栏内系调查到的岩石具体名称，使用时应以岩石强度作为选用表列数值的依据。
4. 表列埋深数值系由岩面算起包括风化层部分，已风化成松散砂粒或土状的除外。
5. 要考虑岩性随深度变化的因素，应以基底的岩石为准，并适当考虑基底以上岩石的可冲性质。
6. 表中建议埋深系指扩大基础或沉井的埋深，如用桩基可作为最大冲刷线的位置。
7. 岩石类别栏内，带括号者均为现行相关规范岩石坚硬程度类别之规定。

第三节 确定墩台基底最小埋置深度

为了确定桥下最大冲刷线和墩台基底最小埋置深度，除应根据桥位河段具体情况，取河床自然演变冲刷、一般冲刷和局部冲刷的不利组合确定外，还应符合《公路桥涵地基与基础设计规范》（JTG D63—2007）的相关规定。

一、冲刷值的组合

1. 河槽中的各桥墩

（1）非黏性土河床，可用64-2简化式[式(12-1)]与65-2修正式[式(12-14)或式(12-15)]择一进行 $(h_p + h_b)$ 的组合，这种组合公式计算值更精确一些；也可以用64-1修正式[式(12-4)]与65-1修正式[式(12-16)或式(12-17)]择一进行组合；并从组合中取定 $(h_p + h_b)$ 值。

（2）黏性土河床，可用式(12-7)与式(12-22)或式(12-23)择一进行组合。

2. 河滩中的各桥墩

（1）非黏性土河床时可用 h_p 式(12-5)与65-2修正式或65-1修正式择一进行组合。

(2)黏性土河床时可用式(12-8)与式(12-22)或式(12-23)择一进行组合。

3.桥台

(1)位于河槽中,当其最大冲刷深度小于桥墩总冲刷深度时,桥台基底的埋深应与桥墩基底高程相同。

(2)当桥台位于河滩时,对河槽摆动的不稳定河流,桥台基底高程应与桥墩相同;在稳定河流上,桥台基底高程可按照桥台冲刷计算结果确定。

(3)桥台锥体护坡基脚埋置深度应考虑冲刷的影响,当位于稳定、次稳定河段的河滩上时,基脚底面应在一般冲刷线以下至少0.50m;当桥台位于不稳定河流的河滩上时,基脚底面应在一般冲刷线以下至少1m。

二、绘制最大冲刷线

全部冲刷完成后,最大冲刷水深包括三个部分

$$h_s = h_p + h_b + \Delta h \tag{12-27}$$

式中:h_s——最大冲刷水深,m;

Δh——自然演变冲刷深度,m;可通过现场观测和调查确定。

同时,可用下式推算各墩台最大冲刷时的高程

$$H_{CM} = H_P - h_s \tag{12-28}$$

式中:H_P——桥位断面的设计水位,m;

依据各墩台的H_{CM}值可在桥轴纵断面上绘制出最大冲刷线。

三、确定墩台基底最浅埋置高程

非岩性河床墩台基底埋深应在最大冲刷线以下不小于表12-5的规定。

桥梁各墩台基底最浅埋置高程

$$H_{JM} = H_{CM} - \Delta \tag{12-29}$$

式中:Δ——基基底埋深安全值。非岩石河床墩台基底埋深安全值见表12-6。

基底埋深安全值Δ   表12-6

桥梁类别	总冲刷深度(m)				
	0	5	10	15	20
一般桥梁	1.5	2.0	2.5	3.0	3.5
特殊大桥	2.0	2.5	3.0	3.5	4.0

注:1.总冲刷深度为自河床面算起的河床自然演变冲刷、一般冲刷与局部冲刷深度三者之和。
2.表列数字为墩台基底埋入总冲刷深度以下的最小值,若设计流量、水位和原始断面资料无十分把握或河床演变尚不能获得准确资料时,其值Δ可适当加大。
3.若桥位上下游有已建桥梁或属旧桥改建,应调查旧桥的特大洪水冲刷情况,新桥墩台基础埋置深度应在旧桥最大冲刷深度上酌加必要的安全值。

四、岩石河床墩台基础最小埋置深度

若桥梁墩台基础建于岩石河床上,一方面由于长期的水流侵蚀冲刷,另一方面由于墩台施

工(如打板桩、围堰等临时工程)对岩石结构造成破坏,往往会产生严重的冲刷。此时除应清除风化层外,还应根据基岩强度,将基础嵌入岩层一定深度,或采用其他锚固措施使基础与岩石连成整体。可参考表 12-6,选用岩石上桥墩基础冲刷及基底埋置深度数值。

例 12-1

接例 10-2 的基本情况,根据钻探资料,河滩表面土为粗砂层,平均粒径 $\bar{d}=1.5\text{mm}$,河槽及高程 129.00m 以下为小颗粒的砾石层,$\bar{d}=3\text{mm}$ 桥位河段历年汛期洪水平均含沙量 $\rho=0.8\text{kg/m}^3$。据分析桥下河槽能扩宽至全桥。但自然演变冲刷 $\Delta h=0$ 本桥为一般性桥梁,试确定最大冲刷线高程和桥梁墩台最浅埋置高程。

解:(1)冲刷计算
① 64-2 简化公式计算河槽一般冲刷。根据式(12-1)可得

$$h_p = 1.04\left(A_d\frac{Q_2}{Q_c}\right)^{0.90}\left[\frac{B_c}{(1-\lambda)\mu B_{cg}}\right]^{0.66} h_{cm}$$

式中桥下河槽能扩宽至全桥 $Q_2=Q_P=3468\text{m}^3/\text{s}, B_c=80\text{m}, Q_c=1958\text{m}^3/\text{s}, L_0=11.8\text{m}$,
$v_p=v_c=2.88\text{m/s}$ 查表 12-1 得

$$\mu = 0.908$$
$$B_{cg} = L = 154.8\text{m}, h_{cm} = 11\text{m}$$

平滩(造床)水位时,$B=75\text{m}$,面积为

$$A = \frac{1}{2}\times 4.5\times 15 + \frac{1}{2}\times(4.5+5.5)\times 20 + \frac{1}{2}\times 5.5\times 40 = 243.75\text{m}^2$$

单宽流量集中系数

$$A = \left(\frac{\sqrt{B_z}}{H_z}\right)^{0.15} = \left(\frac{\sqrt{75}}{3.25}\right)^{0.15} = 1.16$$

河槽一般冲刷

$$h_p = 1.04\times\left(1.16\times\frac{3468}{1958}\right)^{0.9}\times\left[\frac{80}{(1-0.0884)\times 0.908\times 154.8}\right]^{0.66}\times 11$$
$$= 1.04\times 1.912\times 0.732\times 11$$
$$= 16.01\text{m}$$

② 64-1 修正式计算河槽一般冲刷。根据式(12-4)可得

$$h_p = \left[\frac{A_d\dfrac{Q_2}{\mu B_{cj}}\left(\dfrac{h_{cm}}{h_{cq}}\right)^{\frac{5}{3}}}{E\bar{d}^{\frac{1}{6}}}\right]^{\frac{3}{5}}$$

式中:$A_d=1.16, Q_2=Q_P=3468\text{m}^3/\text{s}, \mu=0.908, h_{cm}=11\text{m}$
能扩宽至全桥时 $B_{cj}=L_j=11.8\times 12=141.6\text{m}$
第二层 $\bar{d}=3\text{mm}$
据 $\rho=0.8\text{kg/m}^3$ 时,查表 12-2,$E=0.46$,河槽一般冲刷为

$$h_p = \left[\frac{1.16\times\dfrac{3468}{0.908\times 141.6}\times\left(\dfrac{11}{8.5}\right)^{5/3}}{0.46\times 3^{1/6}}\right]^{3/5} = 14.59\text{m}$$

③河滩一般冲刷。由式(12-5)得

$$h_p = \left[\frac{\dfrac{Q_1}{\mu B_{tj}}\left(\dfrac{h_{tm}}{h_{tq}}\right)^{\frac{5}{3}}}{v_{H1}}\right]^{\frac{5}{6}}$$

本题桥下河槽能扩宽至全桥。故河滩一般冲刷 h_p 可不必计算，即冲刷后桥下河滩变为河槽的一部分了。

现若假定桥下河槽不能扩宽至全桥，则式中桥下河滩最大水深 $h_{tm}=6\mathrm{m}$ (例6-1)，天然状况下桥下河滩部分通过流量

$$Q_{t1} = Q_P - Q_2 - Q'_t = 3468 - 1958 - 627.6 = 882.4 \mathrm{m^3/s}$$

桥下河滩部分通过的设计流量

$$Q_1 = \frac{Q_{t1}}{Q_c + Q_{t1}} Q_P = \frac{882.4}{1958 + 882.4} \times 3468 = 1077.4 \mathrm{m^3/s}$$

桥下河滩过水面积

$$A_t = A_{oM} - A_c = 1064.1 - 680 = 384.3 \mathrm{m^2}$$

桥下河滩宽度

$$B_t = 7.8 + 67 = 74.8 \mathrm{m}$$

河滩部分桥孔净长

$$B_{tj} = 74.8 - 1.2 \times 5 = 68.8 \mathrm{m}$$

桥下河滩平均水深

$$h_{tq} = \frac{A_t}{B_t} = \frac{384.3}{74.8} = 5.14 \mathrm{m}$$

河滩粗沙表层 $\bar{d} = 0.15\mathrm{mm}$，查表12-3，$v_{H1} = 0.5\mathrm{m/s}$。

河滩一般冲刷

$$h_p = \left[\frac{\dfrac{1077.4}{0.908 \times 68.8} \times \left(\dfrac{6}{5.14}\right)^{5/3}}{0.5}\right]^{5/6} = 22.58\mathrm{m}$$

可见超过河槽一般冲刷 h_p 值，故假定桥下河槽不能扩宽至全桥是错误的。

④65-2 修正式计算桥墩局部冲刷：河槽计算层为小颗粒的砾石 $\bar{d}=3\mathrm{mm}$。根据前述 v_0 的公式可得

$$v_0 = 0.28(\bar{d} + 0.7)^{0.5} = 0.28 \times (3 + 0.7)^{0.5} = 0.5386 \mathrm{m/s}$$

用式(12-9)计算一般冲刷后墩前行进流速

$$v = \frac{A_d^{0.1}}{1.04}\left(\frac{Q_2}{Q_C}\right)^{0.1}\left[\frac{B_C}{\mu(1-\lambda)B_{cg}}\right]^{0.34}\left(\frac{h_{cm}}{h_c}\right)^{\frac{2}{3}} v_c$$

$$= \frac{1.16^{0.1}}{1.04}\left(\frac{3468}{1958}\right)^{0.1}\left[\frac{80}{0.908 \times (1-0.0884)154.8}\right]^{0.34}\left(\frac{11}{8.5}\right)^{\frac{2}{3}} \times 2.88$$

$$= 3.0116 \mathrm{m/s}$$

查附录3双柱墩为序号2，$K_\xi = 1$，$B_1 = d = 1.2\mathrm{m}$。

$$K_{\eta 2} = \frac{0.0023}{\bar{d}^{2.2}} + 0.375 \bar{d}^{0.24}$$

$$= \frac{0.0023}{3^{2.2}} + 0.375 \times 3^{0.24}$$

$$= 0.488$$

墩前泥沙起冲流速

$$v'_0 = 0.12(\bar{d} + 0.5)^{0.55} = 0.12 \times (3 + 0.5)^{0.55} = 0.239 \text{m/s}$$

因为 $v > v_0$ 为动床冲刷,由式(12-15)计算

$$n_2 = \left(\frac{v_0}{v}\right)^{0.23 + 0.19 \lg \bar{d}} = \left(\frac{0.5386}{3.0016}\right)^{0.23 + 0.19 \lg 3} = 0.102$$

$$h_b = K_\xi K_{\eta 2} B_1^{0.6} h_p^{0.15} \left(\frac{v - v'_0}{v_0}\right)^{n_2}$$

$$= 1 \times 0.488 \times 1.2^{0.6} \times 22.58^{0.15} \times \left(\frac{3.0116 - 0.239}{0.5386}\right)^{0.102}$$

$$= 1.027 \text{m}$$

⑤65-1 修正式计算桥墩局部冲刷

此时河槽一般冲刷用 64-1 修正式的计算值 $h_p = 14.59 \text{m}$,以式(12-18)计算河床起动流速

$$v_0 = 0.0246 \left(\frac{h_p}{d}\right)^{0.14} \sqrt{332 \bar{d} + \frac{10 + h_p}{\bar{d}^{0.72}}}$$

$$= 0.0246 \times \left(\frac{14.59}{3}\right)^{0.14} \sqrt{332 \times 3 + \frac{10 + 14.59}{3^{0.72}}}$$

$$= 0.97 \text{m/s}$$

墩前泥沙始冲流速由式(12-20)计算

$$v'_0 = 0.462 \left(\frac{\bar{d}}{B_1}\right)^{0.06} v_0 = 0.462 \times \left(\frac{3}{1.2}\right)^{0.06} \times 0.97 = 0.47 \text{m/s}$$

一般冲刷后墩前行进流速 v 由式(12-10)计算

$$v = E \bar{d}^{\frac{1}{6}} h_p^{\frac{2}{3}} = 0.462 \times 3^{\frac{1}{6}} \times 14.59^{\frac{2}{3}} = 3.30 \text{m/s}$$

因为 $v > v_0$,由式(12-17)计算

$$h_b = K_\xi K_{\eta 1} B_1^{0.6} (v - v'_0) \left(\frac{v - v'_0}{v_0 - v'_0}\right)^{n_1}$$

式中:$K_\xi = 1, B_1 = 1.2 \text{m}$(同上)

$$K_{\eta 1} = 0.8 \times \left(\frac{1}{\bar{d}^{0.45}} + \frac{1}{\bar{d}^{0.15}}\right) = 0.8 \times \left(\frac{1}{3^{0.45}} + \frac{1}{3^{0.15}}\right) = 1.166$$

$$n_1 = \left(\frac{v_0}{v}\right)^{0.25 \bar{d}^{0.19}} = \left(\frac{0.97}{3.30}\right)^{0.25 \times 3^{0.19}} = 0.686$$

$$h_b = K_\xi K_{\eta 1} B_1^{0.6} (v - v'_0) \left(\frac{v - v'_0}{v_0 - v'_0}\right)^{n_1}$$

$$= 1 \times 1.166 \times 1.2^{0.6} \times (3.3 - 0.47) \times \left(\frac{3.3 - 0.47}{0.97 - 0.47}\right)^{0.686}$$

$$= 12.09 \text{m}$$

(2)冲刷值的组合

此题桥下河槽能扩宽至全桥,故桥下只需用河槽一般冲刷 h_p 与河槽桥墩局部冲刷 h_b 组合。

以 64-2 简化式与 65-2 修正式组合

$$h_p + h_b = 16.01 + 1.027 = 17.037 \text{m}$$

以 64-1 简化式与 65-1 修正式组合

$$h_p + h_b = 14.59 + 12.09 = 26.70 \text{m}$$

现取定 $h_p + h_b = 26.70 \text{m}$

左桥台采用实际计算值。

(3)计算冲刷线高程

用式(12-28)及式(12-29)计算各墩、台最大冲刷时的高程:

$$H_{CM} = H_P - h_s = H_P - (h_p + h_b + \Delta h) = 135 - (26.70 + 0) = 108.32 \text{m}$$

据此高程可在桥轴纵断面图绘出最大冲刷线(从略)。

(4)确定墩台基底最浅埋置高程

桥墩、台总冲刷深度为 $h_s - h_{cm} = 26.70 - 11 = 15.70 \text{m}$

查表 12-5,一般桥梁取安全值 $\Delta = 2.5$。

桥墩、台基底最浅埋置高程 $H_{JM} = H_{CM} - \Delta = 108.32 - 2.5 = 105.82 \text{m}$

(5)计算结果分析

桥墩、台最低冲刷线高程为 108.32m,绘出各墩台基底最浅埋深线,本题最大冲刷线和最浅埋置线可为水平线(绘线从略)。

第四节 调治工程

为使桥孔顺畅地排水输沙,减轻桥位附近河床和河岸的不利变形,或为抵抗水流对路基边坡的冲刷,均应设置必要的调治工程。

调治工程应结合河段特性,水文、地形和地质等自然条件、通航要求、水利设施等情况,根据调治目的,综合考虑高水位、中水位、枯水位对两岸及上下游河床变形影响,确定其总体布设。

调治工程的设置方案应与桥孔设计统一考虑,进行多方案技术经济比较,不应片面强调长桥短堤或短桥长堤。

导流堤的设计洪水频率应与桥梁的设计洪水频率相同,其他类型的调治工程的设计洪水频率标准,可视工程重要性而定。

位于河槽内的调治构造物基底应埋入总冲刷线以下不小于1m;位于河滩时应埋入总冲刷线以下不小于0.5m。当不能达到要求的深度时,应设置平面防护措施。

一、导流堤布设

当单侧河滩的河道,桥梁引道阻断的流量占设计总流量15%,或双侧河滩,以中泓线将设计总流量分为两部分,桥梁的一侧引道阻断的流量占该侧流量15%时,可考虑设置导流堤;小于上述数值,但阻断流量的天然平均流速大于1.0m/s时,可考虑修建梨形堤;小于5%时,可加固桥头锥坡。

在山前冲积漫流河段的上游出山口附近,可布设封闭式导流堤;在中游扩散区段,不宜布设长大的封闭式导流堤,强行约束水流;一河多桥时,两桥间可设桃形导流堤、分水堤或加固路基。

在山前变迁性河段及平原游荡河段上,当桥孔压缩河床时,视水流及河段条件可布设封闭式导流堤。

导流堤的平面形状和尺寸,应通过计算拟定,并结合上下游导流堤的实际运用经验及桥位河段的水文、地形、工程地质和位置情况进行必要的调整。

导流堤断面宜为梯形,其顶宽和边坡可按表12-7采用。当堤高大于12m或坡脚长期浸水时,应作专门设计。

导流堤顶宽和边坡　　　　　　　　　　　表12-7

堤顶宽(m)		边 坡		
		堤头	堤身	
堤头	堤身		迎水面	背水面
3~4	2~3	1:2~1:3	1:1.5~1:2.0	1:1.5~1:1.75

二、导流堤顶面高程确定

1. 封闭式导流堤计算

上游侧

$$H_{ds} = H_s + \Delta Z + \sum \Delta h + L_{ds} I + 0.25 \quad (12-30)$$

下游侧

$$H_{dx} = H_s + \sum \Delta h + 0.25 \quad (12-31)$$

式中:H_{ds}——桥台中线上游L_{ds}距离处导流堤堤顶最低高程,m;

H_{dx}——桥台中线下游导流堤堤顶最低高程,m;

ΔZ——桥前最大壅水高,m;

H_s——设计水位,m;

$\sum \Delta h$——考虑波浪爬高、斜水流局部冲高、刨面淤高等因素的总和,m;

L_{ds}——导流堤计算点至桥台中线距离在水流轴线上的投影长度,m;

I——桥位河段天然洪水比降(以小数计)。

2. 非封闭式导流堤计算

当 $L_{sh} < L_a$ 时,则

$$H_{ds} = H_s + \Delta h_{sh} + \sum \Delta h + 0.25 \quad (12\text{-}32)$$

当 $L_{SH} > L_a$ 时,则

$$H_{ds} = H_s + \Delta h'_{sh} + \sum \Delta h + 0.25 \quad (12\text{-}33)$$

式中:L_{sh}——河滩路基上游侧最大壅水高点至桥台前缘的距离,m;

L_a——桥台前缘至同一端岸边的距离,m;

Δh_{sh}——按本书式(11-2)计算的最大壅水高度,m;

$\Delta h'_{sh}$——按本书式(11-7)计算的最大壅水高度,m。

导流堤冲刷计算

除应考虑河床自然演变冲刷、一般冲刷外,还应计算导流堤自身的局部冲刷,并应调查类似河段上既有导流堤的最大冲刷深度,验证计算值。

三、丁坝布设及冲刷计算

(1)丁坝布设应根据导治线布设丁坝,不宜布设单个长丁坝。

(2)桥位上游两倍桥长以内不宜布设丁坝,可在河滩路基上游侧布设丁坝,防止滩流对路堤的冲刷。

(3)不透水丁坝垂直于流向的投影长度,不宜超过河槽宽度的15%;透水性达80%的丁坝,垂直于流向的投影长度不宜超过河槽宽度的25%。

(4)视河岸土质及水流等情况,可将坝根嵌入河岸3~5m或加固坝根上游河岸8~10m,加固坝根下游河岸12~15m。

(5)非淹没式丁坝的坝顶高程,可参照规范确定。淹没式丁坝坝顶高程,可按整治水位确定,坝顶宜设0.25%~2%的纵坡。透水丁坝的高度应使漂浮物能在坝顶通过。

(6)严禁在泥石流沟上布设挑水丁坝。

(7)丁坝附近的河床冲刷,除应考虑河床自然演变冲刷外,还应计算丁坝自身的局部冲刷,并应调查类似河段上既有丁坝的最大冲刷深度,验证计算值。

1. 冲刷计算的目的是什么?
2. 桥下冲刷可分为哪几部分?分别有哪些计算公式?各自的适用性如何?
3. 什么是桥下一般冲刷?分别有哪些公式?各自的适用性如何?
4. 什么是桥下局部冲刷?分别有哪些公式?各自的适用性如何?
5. 一般冲刷深度与局部冲刷深度的表示有什么区别和联系?

6. 影响局部冲刷的主要因素有哪些？

7. 在确定桥下最大的冲刷线和墩台基底最浅埋置深度时，计算公式中出现的 Δh 和 Δ 有什么不同？

8. 调治构造物的主要作用是什么？

习 题

接第十章习题 3 的基本情况，根据钻探资料，河滩表层为黏土（图 10-1），平均粒径 $\bar{d}_\mathrm{I}$ = 0.002mm；河床第Ⅱ层（高程 109.00m 以下）为中沙，$\bar{d}_\mathrm{II}$ = 0.7mm；河床第Ⅲ层（高程 103.00m 以下）为沙石夹粗沙 $\bar{d}_\mathrm{III}$ = 2.5mm，桥位河段历年汛期洪水含沙量 ρ = 0.7kg/m³。据分析桥下河槽能扩宽至全桥，但自然演变冲刷 Δh = 0。本桥为一般性桥梁，试确定最大冲刷线高程和桥梁墩台最浅埋深度。

第十三章 小桥涵水文勘测设计

第一节 小桥涵布设

一、小桥涵布设原则

小桥涵孔径布设应根据沿线地形、地质、水文等条件,结合全线排水系统,适用于农田排灌,经济合理地布设,达到规定设计洪水频率的排洪能力。小桥涵布设原则如下:

(1)小桥涵位置应符合沿线线形布设要求,当不受线形布设限制时,宜将小桥涵位置选择在地形有利、地质条件良好、地基承载力较高、河床稳定的河(沟)段上。

(2)在每个汇水区或每条排水河沟,都应设置小桥涵。当地形条件许可,技术、经济合理时,可并沟设置。

(3)当小桥涵距下游汇入河道较近时,应考虑下游河道的设计水位及冲淤变化对桥涵净高和基础埋深的影响。

(4)在农灌区应与农田排灌系统相配合。当需局部改变原有排灌系统时,不应应降低原有排灌功能。排灌渠上小桥涵的孔径径,可按排灌渠的设计过水断面拟定。天然河沟上的小桥涵,可按河沟断面形态初拟孔径,按本章规定进行孔径验算,所拟孔径不宜过多压缩设计洪水标准下河沟的天然排水面积,也不宜压缩河槽排水面积。

(5)寒冷地区的小桥涵孔径及高度应考虑涎流冰的影响。

(6)进出口布设应有利于水流的排泄,必要时可配合进出口设置引水或排水工程。

(7)三级公路上的漫水小桥或过水路面在1/25洪水频率时,应满足车辆能安全通行,车辆通行的桥(路)面水深不应大于0.3m。四级公路上的慢水小桥涵或过水路面在1/25洪水频率时,可有限度中断交通,其中断时间可按具体情况决定。

二、小桥涵水文调查与勘测

1. 水文调查与勘测前应收集的资料

(1) 沿线地形图。

(2) 设计流量计算所需要的资料,包括多年平均年降雨量、与设计洪水频率对应的 24h 降雨量及雨力等。

(3) 地区性洪水计算、历史洪水资料、各河沟已有洪水计算成果。

(4) 既有排灌系统及规划方案图,各排灌渠的设计断面、流量、水位等。

2. 水文调查与勘测内容

(1) 各汇水区内土壤类别、植被情况、蓄水工程分布及现状。

(2) 根据河沟两岸土壤类别、河床质,选定河床糙率。

(3) 当桥(涵)位于村庄附近时,应调查历史洪水位、常水位、河床冲淤及漂流物等情况。

(4) 调查既有桥涵的现状、结构类型、基础埋深、冲刷变化及运用情况等;在北方寒冷地区还应调查流冰发生情况。

(5) 施测河沟比降。施测范围应以能求得桥(涵)区河沟的坡度为准。平原区为水文断面上游不少于 200m,下游不少于 100m。山区为水文断面上游不少于 100m,下游不少于 50m。

(6) 布测水文断面。当路线与河沟斜交时,应在桥(涵)位附近布测水文断面;当历史洪水位距桥(涵)位比较远,河沟断面有较大变化时,在历史洪水位附近,亦应布测水文断面。测量范围以满足水位、流量计算为准。

三、水文计算

(1) 山区、丘陵区小流域设计流量,可按本书推理公式或经验公式计算。应采用多种方法互相比较和核对,综合分析采用合理的计算结果。

(2) 平原区小流域设计流量,宜采用地区性流量经验公式或按本书介绍的利用洪水位推算设计流量的方法计算。当历史洪水位只能调查到一次时,其重现期的确定应符合地区历史洪水的情况。

(3) 在同一水文分区内,当有相似汇水区或同一汇水区中有较可靠的设计流量成果,或有洪水资料能较可靠地求得设计流量时,可按本书式(8-1)推求桥(涵)位处的设计流量。

(4) 凡能调查到历史洪水位的河沟,都应对各种公式推算的设计流量,用历史洪水流量进行验证。

(5) 与设计流量对应的设计水位,可采用本书式(8-21),用试算法或点绘水位—流量关系线求得。

四、孔径设计

(1) 小桥涵孔径设计必须保证设计洪水、漂浮物等的安全通过,满足排灌需要,避免对上下游农田房舍的不利影响,并考虑工程造价的经济管理。

(2) 小桥宜设计为非自由出流状态,涵洞应设计为无压力式。桥下净空安全值应符合表 10-2 的规定。无压力式涵洞内顶点至最高流水面的净空,应符合表 13-1 的规定。涵前水深应小于或等于涵洞净高的 1.15 倍。

无压力式涵洞净空高度(m) 表 13-1

涵洞进口净高 h_d	涵洞类型		
	管涵	拱涵	矩形涵
≤3	≥ $h_d/4$	≥ $h_d/4$	≥ $h_d/6$
>3	≥0.75	≥0.75	≥0.50

(3) 在小桥涵孔径计算中,可不计桥涵前积水对设计流量的影响。

(4) 桥下有铺砌的小桥孔径的验算可根据河沟断面形态初拟孔径,验算桥下流速、桥下水深及桥前壅水位。

(5) 桥下可冲刷的小桥孔径的验算可根据河沟断面形态初拟孔径后,按照本书壅水高度计算公式,验算桥前壅水位及桥下净空,计算冲刷深度,验算基础埋深。基底埋深安全值应不小于 1m。

(6) 无压力式涵洞的孔径的验算可根据河沟断面形态初拟孔径后,验算涵内流速、水深和涵前壅水位。

(7) 同一设计流量往往有多种孔径和孔数的方案。另外,孔径小同时孔数少,则流速大而壅水高,相应要求有良好的地质或河床加固,并有较高的路堤等。因此,应充分考虑地形、地质、施工等条件,并根据当地群众的合理要求,按经济和安全的原则来确定所采取的方案。

五、冲刷防护

(1) 在小桥涵的上下游河沟和路基边坡的一定范围内,宜采取防冲刷措施。

(2) 当沟底纵坡小于或等于 15% 时,桥涵铺砌面纵坡可与沟底纵坡相接近;当沟底纵坡大于 15% 时,桥涵铺砌面宜按沟坡做成台阶式或设置不大于临界坡度的纵坡,并与天然河沟相顺接。

(3) 桥涵河底铺砌防护范围:当沟底纵坡小于或等于 15% 时,宜铺砌到上下游翼墙端部,并应在上下游铺砌面端部设置截水墙;截水墙埋置深度不应小于台身或翼墙基础深度。当桥涵出口流速大于河床土壤允许流速时,应在下游洞口铺砌面上设置挑坎,挑坎形式可根据铺砌长度确定,或在下游铺砌面末端抛填片石。铺砌面的高程,宜略低于河床面高程,铺砌类型应与设计流速相适应。

六、小桥和涵洞孔径计算方法的比较

1. 共同点

小桥和涵洞都应控制桥涵内的允许流速。当流速小时,小桥以天然河床土质的允许流速控制;当流速大时,小桥下河底采用人工加固,所以可用人工加固的允许流速管制。涵洞一般均设铺砌,因此以铺砌的允许流速控制,都需控制桥涵前的壅水高度。

2. 区别点

(1)小桥桥下有净空要求,有时还有通航要求。小桥主要是侧向压缩水流,水力计算用宽顶堰理论。设计中一般以计算为主,查表为辅。

(2)涵洞孔径小,但是涵身长,涵内既可有自由表面,也可充满水流。水流除侧向压缩外,涵前水深可高于涵顶,水力计算用孔口出流理论。相对于小桥,公路沿线涵洞的数量多,故以查表确定孔径为主。

第二节　小桥孔径计算

小桥孔径的计算步骤:
(1)确定未建桥前的天然水深 h 和断面平均流速 v。
(2)根据初拟的桥型、桥孔情况,确定桥下临界水深 h_k,并进行水力计算图式判定。
(3)通过水力计算,确定小桥孔径,进而决定桥长 L。
(4)确定桥前壅水高度,以及推求路线的路堤和小桥桥面的最低高程。

一、小桥孔径计算程序

1. 拟建桥(涵)位处主河沟天然水深 h_t 及天然流速 v 的确定

1)应收集的资料

为了确定 h_t 及 v,应收集的资料包括:拟建桥(涵)位处天然设计洪峰流量 Q_p 形态断面的几何形状实测资料,主河沟粗糙系数 m(或糙率 n),附近河床的纵坡 i 等(若主河沟纵坡沿程变化不显著时,i 也可以主河沟平均坡度 I_z 代替)。

2)以均匀流公式计算 h_t 及 v

天然水深 h_t 可以用均匀流公式(即谢才—曼宁公式)进行试算得到。

在拟建桥(涵)位形态断面上,假定不同水位,得出不同水深 h,按表 13-2 所示的表格形式,列表试算出相应的流速及流量。当求得的流量与已知的设计洪峰流量 Q_p 两者相差在 ±10% 范围内时,所求得的流量对应的水深为天然水深 h_t,此时的 v 即是天然流速。

h_t 及 v 计算　　　　表 13-2

水位 H	h (m)	A (m²)	χ (m)	$R = \dfrac{A}{\chi}$ (m)	n	$R^{\frac{2}{3}}$	$i^{\frac{1}{2}}$	v (m/s)	Q (m³/s)	对比 Q_P (m³/s)

注:表中的符号意义和确定值时的计算公式见第六章第二节形态调查法。糙率 n 可查规范。

2. 桥下临界水深 h_k 确定

1)桥下水流平均临界水深 h_{kj} 的计算通式

根据桥下河床土质或拟建的加固类型,通过设计流量时的天然平均水深 h_t,从表 9-13 中选取允许(不冲刷)平均流速 v_y,在计算孔径时,必须使桥下临界流速 v_k 不大于 v_y 之后,可假定 $v_k = v_y$,则桥下任意形状断面的平均临界水深 h_{kj} 可由通式(13-1)计算。

$$h_{kj} = \frac{v_k^2}{g} \approx \frac{v_y^2}{g} = 0.102v_y^2 \tag{13-1}$$

2)矩形、梯形桥孔断面的 h_k

对于矩形桥孔断面(计算图式判别时可不考虑多孔小桥的桥墩阻水面积),由于实际水面宽度 B 等于临界水深 h_k 时的水面宽度 B_k,所以 $h_k = h_{kj}$。

对于宽而浅的梯形桥孔断面 $h_k \approx h_{kj}$(宽深比大于10的断面为宽浅断面);但对于狭而深的梯形断面(图13-1),h_k 可由已知的 h_{kj} 及 B_k(确定方法见后述)按下式求得:

$$h_k = \frac{B_k - \sqrt{B_k^2 - 4mB_kh_{kj}}}{2m} \tag{13-2}$$

式中:m——梯形桥孔断面的边坡系数;

B_k——通过天然洪峰设计流量 Q_p,水深为 h_k 时对应的水面宽度,m,如图13-1所示;由于水流通过小桥以自由出流图式为多数,因此 B_k 值可先假定以式(13-3)和式(13-4)计算。

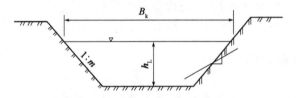

图13-1 梯形断面中 h_k、B_k 示意图

3. 小桥计算图式判别

小桥计算图式及判别条件:

(1)当 $1.3h_k \geq h_t$ 时,桥下水流为自由出流;

(2)当 $1.3h_k \leq h_t$ 时,桥下水流为非自由出流。

4. 小桥孔径长度 L 的确定

根据设计流量和施工技术条件,大致估计拟采用的小桥跨径和孔数。

1)自由出流时需要的桥下水面宽度 B_k 和孔径长度 L 的计算

(1)考虑了桥台和桥墩侧向束挟水流的影响,可以式(13-3)和式(13-4)计算需要的桥下水面宽度 B_K

$$B_K = \frac{Q_P g}{\varepsilon v_k^3} + Nd \tag{13-3}$$

式中:ε——桥梁的挤压系数,查表9-14得;

v_k——桥下临界流速,m/s;可依 v_k 查表9-13得;

N——桥墩个数;

d——单个中墩沿 B_k 水面线上的宽度,m。

当单孔时,以式(13-4)计算 B_k

$$B_k = \frac{Q_P \cdot g}{\varepsilon \cdot v_k^3} \tag{13-4}$$

式中符号意义同前。

(2)当桥孔断面为矩形时,小桥孔径长度 $L = B_K$。

当桥孔断面为梯形时(图13-2),桥孔长度可以式(13-5)计算

$$L = B_K + 2m\Delta h \tag{13-5}$$

式中:m——横向边坡系数;

Δh——小桥上部结构底面高出桥水面的距离,m;$\Delta h = H - h_k + \Delta_1$;

Δ_1——自积水时的壅水位到上部结构底面的净高,取值为:一般不通航时 $\Delta_1 = 0.5\text{m}$,有流水的河沟 $\Delta_1 = 0.75\text{m}$;通航时按通航净空高度计;

H——桥前背水高度,m;确定方法见后述。

2)非自由出流时桥下($h_1/2$处)水流平均宽度 B_0 和孔径长度 L 的计算

(1)非自由出流时,下游天然水深 h_t 会造成桥下一定程度的回流影响。桥下($h_1/2$处)水流平均宽度 B_0(图13-3),可按式(13-6)计算

$$B_0 = \frac{Q_P}{\varepsilon h_t v_y} + Nd_1 \tag{13-6}$$

式中:d_1——中墩沿 B_0 时的宽度,m;

其他符号意义同前。

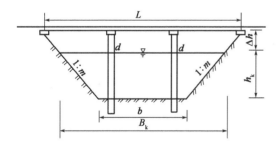

图13-2 梯形桥孔断面(自由出流)

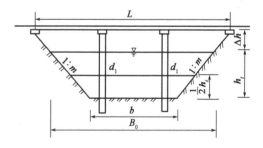

图13-3 梯形桥孔断面(非自由出流)

当单孔时,以下式计算 B_0

$$B_0 = \frac{Q_P}{\varepsilon h_t v_y} \tag{13-7}$$

(2)当桥孔断面为矩形时,则小桥孔径长度 $L = B_0$。

当桥孔断面为梯形时(图13-3),则其孔径长度为

$$L = B_0 + mh_1 + 2m\Delta h = B_0 + m(h_1 + 2\Delta h)$$
$$\Delta h = H - h_t + \Delta_1 \tag{13-8}$$

3)选用小桥标准跨径注意事项

(1)根据计算得到的孔径长度 L 选用标准跨径,尽量使两者相差小于或等于10%,在此范围内,选用标准跨径的水力计算图式不变。

(2)当单跨计算孔径长度 L 采用的标准跨径长度两者相差 >10% 时,水力计算图式可能有变化,可按下列方法予以重新判定。

在原定的桥前背水高度(确定方法见后),以及已知临界流速 v_K 或允许流速 v_y 条件下,按标准跨径在横断面上布置,以 B_b 表示原来自由出流水深 h_t 时的水面宽度,或表示原来非自由出流 $(1/2)h_t$ 时的水流宽度,此时的桥临界流速如下。

自由出流时

$$v_b = v_k \sqrt[3]{\frac{B_k}{B_b}} \tag{13-9}$$

非自由出流时

$$v_b = v_y \cdot \sqrt[3]{\frac{B_0}{B_b}} \tag{13-10}$$

对应的桥下临界水深为

$$h_b = \frac{v_b^2}{g} \tag{13-11}$$

注意:当自由出流时,桥下实际水深为临界水深 h_k;非自由出流时,桥下实际水深仍为 h_t。

4) 水力计算图示判别

(1) 当 $1.3 h_b \geqslant h_t$ 时,桥下水流为自由出流;

(2) 当 $1.3 h_b < h_t$ 时,桥下水流为非自由出流。

5. 桥前背水高度 H 的确定

1) 桥前产生壅高时,桥前断面的行近流速 v_0 有如下区别:

(1) 当 $v_0 \leqslant 1.0$ m/s 时,$v_0^2/2g$ 项可略去不计;

(2) 当 $v_0 > 1.0$ m/s 时,$v_0^2/2g$ 项对桥前背水高度 H 有影响,所以需采用逐次逼近法确定,具体确定方法见例 13-1。

2) 桥前背水高度 H。

(1) 桥下为自由出流时

$$H = h_k + \frac{v_k^2}{2g\psi^2} - \frac{v_0^2}{2g} = h_k + \frac{h_{kj}}{2\psi^2} - \frac{v_0^2}{2g} \tag{13-12}$$

式中: ψ ——桥下水流的流速系数,根据不同的桥台形状,查表 9-14 得;

v_k、h_k、h_{kj} ——以最后选定的孔径所确定的桥下临界流速,临界水深和平均临界水深。

当桥孔断面为矩形时,且通常 v_0 值略去不计,ψ 取常数 1,则上式可以简化为

$$H = h_k + \frac{v_k^2}{2g} = \frac{v_k^2}{g} + \frac{v_k^2}{2g} \approx 0.153 v_k^2 \tag{13-13}$$

(2) 桥下为非自由出流时

$$H = h_t + \frac{v_y^2}{2g\psi^2} - \frac{v_0^2}{2g} \tag{13-14}$$

式中各项符号意义同前。

当行近流速 $v_0 \leqslant 1.0$ m/s,且 ψ 取常数 1 时,上式可简化为

$$H = h_t + \frac{v_y^2}{2g} \tag{13-15}$$

6. 桥头路堤及桥面最低高程的确定

桥头路堤最低高程 = 桥前河沟底面高程 + 背水高度 $H + \Delta$，安全值 Δ 一般可取 0.5m。

桥面最低高程 = 桥前河沟底面高程 + 背水高度 $H + \Delta_1 + D$

D 为上部构造的建筑高度，由上部结构设计而定。

桥头路堤及桥面最低高程（图 13-4）是从满足水流顺利通过小桥，即从水文要求提出的最低高程。桥头路堤及桥面最低高程应小于等于路线桥位处相应的路堤及桥面的设计高程。否则可通过扩大小桥孔径，增大孔数，以降低桥前背水高度 H，达到符合路线桥位处路堤及桥面设计高程的要求。当扩大孔径仍然无效时，则可修改路线设计，即设法提高路线桥位处的路堤及路面设计高程。

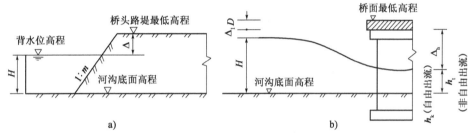

图 13-4 桥头陆地及桥面最低高程示意图
a) 桥头路堤最低高程；b) 桥面最低高程

二、算例

例 13-1

测得丘陵区某桥址河沟横断面如图 13-5 所示，主河沟长度 $L = 2.4\text{km}$，平均坡度 $I_Z = 20‰$，两岸部分平坦，有浅滩，河槽蓄水不多。桥址附近河床坡 $i = 15‰$，粗糙系数 $m = 20$，河槽最低点高程为 100.0m，路基设计标高为 102.95m，设计流量 $Q_P = 22\text{m}^3/\text{s}$。河床加固采用碎石垫层，厚 25cm 的片石单层铺砌，桥台采用八字翼墙。拟建一座钢筋混凝土板式桥，试确定其孔径，桥头路堤及桥面最低高程。

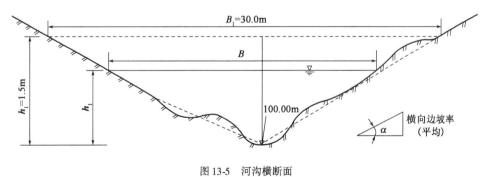

图 13-5 河沟横断面

解：（1）确定天然水深 h_t，天然流速 v_t

h_t 和 v_t 可按表 13-2 的形式，以均匀流谢才—曼宁公式试算得到。

假定当水深 $h=1.2\text{m}$，据此列表求得：过水面积 $A=14.4\text{m}^2$，湿周 $\chi=29.36\text{m}$，水力半径 $R=0.486\text{m}$。则得

$$v = mR^{\frac{2}{3}}i^{\frac{1}{2}} = \frac{1}{0.05} \times 0.486^{\frac{2}{3}} \times 0.015^{\frac{1}{2}} = 1.51\text{m/s}$$

$$Q = vA = 1.51 \times 14.4 = 21.74\text{m}^3/\text{s}$$

试算的 Q 与设计流量 Q_p 相比之差小于 10%，所以确定 $h_t = 1.2\text{m}$，$v_t = 1.51\text{m/s}$

(2) 确定桥下临界水深 h_t

当天然水深 $h_t = 1.2\text{m}$ 时，由河沟横断面图可得对应的水面宽度 $B = 24\text{m}$，则天然平均水深为

$$\bar{h} = \frac{A}{B} = \frac{14.4}{24} = 0.6\text{m}$$

按碎石垫层上厚 25cm 的片石铺砌加固，查表 9-13d) 得 $v_y = 3.5\text{m/s}$，取桥下临界流速 $v_k = v_y$，平均临界水深由式(13-1)可得

$$h_{kj} = \frac{v_k}{g} \approx 0.102v_y^2 = 0.102 \times 3.5^2 = 1.25\text{m}$$

采用矩形桥孔断面 $h_k = h_{kj} = 1.25\text{m}$

(3) 计算图示判别

$$1.3h_k = 1.3 \times 1.25 = 1.63\text{m} > h_t = 1.2\text{m}$$

所以桥下水流为自由出流。

(4) 小桥孔径长度 L 确定

桥孔矩形断面，桥台八字翼墙，查表 9-14 得 $\varepsilon = 0.85$，采用单孔，$N = 0$，以式(13-4)计算 B_k

$$L = B_k = \frac{Q_P g}{\varepsilon v_k^3} = \frac{22 \times 9.81}{0.85 \times 3.5^3} = 5.92\text{m}$$

参照标准图选用单孔 6.00m 的钢筋混凝土板式桥，建筑高度 $D = 0.28\text{m}$，与计算的 L 相差未超过 10%，故不复核水力计算图式。

(5) 确定桥前背水高度 H

查表 9-14 得 $\psi = 0.90$，先假定行近流速 $v_0 = v_t = 1.51\text{m/s}$，则以式(13-12)第一次试算：

$$H = h_k + \frac{v_k^2}{2g\psi^2} - \frac{v_0^2}{2g} = h_k + \frac{h_{ki}}{2\psi^2} - \frac{v_0^2}{2g}$$

$$= 1.25 + \frac{1.25}{2 \times 0.9^2} - \frac{1.51^2}{2 \times 9.81} = 1.9\text{m}$$

当取 $h_1 = H = 1.9\text{m}$ 时，由河沟横断面图计算得过面积 $A = 26.07\text{m}^2$，则

$$v_0 = \frac{Q_P}{A} = \frac{22}{36.07} = 0.61\text{m/s}$$

与假定相差太大。

第二次试算：假定 $v_0 = 0.61\text{m/s}$ 时，则

$$H = 1.25 + 0.77 - \frac{0.61^2}{2 \times 9.18} = 1.25 + 0.77 - 0.22 = 2.00\text{m}$$

再取 $h_1 = 2.00$m,由横断图可得 $A = 40$m²,则

$$v_0 = \frac{22}{40} = 0.55 \text{m/s}$$

与第一次假定后 $v_0 = 0.61$m/s 基本相符,即 $H = 2.00$m,不必进行第三次试算。

从计算中可见,v_0 值影响不大时可略去不计,只有当桥址处河床纵坡较陡,天然流速 $v_t \geqslant$ 桥下临界流速 v_k 时,才考虑计算 v_0 值。若以简化式(13-13)计算:

$$H = 0.153 v_k^3 = 0.153 \times 3.5^2 = 1.87 \text{m}$$

与以式(13-12)计算结果相差 <10%。

(6)路堤及路面最底高程的确定

桥头路堤最底高程 = 桥前河沟底面高程 + H + Δ = 100.00 + 2.00 + 0.50 = 102.50m
桥面最低高程 = 桥前河沟底面高程 + H + Δ_1 + D = 100.00 + 2.00 + 0.50 + 0.28 = 102.78m

计算得到的桥头路堤最低高程及桥面最低高程均小于路基设计高程102.95m,说明满足设计要求。

例 13-2

某微丘地区拟建小桥位处河床断面如图13-6所示,已知路线设计高程为82.60m。设计流量 $Q_P = 25$m/s,桥前允许壅高时背水高度为1.8m,天然水深 $h_t = 1.4$m。拟建多孔简支钢筋混凝土板式桥,采用单排柱式墩,柱墩直径 $d = 0.60$m,简易桥台,外加锥坡(边坡系数 $m = 1.5$)河床土质为大颗粒的卵石,桥前行近流速 v_0 引起的 $v_0^2/2g$ 项可省略去不计,试确定小桥孔径。

解:(1)确定桥下临界流速 v_k 及临界水深 h_k,由河床断面图可知,梯形断面的平均水深为

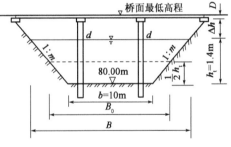

图 13-6 小桥孔径计算断面(例13-2)

$$\bar{h} = \frac{A}{B} = \frac{\frac{1}{2}(B+b)h_t}{B} = \frac{\frac{1}{2} \times (10 + 2 \times 1.5 \times 1.4 + 10) \times 1.4}{10 + 2 \times 1.5 \times 1.4} = 1.19 \text{m}$$

河床土质为大颗粒的卵石,查表 9-13a)得,取中值 $v_y = 2.1$m/s, $v_k = 2.1$m/s,以式(13-1)计算平均临界水深 h_{kj} 为

$$h_{kj} = 0.102 v_y^2 = 0.102 \times 2.1^2 = 0.45 \text{m}$$

假定桥下为自由出流,并设 3 孔,中墩个数 $N = 2$,查表9-14得 $\varepsilon = 0.80$,$\psi = 0.85$,由式(13-3)计算桥下水面宽度 B_K

$$B_K = \frac{Q_P \cdot g}{\varepsilon v^3} + Nd = \frac{25 \times 9.81}{0.8 \times 2.1^3} + 2 \times 0.6 = 34.3 \text{m}$$

再由式(13-2)计算 h_k:

$$h_k = \frac{B_K - \sqrt{B_K^2 - 4mB_k h_{kj}}}{2m} = \frac{34.3 - \sqrt{34.3 - 4 \times 1.5 \times 34.3 \times 45}}{2 \times 1.5} = 0.46 \text{m}$$

(2) 水力计算图式判别

$$1.3h_k = 1.3 \times 0.46 = 0.60\text{m} < h_t = 1.4\text{m}$$

所以桥下水流应为自由水流。

(3) 桥前背水高度 H 验算

由式(13-14)得，略去 $v_0^2/2g$ 项不计，得

$$H = h_t + \frac{v_y^2}{2g\varphi} = 1.4 + \frac{2.1^2}{2 \times 9.81 \times 0.85^2} = 1.66\text{m} < [H] = 1.8\text{m}$$

(4) 确定小桥孔径

以式(13-6)计算桥下 $h_t/2$ 处水流断面平均宽度 B_0

$$B_0 = \frac{Q_p}{\varepsilon h_t v_y} + Nd_1 = \frac{25}{0.8 \times 1.4 \times 2.1} + 2 \times 0.6 = 11.83\text{m}$$

先算 $\Delta h = H - h_t + \Delta_1 = 1.66 - 1.4 + 0.5 = 0.76\text{m}$

再以式(13-8)计算孔径长度

$$L = B_0 + m(h_t + 2\Delta h) = 11.83 + 1.5 \times (1.4 + 2 \times 0.76) = 16.21\text{m}$$

选用 3 跨 5m 简支钢筋混凝土版式桥，孔径长度 $L = 5 \times 3 = 15\text{m}$，与计算值相差小于 10%。

(5) 确定桥面最低高程

查小桥涵标准图，可知上部结构建筑高度 $D = 2.8\text{m}$。

$$\text{桥面最低高程} = \text{桥前河沟底面高程} + H + \Delta_1 + D$$
$$= 80.00 + 0.66 + 0.50 + 0.28$$
$$= 82.44\text{m} < \text{路线设计高程} 82.60\text{m}$$

三、小桥孔径图表计算法

桥孔计算可以从现成的图表中查得，虽然所得的结果与用公式计算略有出入，但简便，能满足实用需要。

1. 计算前应具有的资料

拟建小桥位处的设计流量 Q_p，桥位河床横断面及天然水深 h_t，拟建小桥的形式及桥台的形状，根据河床土质或者加固类别，以表 9-13 确定的允许流速 v_y 等。

2. 水力计算图式的判别

根据允许流速 v_y，先假定桥下为自由出流，查表 13-2 可得桥下临界水深 h_k，当 $1.3h_k \geq h_t$ 时，确定桥下水流为自由出流，当 $1.3h_k < h_t$ 为非自由出流。

3. 计算自由出流图式的小桥孔径

由表 13-3 可得，根据桥台的不同形状及允许流速 v_k，可查出桥前水深 H (背水高度) 和孔径系数 μ，然后以式 13-16 计算桥下水面宽度 B_k

$$B_k = \mu Q_p + Nd \tag{13-16}$$

式中：N、d——多孔时中墩的个数及各中墩沿水面的宽度，m；单孔时 $N = 0$。

小桥孔径长度 L 的确定方法同前。

自由出流式的小桥孔径计算　　　　　表 13-3

允许流速(m/s)		2.00	2.25	2.50	2.75	3.00	3.25	3.50	3.75	4.00	4.25	4.50	4.75	5.00	5.25	5.50
桥下临界水深(m)		0.41	0.52	0.64	0.77	0.92	1.08	1.25	1.44	1.63	1.84	2.07	2.30	2.55	2.82	3.09
桥前水深(m)	桥台伸出锥坡之外	0.69	0.88	1.09	1.30	1.56	1.83	2.11	2.43	2.75	3.11	3.50	3.89	4.31	4.76	5.23
	锥坡填土八字翼墙	0.65	0.84	1.04	1.25	1.49	1.75	2.02	2.33	2.64	2.98	3.35	3.72	4.12	4.56	5.00
孔径系数 μ	桥台伸出锥坡之外	1.53	1.08	0.79	0.59	0.45	0.36	0.29	0.23	0.19	0.16	0.13	0.11	0.098	0.085	0.074
	八字翼墙	1.44	1.02	0.74	0.56	0.42	0.34	0.27	0.22	0.18	0.15	0.12	0.10	0.092	0.080	0.07
	锥坡填土	1.36	1.36	0.70	0.53	0.40	0.32	0.26	0.20	0.17	0.14	0.12	0.098	0.087	0.070	0.066

注：本表示用于河槽断面为矩形或宽的梯形。

4. 计算非自由出流图式的小桥孔径

由表 13-4 可得，根据桥下水深 h_t（即天然水深）及允许流速 v_y，可查出桥前水深 H（背水高度）。

孔径系数 μ，然后计算桥下 $h_t/2$ 处水流平均宽度 B_0

$$B_0 = \mu_1 \mu Q_p + N d_1 \tag{13-17}$$

式中：μ_1——桥台形状系数，八字翼墙 $\mu_1 = 1$；伸出锥坡 $\mu_1 = 1.06$；锥坡填土 $\mu_1 = 0.94$；

d_1——多孔时各中墩沿 B_0 的宽度，m；小桥孔径长度 L 的确定方法同前。

5. 桥头路堤及路面最低高程确定方法同前

非自由出流式的小桥孔计算表　　　　　表 13-4

允许流速(m/s)			2.00	2.25	2.50	2.75	3.00	3.25	3.50	3.75	4.00	4.25	4.50	4.75	5.00	5.25	5.50
桥下水深(m)	0.5	桥前水深 H(m)	0.75	0.82	0.90	0.98	1.07	1.17	1.28	1.39	1.51	1.64	1.78	1.92	2.08	2.34	2.41
		孔径系数 μ	1.17	1.05	0.94	0.85	0.78	0.72	0.67	0.63	0.59	0.55	0.52	0.50	0.47	0.45	0.43
	1.0	桥前水深 H(m)	1.25	1.32	1.40	1.48	1.57	1.67	1.78	1.89	2.01	2.14	2.28	2.42	2.58	2.74	2.91
		孔径系数 μ	0.59	0.53	0.47	0.43	0.39	0.36	0.34	0.32	0.30	0.28	0.26	0.25	0.24	0.23	0.21
	1.5	桥前水深 H(m)	1.75	1.82	1.90	1.98	2.07	2.17	2.28	2.39	2.51	2.64	2.78	2.92	3.08	3.24	3.41
		孔径系数 μ	0.39	0.35	0.31	0.28	0.26	0.24	0.23	0.21	0.20	0.19	0.17	0.16	0.16	0.15	0.14
	2.0	桥前水深 H(m)	2.25	2.32	2.40	2.48	2.57	2.67	2.78	2.89	3.01	3.14	3.28	3.42	3.58	3.74	3.91
		孔径系数 μ	0.29	0.26	0.24	0.21	0.20	0.18	0.17	0.16	0.15	0.14	0.13	0.13	0.12	0.11	0.11
	2.5	桥前水深 H(m)	2.75	2.82	2.90	2.98	3.09	3.19	3.28	3.39	3.51	3.64	3.78	3.92	4.08	4.24	4.41
		孔径系数 μ	0.23	0.21	0.19	0.17	0.16	0.15	0.13	0.12	0.12	0.11	0.10	0.10	0.09	0.09	0.09
	3.0	桥前水深 H(m)	3.25	3.32	3.40	3.48	3.57	3.67	3.78	3.89	4.01	4.14	4.28	4.42	4.58	4.74	4.91
		孔径系数 μ	0.19	0.17	0.16	0.14	0.13	0.12	0.11	0.11	0.10	0.09	0.09	0.08	0.08	0.08	0.07
	3.5	桥前水深 H(m)	3.75	3.82	3.90	3.98	4.07	4.17	4.28	4.39	4.51	4.64	4.78	4.92	5.08	5.24	5.41
		孔径系数 μ	0.16	0.15	0.13	0.12	0.11	0.10	0.10	0.08	0.08	0.07	0.07	0.07	0.07	0.06	0.06
	4.0	桥前水深 H(m)	4.25	4.32	4.40	4.43	4.57	4.67	4.78	4.89	5.01	5.14	5.28	5.42	5.58	5.74	5.91
		孔径系数 μ	0.14	0.13	0.12	0.11	0.10	0.09	0.08	0.08	0.07	0.07	0.07	0.06	0.06	0.06	0.05

注：本表桥台形状为八字翼墙。

例 13-3

以例 13-1 的基本情况,已知 $Q_P = 22\text{m}^3/\text{s}$, $v_y = 3.5\text{m/s}$,天然水深 $h_t = 1.2\text{m}$,桥台采用八字翼墙,现用查表法求小桥孔径。

解:(1)水力计算图式判别

先假定桥下水流为自由出流,查表 13-3 得,桥下临界水深 $h_k = 1.25\text{m}$,则

$$1.3h_k = 1.3 \times 1.25 = 1.63 > h_t = 1.2\text{m}$$

因此,确定桥下水流为自由出流。

(2)小桥孔径确定

查表 13-3 可得,桥前背水高度 $H = 2.02\text{m}$,孔径系数 $\mu = 0.27$,小桥为单孔 $N = 0$,以式(13-16)计算:

$$B_k = \mu Q_P + Nd = 0.27 \times 22 + 0 = 5.94\text{m}$$

桥孔为矩形断面, $L = B_k = 5.94\text{m}$。

选用标准跨径 6.00m 钢筋混凝土板式桥。通过与例 13-1 对比,可见查表计算得的 h_k、H、L 与公式计算结果基本一致。

(3)桥头路堤及桥面最低高程确定方法同例 13-1(从略)。

例 13-4

以例 13-2 的基本情况,已知 $Q_P = 25\text{m}^3/\text{s}$, $v_y = 2.1\text{m/s}$, $h_t = 1.4\text{m}$,柱墩直径 $d_1 = 0.60\text{m}$,桥台前锥坡填土边坡率 $m = 1.5$,现用查表法求小桥孔径。

解:(1)水力计算图式判别

先假定桥下水流为自由出流,查表 13-3 可得(内插),当 $v_y = 2.1\text{m/s}$ 时,桥下临界水深 $h_k = 0.45\text{m}$。

$$1.3h_k = 1.3 \times 0.45 = 0.59 < h_t = 1.4\text{m}$$

因此,确定桥下水流应为非自由水流。

(2)小桥孔径确定

查表 13-4 可得(双向内插),当 $v_y = 2.1\text{m/s}$,桥下水深 $h_t = 1.4\text{m}$ 时,桥前背水高度 $H = 1.68\text{m}$,孔径系数 $\mu = 0.412$。桥台前锥坡土 $\mu_1 = 0.94$,3 孔小桥 $N = 2$,以式(13-17)计算桥下 $1/2h_t$ 处水流平均宽度 B_0

$$B_0 = \mu_1 \mu Q_P + N \cdot d_1 = 0.94 \times 0.412 \times 25 + 2 \times 0.6 = 10.88\text{m}$$

$$\Delta h = H - h_t + \Delta_1 = 1.68 - 1.4 + 0.5 = 0.78\text{m}$$

仍以式(13-8)计算孔径长度

$$L = B_0 + m(h_t + 2\Delta h) = 10.88 + 1.5 \times (1.4 + 2 \times 0.78) = 15.32\text{m}$$

选用 3 跨 5m 简支钢筋混凝土版式桥。通过与例 13-2 对比,可见查表计算得到的 h_k、H 与公式计算结果基本一致;查表计算的 L 与公式计算的($L = 16.21\text{m}$)虽然存在出入,但工程实用中已能满足要求。

(3)桥面最低高程的确定方法同例 13-2,从略。

第三节　涵洞孔径计算

涵洞与小桥相比，其特点是孔径小、孔道长，河沟底往往具有较大的纵坡，涵前水深可以高于涵洞高度。水流通过涵洞可分为无压力式、半压力式、压力式三种水力计算图式。另外，当路基顶面高程低于横穿沟底的水面高程时，也可设置倒虹吸管涵洞。关于无压力式、半压力式、压力式涵洞和倒虹吸管涵洞水流的外观描述和适用性见表13-5。

不同水力性质涵洞的分类　　　　表13-5

水力性质	外观描述	适用率
无压力式	进口水流深度小于洞口高度，水流受侧向束挟，进口后不远处形成收缩断面。下游水面不影响水流出口，水流流经全涵保持自由水面	要求涵顶高出水面，涵前不允许壅水
半压力式	水流充满进口，呈有压状态，使进口不远的收缩断面及以后的部分均为自由表面，呈无压状态	全涵净高相等，涵前允许一定的壅高，且略高于涵洞进口净高
压力式	涵前壅水较高，全涵内充满水流，无自由表面。一般出口被下游水面淹没，但升高式（或流线型）进水口，且涵底纵坡小于摩阻坡度时，出口不被下游淹没	深沟高路堤，不危害上游农田、房屋前提下、涵前允许较大壅水
倒虹吸管	进出水口设置竖井，水流充满全部涵身	横穿路线的沟渠水面高程高于或接近路基高程，以致无法设置其他涵洞或渡槽

一般新建涵洞以采用无压力式涵洞为主。为了提高宣泄设计流量，在不造成淹没上游农田、村庄的前提下，允许涵前较大壅水高度时，可采用压力式、半压力式涵洞。压力式涵洞在设计施工中，必须保证涵身不漏水，即不能让水渗入地基，影响地基的强度和稳定性。压力式涵洞进水口采用升高式，可提高设计流量。当设计流量在 $10m^3/s$ 左右时，一般采用圆管涵或盖板涵；当涵顶填土不足时，可采用盖板明涵；当设计流量更大且路堤较高时，宜采用拱涵；在地基软弱的情况下，可采用钢筋混凝土箱涵。

总之，选择涵洞形式时，应对各种可行方案进行技术和经济比较后确定。

一、无压力涵洞

无压力式涵洞的水面曲线如图 9-3a) 所示，当底坡为临界坡度 i_k 时，涵内水深为临界水深 h_k；当底坡为陡坡 i，即 $i>i_k$ 时，涵内形成急流的均匀流，正常水深 $h_0<h_k$；当底坡为缓坡 i，即 $i<i_k$ 时，涵内水深很大，涵洞的净高也较大，因为不经济，所以很少采用。无压力式涵洞进水口处，涵内的最高流水面与涵洞顶之间要保持一个最小净空高度 Δ，见表 13-1。

从涵前水深 H 至进水口水深 H' 的降落系数取 0.87，则

$$H = \frac{H'}{0.87} = \frac{h'_d - \Delta}{0.87} \tag{13-18}$$

式中：h'_d——涵洞进水口净高，m；无升高管节时与涵内净高 h_d 相同。

无压力式涵洞基本公式为

$$Q = \varepsilon\psi A_k \sqrt{2g(H_0 - h_k)} \tag{13-19}$$

$$v_k = \frac{Q}{\varepsilon A_k} \tag{13-20}$$

$$H_0 = h_k + \frac{v_k^3}{2g\psi^2} \tag{13-21}$$

$$H = H_0 - \frac{v_0^2}{2g} \tag{13-22}$$

式中：Q——过涵流量，应大于或等于设计流量 Q_p；

h_k——涵洞内进水口附近的临界断面水深，m；无压力时，涵内收缩断面水深 $h_c = 0.9h_k$；

v_k、A_k——分别为临界断面的流速，m/s；过断面面积，m²；

v_0、H_0——分别为涵前进流速，m/s；包括 $v_0^2/2g$ 项内的涵前总水头，m；

ψ——流速系数，矩形涵 $\psi = 0.95$；拱涵、圆管涵 $\psi = 0.85$；

ε——涵洞侧向压缩系数，$\varepsilon = 1/\sqrt{\alpha}$，其中 α 为流速分布系数，对于无升高管节的拱涵取 $\alpha = 1.1$，则 $\varepsilon = 0.96$；其他涵取 $\alpha = 1$，则 $\varepsilon = 1$。

二、半压力式涵洞

当路堤较高，上游较高的壅水水位不致使附近农田、房屋遭受严重影响时，可以采用半压力式涵洞。半压力式涵洞水流的水面曲线，如图 9-3b) 所示。

$$Q = v_c A_c = \psi A_c \sqrt{2g(H_0 - h_c)} \tag{13-23}$$

$$H_0 = h_c + \frac{v_c^2}{2g\psi^2} \tag{13-24}$$

式中：h_c——收缩断面水深，m；当进水口为不升高式时，$h_c = 0.6h_d$（h_d 为涵身净高）；进水口为升高式时，$h_c = 0.6h'_d$（h'_d 进水口净高）；

ψ——流速系数，进水口不升高式 $\psi = 0.85$，升高式（或流线型）$\psi = 0.95$；

H_0——涵前总水头，m；$H_0 = H + \frac{\alpha v_0^2}{2g}$；当 $v_0 \leq 1$m/s 时，$\frac{\alpha v_0^2}{2g}$ 项略去不计，$H_0 = H$（H 为涵前水深）。

三、压力式涵洞

压力式涵洞当为普通进水口（不升高式），且涵身长度较短，进出水口全被淹没，可用设计流量 Q_p 和涵洞允许流速 v_y 分别代替式(9-20)、式(9-21)中的 Q 和 v_d，计算出整个断面积 A 及水力半径 R，最后设计出具体的断面几何尺寸。

但是,普通进水口的涵洞,当涵身长度较长时,虽然涵内有的段落水流能够充满整个断面,但有的段落涵洞顶面与水面分离,其间会产生真空区域变成一种不稳定的半压力式水流。因此,压力式涵洞一般采用进水口高升(或流线型)的洞口建筑,使涵顶与水流线形基本一致,即充分利用断面,达到缩小孔径的目的。

1. 基本计算公式

当涵洞坡度 i 小于摩阻坡度 i_w(i_w 的计算见式(9-19),式中 Q 以 Q_p 代替),从图 13-7 可以看出存在着如下关系:

$$H_0 = H_1 + (i_w - i)L + \frac{v_0^2}{2g} \tag{13-25}$$

式中:H_0——涵前总水头,m;

H——涵前水深,m;$H = H_1 + (i_w - i)L$;

H_1——从假想的摩阻坡度线起算的涵前水深,m;

L——涵洞长度,m。

压力式涵洞的坡度不应大于按式(9-19)所算出的摩阻坡度 i_w,否则将成为半压力式涵洞。压力式涵洞的孔径与流速、流量的关系可由以下公式确定

$$v = \psi \sqrt{2g[H - (i_w - i)L - h_d]} \tag{13-26}$$

$$Q = vA \tag{13-27}$$

式中:ψ——考虑进水口局部水头损失影响流速系数,进口升高式 $\psi = 0.85$;不升高式 $\psi = 0.85$;

A——涵洞洞身断面的全部面积,m^2;

h_d——涵洞洞身净高,m。

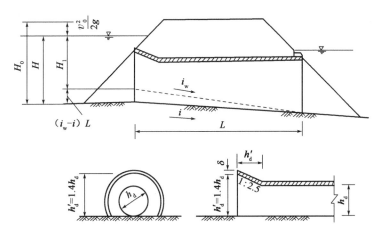

图 13-7 升高管节的压力式涵洞

2. 算例

例 13-5

拟建一压力式箱涵,进水口升高式。已知设计流量 $Q_p = 16 m^3/s$,考虑壅水,涵前允许最大

水深 $H_{允} = 3.5\text{m}$，涵洞长度 $L = 20\text{m}$，糙率 $n = 0.016$，允许流速 $v_y = 4.5\text{m/s}$，试选择箱涵孔径，并进行水力计算。

解：(1) 选择涵洞孔径

先假设箱涵 $v = v_y = 4.5\text{m/s}$，过水全面积 $A = \dfrac{Q}{v} = \dfrac{16}{4.5} = 3.56\text{m}^2$。

从涵前水深 H 至进水口水深 H' 的降落系数取 0.87，则 $H' = 0.87H = 0.87 \times 3.5 = 3.05\text{m}$

初拟箱涵涵身净宽 $B = 1.5\text{m}$，净高 $h_d = \dfrac{A}{B} = \dfrac{3.56}{1.5} = 2.37\text{m}$

升高式进水口净高 $h'_d = 1.4h_d = 1.4 \times 2.37 = 3.32 > H' = 3.05\text{m}$

说明进水口净高 h'_d 过高，不能造成压力式水流。

再拟 $B = 2.0\text{m}$, $h_d = \dfrac{A}{B} = \dfrac{3.56}{2} = 1.78\text{m}$，采用 $h_d = 1.8\text{m}$。

$$h'_d = 1.4h_d = 1.4 \times 1.8 = 2.52\text{m} < H' = 3.05\text{m}$$

符合压力式水流。所以选定一孔 $B = 2.0\text{m}$, $h_d = 1.8\text{m}$, $h'_d = 2.52\text{m}$ 的箱涵。

(2) 计算摩阻坡度 i_w

$$A = Bh_d = 2 \times 1.8 = 3.6\text{m}^2$$

$$R = \dfrac{A}{\chi} = \dfrac{Bh_d}{2(B + h_d)} = \dfrac{2 \times 1.8}{2 \times (2 + 1.8)} = 0.474\text{m}$$

$$C^2 R = \left(\dfrac{1}{n}R^{\frac{1}{6}}\right)^2 R = \dfrac{R^{\frac{4}{3}}}{n^2} = \dfrac{0.474^{\frac{4}{3}}}{0.016^2} = 1442\text{m}$$

由式(9-19)计算摩阻坡度：

$$i_w = \dfrac{Q^2}{A^2 C^2 R} = \dfrac{16^2}{3.6^2 \times 1442} = 0.0137 = 13.7‰$$

涵底纵坡 i 应小于 i_w，结合现场情况确定。

现确定敷设坡度 $i = 0.01 = 10‰$

(3) 确定涵前水深 H

$$v = \dfrac{Q_P}{A} = \dfrac{16}{3.6} = 4.44\text{m/s} < v_y = 4.5\text{m/s}$$

由式(13-26)可得涵前水深

$$H = \dfrac{v^2}{2g\psi^2} + (i_w - i)L + h_d$$

$$= \dfrac{4.44^2}{2 \times 9.81 \times 0.95^2} + (0.0137 - 0.01) \times 20 + 1.8$$

$$= 2.99\text{m} < H_{允} = 3.5\text{m}$$

进水口水深 $H' = 0.87H = 0.87 \times 2.99 = 2.60\text{m}$

$H' > h'_d = 2.52\text{m}$，即符合压力式水流。

四、倒虹吸管涵洞

公路上常用的是竖井式倒虹吸管涵洞，如图 13-8 所示。涵身断面形状一般有方形和圆形两种,前者适用于钢筋混凝土方涵或浆砌条石盖板涵,后者适用于钢筋混凝土管或混凝土管涵。除了钢筋混凝土方涵及管涵适用于较高水头之外,混凝土管、浆砌条石盖板涵等仅适用 3m 以下水头。

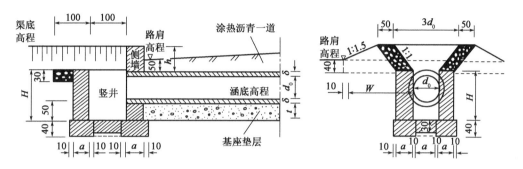

图 13-8　倒虹吸圆管涵及洞口(尺寸单位:cm)

倒虹吸管涵洞孔径计算的基本公式如下。

断面为圆形时,则

$$d = \sqrt{\frac{Q_p}{3.48\mu\sqrt{Z}}} \tag{13-28}$$

断面为正方形时,则

$$b = \sqrt{\frac{Q_p}{4.43\mu\sqrt{Z}}} \tag{13-29}$$

式中:Q_p——设计流量,m³/s;

d——倒虹吸管的净管径,m;

b——正方形断面的净孔径,m;

Z——上下游水面的水位差,m;

μ——水头损失综合系数。

水流通过倒虹吸管涵洞的水头损失,由沿程水头损失和局部水头损失两部分组成。而局部水头损失包括:涵身断面变化、进口、转弯、出口等各项阻力引起的水头损失。同时,考虑以上各项水头损失,水头损失综合系数表示为:$\mu = 1/\sqrt{\sum_{i=1}^{n}\xi_i}$,$\xi_i$ 为各项阻力系数,具体确定见《公路桥涵设计手册(涵洞)》有关章节。

五、冲刷防护

小桥涵上下游河沟和路基边坡的一定范围内,宜采取防冲刷措施。

当沟底纵坡等于或大于 15%,一般铺砌到上下游翼墙端部,并应在上下游铺砌面设置截水墙。截水墙埋置深度不小于台身或翼墙基础深度。当桥梁出口流速大于河沟土壤允许流速时,应在下游洞铺砌面上设置挑坎,挑坎形式根据铺砌长度确定,或在下游铺砌面末端抛填片石,铺砌面的高程,宜略低于河床面高程,铺砌类型与设计流速相适应。

1. 小桥涵孔径计算的目的是什么？
2. 小桥和涵洞孔径计算方法有何共同点和区别点。
3. 确定小桥孔径有哪些计算步骤？
4. 不同构造的涵洞和不同水力性质的涵洞各自的适用性如何？
5. 不同水力计算图式的涵洞其铺砌纵坡的设置各有什么控制要求？
6. 在小桥涵孔径计算中，为什么要对涵前水深进行控制？

习 题

1. 已知某小桥其设计流量 $Q_p=20\text{m}^2/\text{s}$，桥前允许雍水时最大背水高度 $H=2.3\text{m}$，天然水深 $h_t=1.5\text{m}$，桥孔为矩形断面，桥台伸出锥坡之外，桥前行近流速引起的 $v_0^2/2g$ 项可略去不计，河床加固采用碎石垫层、厚15cm 的片石单层铺砌，试分别以公式法和查表法确定小桥孔径。

2. 已知某拟建小桥位处河床断面如图 13-9 所示，路线设高程为 55.30m，设计流量 $Q_p=55\text{m}^3/\text{s}$，桥前允许雍高时背水高度 3.0m。天然水深 $h_t=2.0\text{m}$。河沟底高程为 51.50m。拟建多孔简支钢筋混凝土板式桥，采用单排柱式墩，柱墩直径 $d=0.6\text{m}$，简易桥台，外加锥坡（边坡率 $m=1.5$），河床土质为中颗的鹅卵石，桥前行近流速 v_0 引起的 $v_0^2/2g$ 项可略去。分别以公式法和查表法确定小桥孔径。

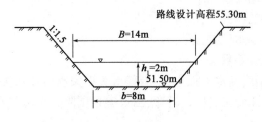

图 13-9 习题 2 图

3. 拟建一无压力式钢筋混凝土盖板涵，进水口不升高。已知所需通过的设计流量 $Q_p=3.8\text{m}^3/\text{s}$ 河沟底高程为 71.40m，路线设计高程为 73.35m，路基的安全值 Δ 取 5m，允许流速 $v_y=4.5\text{m/s}$，试查表选择涵洞孔径和水力计算。

4. 拟建一无压力式石拱涵，进水口不升高，矢跨比 $f_0/l_0=1/3$。已知设计流量 $Q_p=40\text{m}^3/\text{s}$。涵前允许最大水深行近流速 v_0 引起的 $v_0^2/2g$ 可忽略不计，石拱涵糙率 $n=0.02$，允许流速 $v_y=6.0\text{m/s}$，试查表确定石拱涵的孔径和水力计算。

5. 拟建一半压力式圆拱涵，进水口不升高。已知设计流量 $Q_p=2.9\text{m}^3/\text{s}$，沟底高程 90.50m，路线设计高程为 93.50m，安全值 $\Delta=0.50\text{m}$，圆管涵糙率 $n=0.013$，允许流速 $v_y=6.0\text{m/s}$，试查表选择圆管涵的管径，并进行水力计算。

6. 拟建一压力式圆管涵,进水口升高式。已知设计流量 $Q_P = 10.6\text{m}^3/\text{s}$ 涵前允许最大水深 $H = 4.0\text{m}$,结合地形,设涵底纵坡 $I = 0.01$,涵洞长度 $L = 30\text{m}$,糙率 $n = 0.013$,允许流速 $v_y = 6.0\text{m/s}$,试选择圆管涵孔径,并进行水力计算。

7. 拟建一倒虹吸管涵洞,采用竖井式钢筋混凝土圆管涵。已知设计流量 $Q_P = 1.3\text{m}^3/\text{s}$,上下游水位差 $Z = 0.6\text{m}$。沿程阻力系数 $\zeta_1 = 0.31$;涵身断面无变化 $\zeta_2 = 0$;进口阻力系数 $\zeta_3 = 0.5$;竖井与涵身两处接头,均属 90° 急弯,每处转弯阻力系数 $\zeta_4 = 1.2$;出口阻力系数 $\zeta_5 = 1$。圆管糙率 $n = 0.013$,进口边缘不做成圆弧形。试选择管涵直径 d,并进行水力计算。

第十四章 CHAPTER FOURTEEN
工 程 实 例

第一节　概述

洋河上游有三大分支：东洋河、西洋河和南洋河。东洋河源于内蒙古东南边境的兴和县，于河北省怀安县柴沟堡附近的岸庄屯附近与源自山西省的南洋河、西洋河汇合成洋河，流经万全、宣化、怀来等县，在怀来县朱官屯附近与桑干河汇合，汇合后称为永定河，注入官厅水库，下泄北京市。洋河为永定河的主要支流之一，该流域位于背风山区，受地形与地理位置影响，暴雨量级不大，一次暴雨仅几小时，暴雨时空分布极不均匀。各次洪水均为局部汇流所形成。另外，黄土丘陵较广，黄土深厚，沟壑纵横，植被较差，而下渗力强。洪峰一般 2~4d，洪峰过程多呈多峰形式。在河北省张家口市宣化区下花园区响水堡处设置响水堡水文站，东经115°11′，北纬40°31′，集水面积为14140km²，在地形图上勾绘出响水堡水文站至桥位处的汇水面积为846.9km²，占交叉面积以上流域的5.6%。棘针屯至朱官屯长22km，河道从山峡向下游逐渐展宽，河宽约2000m。1975年，张家口地区为了保护村镇和淤滩造田，对洋河自上而下进行了整治，棘针屯至朱官屯两堤间距为400~500m，堤防一般高出地面2.5~3.0m。随着泥沙不断淤积，河床不断抬高，河道防洪能力不断降低，如1995年7月29日，洋河洪峰流量700m³/s，造成洋河左岸怀来县境堤防多处决口。

东洋河上游建有友谊水库。友谊水库位于河北省张家口市尚义县和内蒙古兴和县交界处，是一座以灌溉为主，兼顾防洪等综合利用的大（Ⅱ）型水利枢纽工程，控制流域面积2250km²。该水库始建于1958年8月，1960年开始拦洪，1964年12月完成了大坝、输水洞工程，并投入运用，由于水库淤积，目前水库防洪标准为700年一遇洪水。设计标准为100年一遇洪水，校核标准2000年一遇洪水，现状溢洪道为开敞式溢流堰，未设闸门，堰顶高程1193m，最大泄量1030m³/s；输水洞为压力隧洞与发电合用，最大泄量39m³/s；根据批准的运用方案：8月11日~9月15日，汛限水位1192m，当库水位超汛限时，输水洞闸门全开泄洪；当库水位超

1193m 时,溢洪道自流,随来随泄。

响水铺水库位于河北省张家口市宣化区顾家营乡站庄村西的洋河干流上,是一座以防洪为主,兼顾灌溉、发电等综合利用的中型水利枢纽工程,水库控制流域面积 14140km²,总库容 5750 万 m³。水库于 1970 年 7 月开始动工兴建,1973 年春开始下闸蓄水。水库设计标准为百年一遇,相应入库洪峰 2540m³/s,水库下泄 2340m³/s。校核标准为千年一遇,相应入库洪峰 3980m³/s,水库下泄 3340m³/s。

查《河北省洪水调查资料》可得洋河响水堡水文站两个历史洪峰流量:1914 年的 2120m³/s,1924 年的 3250m³/s,两个流量均较为可靠。洋河属山区性河流,洪水期水位涨落急剧,洋河流域水土流失比较严重,水流湍急,淤高较为明显。洋河干流长度 106km,岸庄屯至前所长 64km,两岸距离为 2000~3000m,河床为宽浅式河槽,心滩发育,水流散乱,主流摆动很大;前所至棘针屯长 20km,水流切割黄羊山,形成峡谷河道,水流流势弯曲;棘针屯至朱官屯长 22km,河道从山峡向下游逐渐展宽,河宽约 2000m。

1975 年,张家口地区为了保护村镇和淤滩造田,对洋河由上而下进行了整治。其中,棘针屯至朱官屯两堤间距为 400~500m,堤防内外植树种草,利用生物措施固沙护堤。1988~1992 年,对洋河两岸进行了局部加固,维持原有河道左右两堤间距 400~500m。

2002 年,河北省编制的《永定河流域防洪规划》中,对洋河从怀安县的东洋河堡村至朱官屯进行治理,长 85.2km,治理标准为 20 年一遇,设计流量东洋河为 1391m³/s,清水河河口以上为 1520m³/s,以下为 1730m³/s。治理措施主要有划定治导线和堤防加高、培厚等。

此外,据有关资料分析,永定河及其上游洋河、桑干河是海河流域水土流失最严重的地区,属于国家级水土流失重点治理区域,严重的水土流失和官厅水库库水顶托作用,造成库区大量泥沙淤积,库区淤积上延造成上游河床抬高,河底纵坡变缓,河道行洪能力降低。根据水利部河北水利水电勘测设计研究院 2001 年 6 月编写的《官厅水库浸没治理工程可行性研究报告》,桑干河与洋河交汇处的夹河村段河底已淤高 5m,洋河朱官屯附近河底已高出堤外地面 1.5m,下游河道已成为地上悬河,据此报告确定的浸没区范围,洋河一号大桥处于浸没区的边缘。洋河一号大桥在距响水堡水库下游 22.7km 处的涿鹿县小姚庄村东偏北方向穿过洋河,桥址附近河道顺直,两岸堤防完整,左右堤顶高出两岸地面 2m 左右,堤顶宽为 4m,现状堤顶高程满足规划要求,根据现场调查知桥址附近河段采沙严重。

第二节　设计流量的计算

方法 1:

查《公路桥梁设计手册(桥位设计)》中图 3-5-1 "公路大中桥流量经验公式分区图"知区间(响水堡~桥位)属于 25 分区。查《桥位设计》中表 3-5-1 "全国水文分区经验公式表"知区间属于坝下山区,其中 $C = 3.26$, $n = 0.6$,平均误差 15%,最大误差 33%。查全国水文分区 C_v 值表,可得 25 分区的 $C_v = 0.5$,取 $C_s/C_v = 2.5$。则计算洪峰流量如下

$$\overline{Q} = CF^n = 3.26 \times 846.9^{0.6} = 186.2(\text{m}^3/\text{s})$$

由 $C_v=0.5$，$C_s/C_v=2.5$ 查《公路桥梁设计手册(桥位设计)》表 3-3-3 得 $\psi=3.18$，则

$$Q_{1\%} = (1+C_v\psi)\overline{Q} = (1+0.5\times3.18)\times186.2 = 482\text{m}^3/\text{s}$$

桥位处百年一遇设计洪水流量为

$$Q_{1\%} = 482 + 2340 = 2822\text{m}^3/\text{s}$$

方法 2：

查《公路桥梁设计手册(桥位设计)》中表 3-5-1"全国水文分区经验公式表"知区间(响水堡—桥位)属于坝下山区，$K=13.8$，$n=0.6$，平均误差 9.2%，最大误差 15%，$Q_{1\%}/Q_{2\%}=1.2$，则计算洪峰流量如下

$$Q_{2\%} = KF^{n'} = 13.8 \times 846.9^{0.6} = 788\text{m}^3/\text{s}$$

$$Q_{1\%} = 1.2 \times Q_{2\%} = 1.2 \times 788 = 945.6\text{m}^3/\text{s}$$

桥位处百年一遇设计洪水流量为

$$Q_{1\%} = 946 + 2340 = 3286\text{m}^3/\text{s}$$

方法 3：

根据《公路工程水文勘测设计规范》(JTG C30—2002) 5.2.2-1 条规定：当水文计算断面的汇水面积与水文站的汇水面积之差，小于水文站汇水面积的 20%，不大于 1000km²，汇水区的暴雨分布较均匀，区间无分洪、滞洪时，可按下式将水文站的实测最大洪水流量转换为水文计算断面的洪水流量。

$$Q_1 = \left(\frac{F_1}{F_2}\right)^{n_1} Q_2 \tag{14-1}$$

式中：Q_1——水文计算断面的洪水流量，m³/s；

F_1——水文计算断面的汇水面积，km²；

Q_2——水文站的实测最大洪水流量，m³/s；

F_2——水文站的实测汇水面积，km²；

n_1——面积指数。

洋河桥位处断面汇水面积与响水铺水文站相差 846.9km²，小于水文站汇水面积的 20% (2828km²)，并小于 1000km²，故可使用式子 5.2.2 计算如下

$$F_1 = 14140 + 846.9 = 14986.9(\text{km}^2)$$

$$F_2 = 14140\text{km}^2$$

查《公路桥梁设计手册(桥位设计)》中表 3-5-1"全国水文分区经验公式表"知区间属于坝下山区，面积指数 $n_1=0.6$；响水堡百年一遇洪峰流量为 2540m³/s，则桥位处百年一遇洪峰流量为

$$Q_1 = \left(\frac{F_1}{F_2}\right)^{n_1} Q_2 = \left(\frac{14986.9}{14140}\right)^{0.6} \times 2540 = 2630\text{m}^3/\text{s}$$

桥位处断面的洪峰流量受到响水铺水库的调蓄防洪影响，响水堡百年一遇下泻流量 2340m³/s，与入库洪峰流量 2540m³/s 相差 200m³/s，则桥位处应考虑到水库的调蓄防洪作用，相应地扣除 200m³/s，则桥位处断面的洪峰流量为

$$Q_{1\%} = 2430\text{m}^3/\text{s}$$

方法 4：

洋河设计洪水直接采用河北省水利水电勘测设计研究院 2000 年 12 月《永定河流域防洪规划》成果，该成果已通过海委审查。永定河水库以上至桑、洋两河汇合口段，由于缺乏实测资料，仍采用水电部天津院 1981 年 1 月《永定河流域官厅以上洪水分析报告》及修改稿数值，然后采用面积比求出永定河不同频率的河道流量值。成果见表 14-1。

河道水文分析成果表　　　　表 14-1

河道名称	测站位置	特征值			设计洪峰流量（m³/s）				备注
		均值	C_v	C_v/C_s	5 年	10 年	20 年	50 年	
洋河	响水堡	444.8	1.4	2.5	689	1176	1728	2512	频率法
桑干河	石匣里	1050	1.1	2.5	1023	1879	2244	3198	频率法
永定河					1711	2686	3763	5277	面积比

根据表 14-1 中的特征值，查《公路桥梁设计手册（桥位设计）》表 3-3-4 "皮尔逊Ⅲ曲线的模比系数 K_p 值"可得 $C_v=1.4$，$C_v/C_s=2.5$ 时百年一遇的 $K_p=6.91$，则响水堡处的百年一遇洪水流量为

$$Q_{1\%} = K_p \times \overline{Q} = 6.91 \times 444.8 = 3074 \text{m}^3/\text{s}$$

洋河桥位处断面汇水面积与响水铺水文站相差 846.9km²，小于水文站汇水面积的 20%（2828km²），并小于 1000km²，故可使用式（14-1）计算得

$$F_1 = 14140 + 846.9 = 14986.9 \text{km}^2$$
$$F_2 = 14140 \text{km}^2$$

查《公路桥梁设计手册（桥位设计）》中表 3-5-1 "全国水文分区经验公式表" 知区间属于坝下山区，面积指数 $n_1=0.6$；响水铺百年一遇洪峰流量为 3074m³/s，则桥位处百年一遇洪峰流量为

$$Q_1 = \left(\frac{F_1}{F_2}\right)^{n_1} Q_2 = \left(\frac{14986.9}{14140}\right)^{0.6} \times 3074 = 3183 \text{m}^3/\text{s}$$

桥位处断面的洪峰流量受到响水铺水库的调蓄防洪影响，响水堡百年一遇下泄流量 2340m³/s，与洪峰流量 3074m³/s 相差 734m³/s，则桥位处应考虑到水库的调蓄防洪作用，相应地扣除 734m³/s，则桥位处断面的洪峰流量为

$$Q_{1\%} = 2449 \text{m}^3/\text{s}$$

从方法 1、2、3、4 可以看出，方法 1、3、4 相差不大，能较好地反映项目所在地的水文情况，本次洪峰流量计算偏安全地取用方法 4 的数值：$Q_{1\%} = 2449 \text{m}^3/\text{s}$。

从防洪评价报告中得"洋河 1 号大桥"工可桥位处的百年一遇洪峰流量：$Q_{1\%} = 2335 \text{m}^3/\text{s}$，本次计算采用洪峰流量与"防洪评价"中的洪峰流量相差不大。

第三节　设计水位的计算

1. 洪水比降 i（‰）

根据外业实地测量，经加权平均计算后，得出洋河河床比降为 $i=1.89‰$。

2. 河床糙率系数的确定

桥位处河床为粉细砂,河底不太平顺,长有杂草,河槽浅宽,水流散乱摇摆。断面附近无支流注入。参考《永定河流域防洪规划报告》中采用的糙率及上游水文站实测洪水资料,主槽糙率选用 0.025~0.035,滩地糙率选用 0.040~0.060。

3. 设计水位的推求

洋河一号大桥桥轴断面相关计算表见表 14-2、表 14-3。

基线活断面面积计算表

$H = 510.86$ 百年一遇洪水位   表 14-2

桩 号	河底高程(m)	水深(m)	平均水深(m)	水面宽度(m)	过水面积(m²)	合 计
K24+447.00	509.33	1.53				
			1.34	194.00	259.48	
K24+641.00	509.71	1.15				
			1.40	16.00	22.34	
K24+657.00	509.22	1.64				
			0.42	9.00	3.77	
K24+666.00	511.67	-0.81				
			-0.83	4.00	-3.31	307.9m²
K24+670.00	511.71	-0.85				
			-0.03	6.00	-0.20	
K24+676.00	510.08	-0.78				
			0.76	6.00	4.54	
K24+682.00	510.13	-0.73				
			0.87	10.50	9.14	
K24+692.50	509.85	1.01				
			1.87	6.50	12.16	
K24+699.00	508.12	2.74				
			2.55	27.50	70.04	
K24+726.50	508.50	2.36				341.9m²
			1.98	137.50	271.84	
K24+864.00	509.26	1.60				
			2.92	5.80	16.95	
K24+869.80	506.61	4.25				
			4.26	4.60	19.60	
K24+874.40	506.59	4.27				191.1m²
			4.00	36.40	145.65	
K24+910.80	507.13	3.73				
			2.97	3.00	8.90	
K24+913.80	508.66	2.21				
			2.12	20.20	42.77	
K24+934.00	508.83	2.03				
			1.94	66.00	128.27	
K25+000.00	509.00	1.86				291.3m²
			1.55	60.00	92.76	
K25+060.00	509.63	1.24				
			0.98	28.00	27.52	
K25+088.00	510.13	0.73				
			0.87	14.00	12.16	
K25+102.00	509.85	1.01				
			1.16	7.40	8.56	
K25+109.40	509.55	1.31				
			2.12	13.70	28.99	165.5m²
K25+123.10	507.94	2.92				
			2.88	37.80	108.77	
K25+160.90	508.03	2.83				
			1.12	6.20	6.97	
K25+167.10	511.44	-0.58				

桥轴断面基线流量计算表 表 14-3

断面	边滩	边槽	主槽	边槽	边滩	综合
桩号	K24+447~K24+699	K24+699~K24+864	K24+864~K24+913.8	K24+913.8~K25+088	K25+088~K25+167	
$L(\text{m})$	252	165	49.8	174.2	79	$\sum L=720.00$
$W(\text{m}^2)$	307.9	341.90	191.10	291.30	165.5	$\sum W=1297.70$
H_{cp} 或 $R(\text{m})$	1.222	2.072	3.837	1.672	2.095	
$H_{\text{cp}}^{2/3}$ 或 $R^{2/3}(\text{m})$	1.143	1.625	2.451	1.409	1.637	
I			0.00189			
$I^{1/2}$			0.043			
cos			20			
m	20	30	40	30	20	
$v(\text{m/s})$	0.994	2.120	4.262	1.837	1.424	$V_{\text{cp}}=1.894$
$Q(\text{m}^3/\text{s})$	287.516	681.052	765.406	502.968	221.390	$\sum Q=2458.33$

注:L 为河床宽度;W 为河床面积;H_{cp} 为河床平均水深;I 为河床比降;m 为河床粗糙系数($1/n$)。

该水位下桥下洪水流量与百年一遇洪峰流量相差不大,可作为桥位处百年一遇设计洪水位。

本项目原设计路线桥位位于现有桥位下游约 2.85km 处,原桥位处百年一遇设计洪水位 $H=505.487\text{m}$,按河床比降推求可得现有桥位处百年一遇设计洪水位 $H=505.487+2.85\times1.89=510.87\text{m}$;与《北京至化稍营公路土木至洋河南段及支线洋河南至胶泥湾公路防洪评价报告》中的百年一遇洪水位 $H=510.91\text{m}$ 相差仅 0.04m(与本次所推水位相差仅 0.05m)。

第四节 桥孔设计

一、基本河宽公式(桥位设计推荐使用)

桥位处河段较为顺直,宽浅式河槽,主河槽位置不固定,属滩槽难分的不稳定河段。

$$L_j = C_p B_0 \quad \text{(规范 7.2.1-4)}$$

$$B_0 = 16.07\left(\frac{\overline{Q}^{0.24}}{\overline{d}^{0.3}}\right) \quad \text{(规范 7.2.1-5)}$$

$$C_p = \left(\frac{Q_p}{Q_{2\%}}\right)^{0.33} \quad \text{(规范 7.2.1-6)}$$

这里的"规范"指《公路工程水文勘测设计规范》(JTG C30—2015)

式中:B_0——基本河槽宽度,m;

$\overline{Q}$——年最大流量平均值,m³/s;

$\overline{d}$——河床泥沙平均粒径,m;

C_p——洪水频率系数；

$Q_{2\%}$——频率为2%的洪水流量，m^3/s。

查《公路桥梁设计手册(桥位设计)》图 3-5-1 "全国大中桥流量经验公式分区"，知本项目属于 25 分区，即坝下山区，$\dfrac{Q_{1\%}}{Q_{2\%}} = 1.2$，则 $C_p = \left(\dfrac{Q_p}{Q_{2\%}}\right)^{0.33} = 1.2^{0.33} = 1.062$。由方法 1 可知：年平均最大流量 $\overline{Q} = 182.3 \, m^3/s$，则可计算出 $B_0 = 16.07 \times \left(\dfrac{182.3^{0.24}}{0.00065^{0.3}}\right) = 507 \, m$

则
$$L_j = C_p B_0 = 1.062 \times 507 = 538 \, m$$

二、基本河宽公式(桥位设计计算参考)

适用于滩槽难分的变迁型、游荡型河段

$$L_j = KB_0 \qquad \text{(公路桥梁设计手册(桥位设计)5-2-9)}$$

$$B_0 = A \dfrac{Q_s^{0.5}}{I^{0.25}} \qquad \text{(公路桥梁设计手册(桥位设计)5-2-10)}$$

式中：K——系数，$K = 1.0 \sim 0.7$；

I——水面比降，以小数计；

A——河段特性系数，一般为 $1.0 \sim 1.5$；无滩宽浅河床为 $1.5 \sim 3.0$。

$$B_0 = A \dfrac{Q_s^{0.5}}{I^{0.25}} = 2 \times \dfrac{2449^{0.5}}{0.00189^{0.25}} = 475 \, m$$

《公路桥梁设计手册(桥位设计)》建议式(规范 7.2.1-4)计算出来的结果作为桥孔净长度的最小值，可根据不同河段进行调整：

对不稳定类河段中无明显河槽的宽浅变迁河段，净长度可加大 24%，增加后的 L_j 如下：

$$L_{j+0.24} = (1 + 24\%) \times 538 = 667 \, m$$

三、桥孔布置

根据桥位实际地形，小姚庄附近地势较堤北岸高，拟设 $25 \sim 30\,m$ 组合箱梁，柱径 $1.5\,m$，则桥孔净长为

$$L_j = 25 \times 30 - 24 \times 1.5 = 714 \, m > L_{j+0.24} \qquad \text{(满足桥梁净宽要求)}$$

故本桥设 24-30m 组合箱梁，中心桩号 $K24+822$，$\alpha = 70°$。

0 号桥台：K24 +447　　　　　24#桥台：K25 +167

第五节　桥面高程计算

(1)壅水计算：采用防洪评价报告中洋河 1 号大桥的壅水值：$H_{壅} = 0.03\,m$。

(2)浪高计算：查《公路桥涵设计通用规范》(JTG D60—2004)，风速取 $v = 32.5\,m/s$；

根据风玫瑰图中最大风力方向,查 1/10 万地形图浪程 D,$D = 3800\mathrm{m}$,平均水深:$H = 3.275$。

查《公路桥梁设计手册(桥位设计)》中表 5-3-13 得
$$\Delta L = 1.61\mathrm{m}$$

则桥下最大浪高
$$\Delta L' = \frac{2}{3}\Delta L = 1.073\mathrm{m}$$

(3)桥下漂浮物:本地区森林覆盖面积小,此处不再考虑桥下漂浮物。

(4)桥下净空:取 $J = 0.5\mathrm{m}$,桥位处无通航要求。

(5)淤积情况:根据涿鹿县水务局《洋河河道冲淤实测说明(1985—2006)》和外业调查,经过分析,桥位处不清淤的情况下,百年淤高计算以现有淤高 +1.5m 的条件控制。

(6)冰情:本地区年最大降水量 577.5mm,最小降水量 186.3mm,多年平均降水量 360 ~ 380mm,多集中在 7—9 月。平均陆面蒸发 326mm,平均水面蒸发 880mm,为降水量的 2 倍左右。洋河属雨源性河流,故此处不考虑冰厚的影响。

(7)上部建筑高度:30m 组合箱梁梁高 1.6m,横坡 2%,边梁间距 15.5m,桥面铺装为 0.20m,则
$$H_{上} = 1.6 + 15.5 \times 0.02 + 0.20 = 2.11\mathrm{m}$$

(8)结论
$$\begin{aligned} H_{q\min} &= H_{1\%} + \Delta Z' + \Delta L' + J + H_{上} + H_{y} \\ &= 510.89 + 0.03 + 1.073 + 0.5 + 2.11 + 1.5 = 516.103\mathrm{m} \end{aligned}$$

第六节 冲刷计算

一、一般冲刷(按非黏性土计算)

1. 桥下断面一般冲刷 64-2 简化公式

$$h_{\mathrm{p}} = 1.04 \left(A_{\mathrm{d}} \frac{Q_2}{Q_{\mathrm{c}}} \right)^{0.9} \left[\frac{B_{\mathrm{c}}}{\mu(1-\lambda)B_{\mathrm{cg}}} \right]^{0.66} h_{\mathrm{cm}}$$

式中:h_{p}——桥下河槽一般冲刷后的最大水深,m;

Q_2——桥下河槽通过的设计流量;当桥下河槽能扩宽至全桥时,$Q_2 = Q_{\mathrm{s}}$;当桥下河槽不能扩宽时,$Q_2 = \dfrac{Q_{\mathrm{c}}}{Q_{\mathrm{c}} + Q_{\mathrm{t}}''}$;

Q_{s}——设计流量,m³/s;

Q_{c}——天然河槽流量,m³/s;

Q_{t}''——天然状态桥下河滩部分流量,m³/s;

B_{cg}——计算断面天然河槽宽度,m;

B_c——桥下断面河槽宽度,m;

h_{cm}——桥下河槽最大水深,m;

A_d——单宽流量集中系数,$A = \left(\dfrac{\sqrt{B}}{H}\right)^{0.15}$;其中 B 和 H 都是造床流量下的河槽宽度,m; 平均水深,m;

λ——设计水位下,桥墩阻水总面积与桥下过水面积的比值;对于天然宽浅河槽,近似用一个墩宽与两墩中心距离之比;

μ——桥台前缘和桥墩两侧的漩涡区宽度与桥孔长度之比,可按下式取值:$\mu = 1 - 0.375\dfrac{v_c}{L_o}$;

v_c——河槽平均流速,m/s;

L_o——单孔净跨度,m。

一般冲刷 64-2 简化公式参数取值如下。

(1) A 值的求取。

平滩水位:$H = 510.13$m,K24+682~K25+088 $B = 406$m;

从桥轴百年一遇基线活断面表中相加得:$\omega = 549.2$m²

$$H = \dfrac{\omega}{B} = \dfrac{549.2}{406} = 1.353\text{m}$$

$$A = \left(\dfrac{\sqrt{B}}{H}\right)^{0.15} = \left(\dfrac{\sqrt{406}}{2.617}\right)^{0.15} = 1.36$$

(2) 按建桥后桥下河槽可以扩宽至全桥计算

$$Q_2 = Q_s = Q_c = 2449\text{m}^3/\text{s}$$

(3) $B_c = B_2 = 750$m;$\lambda = \dfrac{1.5}{30} = 0.05$;$\mu = 0.98$;$h_{cm} = 4.26$m

则

$$h_p = 1.04\left(A\dfrac{Q_2}{Q_c}\right)^{0.9}\left[\dfrac{B_c}{\mu(1-\lambda)B_{cg}}\right]^{0.66}h_{cm}$$

$$= 1.04 \times (1.36 \times 1)^{0.9} \times \left[\dfrac{1}{0.98 \times (1-0.05)}\right]^{0.66} \times 4.26$$

$$= 6.125\text{m}$$

2. 桥下断面一般冲刷 64-1 修正公式

$$h_p = \left[\dfrac{A\dfrac{Q_2}{\mu B'_c}\left(\dfrac{h_{mc}}{\overline{h_c}}\right)^{5/3}}{E\overline{d}^{1/6}}\right]^{3/5}$$

式中:B'_c——桥下河槽部分桥孔过水净宽,$B'_c = 720 - 23 \times 1.5 = 685.5$m;

$\overline{h_c}$——桥下河槽平均水深,$\overline{h_c} = \dfrac{824.3}{389} = 2.119$m;$\overline{d} = 0.65$mm。

据《张家口地区水文手册》知洋河流域含沙量为 30~50(kg/m³), $E = 0.86$; 代入公式后得

$$h_p = \left[\frac{A\dfrac{Q_2}{\mu B_c'}\left(\dfrac{h_{cm}}{h_c}\right)^{5/3}}{Ed^{1/6}}\right]^{3/5} = \left[\frac{1.36 \times \dfrac{2449}{0.98 \times 389}\left(\dfrac{4.26}{2.119}\right)^{5/3}}{0.86 \times 0.65^{1/6}}\right]^{3/5} = 8.435 \text{m}$$

二、局部冲刷(按非黏性河床计算)

1. 《公路工程水文勘测设计规范》65-2 式

当 $v \leqslant v_0$ 时,则

$$h_b = K_\xi K_{\eta 2} B_1^{0.6} h_p^{0.15} \left(\frac{v - v_o'}{v_0}\right);$$

当 $v > v_0$ 时,

$$h_b = K_\xi K_{\eta 2} B_1^{0.6} h_p^{0.15} \left(\frac{v - v_o'}{V_0}\right)^{n_2};$$

$$K_{\eta 2} = \frac{0.0023}{\overline{d}^{2.2}} + 0.375\overline{d}^{0.24}$$

$$v_0 = 0.28(\overline{d} + 0.7)^{0.5}$$

$$v_0' = 0.12(\overline{d} + 0.5)^{0.55}$$

$$n_2 = \left(\frac{v_0}{v}\right)^{0.23 + 0.19 \lg \overline{d}}$$

式中: h_b——桥墩局部冲刷深度,m;

K_ξ——墩形系数,对于圆形墩, $K_\xi = 1.0$;

B_1——桥墩计算宽度,m; $B_1 = d = 1.5$m;

h_p——一般冲刷后最大水深,取 $h_p = 8.435$m;

$\overline{d}$——河床泥沙平均粒径,取 $\overline{d} = 0.65$mm;

v——一般冲刷后墩前行进流速;

$v = E\overline{d}^{1/6}h_p^{2/3} = 0.86 \times 0.65^{1/6} \times 8.435^{2/3} = 3.32$m/s

v_0——河床泥沙起动流速,m/s;

$$V_0 = \left(\frac{h_p}{\overline{d}}\right)^{0.14}\left(29\,\overline{d} + 6.05 \times 10^{-7} \times \frac{10 + h_p}{\overline{d}^{0.72}}\right)^{0.5}$$

$$= \left(\frac{8.435}{0.65 \times 10^{-3}}\right)^{0.14}\left(29 \times 0.65 \times 10^{-3} + 6.05 \times 10^{-7} \times \frac{10 + 8.435}{(0.65 \times 10^{-3})^{0.72}}\right)^{0.5}$$

$$= 3.766 \times (0.019 + 0.002198)^{0.5}$$

$$= 0.548 \text{m/s}$$

v_0'——墩前泥沙始冲流速,m/s;

$$v_0' = 0.645 \times \left(\frac{\overline{d}}{B_1}\right)^{0.053} v_0$$

$$= 0.645 \times \left(\frac{0.65 \times 10^{-3}}{1.5}\right)^{0.053} \times 0.548$$

$$= 0.234 \text{m/s}$$

n——指数,当$(v \leq v_0)$时,清水冲刷,$n = 1.0$;

当$(v > v_0)$时,动床冲刷,则

$$n = \left(\frac{v_0}{v}\right)^{(0.23+0.19\lg\overline{d})}$$

$$= \left(\frac{0.548}{3.32}\right)^{(0.23+0.19\lg 0.65)}$$

$$= 0.704\text{m}$$

$K_{\eta 2}$——河床颗粒影响系数;

$$K_{\eta 2} = \frac{0.0023}{\overline{d}^{2.2}} + 0.375\overline{d}^{0.24} = \frac{0.0023}{0.65^{2.2}} + 0.375 \times 0.65^{0.24} = 0.344$$

将参数值代入公式得

$$h_b = K_\xi K_{\eta 2} B_1^{0.6} h_p^{0.15} \left(\frac{v - v_0'}{v_0}\right)^{n_2}$$

$$= 1.0 \times 0.344 \times 1.5^{0.6} \times 8.435^{0.15} \times \left(\frac{3.32 - 0.234}{0.548}\right)^{0.704}$$

$$= 2.04\text{m}$$

2.65-1 修正式

当$(v > v_0)$时,则 $h_b = K_\xi K_{\eta 1} B_1^{0.6} (v_0 - v_0') \left(\frac{v - v_0'}{v_0 - v_0'}\right)^{n_1}$

当$(v < v_0)$时,

$$h_b = K_\xi K_{\eta 1} B_1^{0.6} (v_0 - v_0')$$

其中:$v_0 = 0.0246 \left(\frac{h_p}{\overline{d}}\right)^{0.14} \sqrt{332 \overline{d} + \frac{10 + h_p}{\overline{d}^{0.72}}}$

$$= 0.0246 \times \left(\frac{8.435}{0.65}\right)^{0.14} \sqrt{332 \times 0.65 + \frac{10 + 8.435}{0.65^{0.72}}}$$

$$= 0.0246 \times 1.432 \times 15.52 = 0.55 \text{m/s}$$

$$K_{\eta 1} = 0.8 \left(\frac{1}{\overline{d}^{0.45}} + \frac{1}{\overline{d}^{0.15}}\right) = 0.8 \times \left(\frac{1}{0.65^{0.45}} + \frac{1}{0.65^{0.15}}\right) = 1.825$$

$$v_0' = 0.462 \left(\frac{\overline{d}}{B_1}\right)^{0.06} v_0 = 0.462 \times \left(\frac{0.65}{1.5}\right)^{0.06} \times 0.55 = 0.242 \text{m/s}$$

$$n = \left(\frac{v_0}{v}\right)^{0.25\overline{d}^{0.19}} = \left(\frac{0.55}{3.32}\right)^{0.25 \times 0.65^{0.19}} = 0.66$$

则
$$h_b = K_\xi K_{\eta 1} B_1^{0.6}(v_0 - v_0')\left(\frac{v - v_0'}{v_0 - v_0'}\right)^{n_1}$$
$$= 1.0 \times 1.825 \times 1.5^{0.6} \times (0.55 - 0.242) \times \left(\frac{3.32 - 0.234}{0.55 - 0.234}\right)^{0.66}$$
$$= 3.23\text{m}$$

3. 总冲刷
$$H_m = h_p + h_b$$

64-1 修正式和 65-1 修正式组合：
$$H_m = h_p + h_b = 8.435 + 3.23 = 11.665\text{m}$$

净冲刷深：
$$h = 11.665 - 4.26 = 7.41\text{m}$$

最低冲刷线高程：
$$H_{\text{冲止}} = 510.86 - 11.665 = 499.195\text{m}$$

附录1 APPENDIX ONE
量纲分析方法

所谓量纲,又称为因次,即物理量性质类别。量纲符号常用"[ ]"表示。例如,一切具有长度性质物理量的量纲用[L],时间的量纲用[T],质量的量纲用[M],力的量纲用[F]等符号表示。而物理量的量纲与其单位不同。量度各物理量数值大小的标准,称为单位。选用的单位不同,其数值也不同。量纲和单位都可参与乘除运算,但不同量纲只能作乘除运算而不能参与加减运算。力学中常用[L][M][T]导出其他物理量的量纲。[L][M][T]称为基本量纲。由此导出的量纲,称为导出量纲。而基本量纲则是一种不能用其他基本量纲导出的独立量纲。一个物理方程中的基本量纲可以多于三个,也可少于三个,力学中常用上述三个作基本量纲。由此有:

(1) 面积 $A = B \times L$;$[A] = [L][L] = [L]^2$。

(2) 速度 $v = \dfrac{\mathrm{d}s}{\mathrm{d}t}$;$[v] = [L][T]^{-1}$。

(3) 加速度 $v = \dfrac{\mathrm{d}s}{\mathrm{d}t}$;$[v] = [L][T]^{-2}$。

(4) 密度 $\rho = \dfrac{\mathrm{d}m}{\mathrm{d}v}$;$[\rho] = [M][L]^{-3}$。

(5) 力 $F = ma$;$[F] = [M][L][T]^{-2}$。

(6) 切应力 $v = \dfrac{\mathrm{d}T}{\mathrm{d}A}$;$[v] = [M][L]^{-1}[T]^{-2}$。

(7) 动力黏度 $\mu = \dfrac{v}{\dfrac{\mathrm{d}\mu}{\mathrm{d}y}}$;$[\mu] = [M][L]^{-1}[T]^{-1}$。

任一物理量 x 的量纲均可用基本量纲表示为
$$[x] = [L]^{\alpha}[M]^{\beta}[T]^{\gamma}$$

当 $\alpha = \beta = \gamma = 0$ 时,A 称为无量纲量,即纯数,以[1]表示,$[x] = [L]^0[M]^0[T]^0 = [1]$。$\alpha$、$\beta$、$\gamma$ 有任一不等于零时,则称为有量纲数。

量纲分析方法是推求物理量间函数关系式结构形式的一种科学方法,特别适用于综合实验研究成果,很有实际意义。

量纲分析方法的基本原理是:凡正确反映客观规律的物理方程,其各项的量纲必须一致,称为量纲齐次原理,又称为量纲和谐性原理或量纲齐次性法则。

必须注意的是,物理方程量纲一致性原则不但是推导物理量关系结构形式的理论依据,而且也可用以检验新建方程或经验公式的正确性和严密性。

附录2 APPENDIX TWO
桥位设计河段分类表

河流类型	河段类型	稳定程度		河流特性及河床演变特点			
		序号	分类	形态特征	水文泥沙特征	河床演变特征	河段区别要点
山区河流	峡谷河段	Ⅰ	稳定	(1)在平面上多急弯卡口,宽窄相间,河床为V形或U形; (2)河流纵断面多呈凸型,比降缓陡相连; (3)峡谷河段,河床狭窄,河岸陡峭多石质,中、枯水位河槽无明显区别; (4)开阔河段,河面较宽,有边滩,有时也有不大的河漫滩和明显阶地,有的地方也会出现心滩和沙洲,比降较缓,河床泥沙较细	(1)河床比降陡,一般大于2‰; (2)流速大,洪水时河槽平均流速可达到5~8m/s; (3)水位变幅大,个别达到50m左右; (4)含沙量小,河床泥沙颗粒大;由于流速大,搬运能力强,故洪水时河床上有卵石运动	(1)河流稳定,变形多为单向的切蚀作用,速度相当缓慢; (2)峡谷河段的进口或窄口的上游,受壅水的影响,洪淤、枯冲; (3)开阔河段有时有较厚的颗粒、较细的沉积物,且多呈洪冲、枯淤变化; (4)两岸对河流的约束和钳制作用大	(1)峡谷河段,河床窄深,床面岩石裸露或为大漂石覆盖,河床比降大,多急弯、卡口,断面呈V形或U形; (2)开阔河段和顺直微弯河段,岸线整齐,河槽稳定,断面多呈U形,滩、槽分明,各级洪水流向基本一致
	开阔河段	Ⅱ Ⅲ					

续上表

河流类型	河段类型	稳定程度		河流特性及河床演变特点			
		序号	分类	形态特征	水文泥沙特征	河床演变特征	河段区别要点
平原区河流	顺直微弯河段	Ⅱ Ⅲ	稳定	(1)平原区河流,平面外形可分为顺直微弯型、分汊型、弯曲型、宽滩型和游荡型; (2)河谷开阔,有时河槽高出地面,靠两侧堤防束水; (3)河床横截面多呈宽浅矩形,通常横断面上滩槽分明,在河湾处横断面呈斜三角形,凹岸侧窄深,凸岸侧为宽且高的边滩,过渡段有浅滩、沙洲; (4)枯水期河槽中露出各种形态的泥沙堆积体; (5)由于平原区河流多河湾、浅滩连续分布,因此,河床纵断面亦深浅相间	(1)河床比降平缓,一般小于1‰,有时不到0.1‰; (2)流速小,洪水时河槽平均流速多为2~4m/s; (3)洪峰持续时间长,水位和流量变幅小于山区河流; (4)河床泥沙颗粒较细,水流输送泥沙以悬移质为主,多为沙、粉沙和黏粒,但也有推移质; (5)$Q_t/Q_p > 0.4$ 或 $Q_t/Q_c > 0.67$ 者为宽滩河流	(1)顺直微弯河段,中水河槽顺直微弯,边滩呈犬牙交错分布;洪水时边滩向下游平移,对岸深槽亦向下游平移; (2)分汊河段,中高水河槽分汊,两汊可能有周期性交替变迁趋势; (3)弯曲型河段,凹冲凸淤。自由弯曲型河段,由于周而复始的凹冲凸淤,随着凹岸侧冲刷下行和侵蚀,弯顶横移下行,凸岸侧成鬃岗地形并扭曲弯向下游,与此同时弯曲路径加长,阻力加大,颈口缩短,洪水时发生裁弯取直; (4)宽滩蜿蜒型河段,河床演变与弯曲型河段类似。 (5)游荡型河段,河槽宽浅,沙洲众多,且变化迅速,主流、支汊变化无常	稳定性和次稳定性河段的区别,前者河槽岸线、河槽、洪水主流均基本稳定,变形缓慢;后者河湾发展下移,主流在河槽内摆动。分汊河段,两汊有交替变迁的趋势;宽滩河段泛滥宽度很宽,达几公里、十几公里,滩槽宽度比、流量比较大,滩流速小,槽流速大
	分汊河段	Ⅲ Ⅳ	次稳定				
	弯曲河段	Ⅲ Ⅳ					
	宽滩河段	Ⅲ Ⅳ					
	游荡河段	Ⅴ	不稳定				

续上表

河流类型	河段类型	稳定程度		河流特性及河床演变特点			
		序号	分类	形态特征	水文泥沙特征	河床演变特征	河段区别要点
山前区河流	山前变迁河段	V	不稳定	(1)山前变迁河段，多出现在较开阔的地面坡度较平缓的山前平原地带，河段距山口较远，其下多是比较稳定的平原河流，水流多支汊，主流迁徙不定，河槽岸线不稳，洪水时主流有滚动可能；(2)冲积漫流河段，距山口较近，河床坡度较陡；因为地势单调平坦，水流出山口后成喇叭形散开，流速、水深骤减，水流夹带大量泥沙落淤在山口坦坡上形成冲积扇	(1)河床比降介于山区和平原区之间，一般为1%~10%；但冲积漫流河段有时大于20%~50%；(2)流速介于山区与平原区之间，洪水时河槽平均流速可达到3~5m/s；(3)水流宽浅，水深变幅不大，既小于山区亦小于平原区；(4)泥沙中等或较大；在干旱、半干旱地区，洪水时往往携带大量细颗粒泥沙(既有悬移质又有推移质)，是淤积的主要材料	(1)山前变迁型河段，泥沙与河床演变特点有类似平原游荡型河段之处，但其比降和泥沙颗粒皆大于平原游荡型河段，主要还是山前河流的特点，夺流改道之势更为凶猛迅速；(2)冲积漫流河段，通常无固定河槽，夹带大量粗颗粒泥沙的水流淤此冲坡；加以坡陡、流急造成水沙混合体夯突冲击，有很大的破坏力。洪水后，河床支汊纵横，支离破碎，没有固定河漫滩，是最不稳定的河段；河床有可能淤高	(1)不稳定河段与次稳定河段的区别，前者主流在整个河床内摆动，幅度大、变化快，河床有可能扩宽；后者主流在河槽内摆动，幅度小；(2)游荡性河段与山前变迁性河段的区别，前者土质颗粒细，冲刷深，回淤快，主流不仅在河床内摆动，甚至可能造成河道改道；后者颗粒粗，冲刷浅，由于河床淤高扩宽和主流摆动，造成主槽变迁，河岸傍切扩宽幅度小。冲积漫流河段地貌大致具有冲积扇体特征，床面逐年淤高，较游荡性河段明显，洪水股流按总趋势在高沟槽中通过
	冲积漫流河段	VI					
河口	三角港河口	V		(1)三角港河口段为凹向大陆的海湾型河口段；(2)三角洲河口段为凸出海岸伸向大海的冲积型河口；口门段沙洲林立，支汊纵横交错	比降一般小于0.1%，流速也小；由于受潮汐影响，流速呈周期性正负变化；泥沙颗粒极细，多为悬移质	河口除受波浪和海流作用外，河流下泄的部分泥沙(进入河口后)，由于受潮流和径流的相互作用，常形成拦门沙，加之咸、淡水交汇造成泥沙颗粒的絮凝现象，促进了泥沙的淤积，洪水期山水占控制的河段，可能有河床冲刷。因此很多河口段河床的冲淤变化很明显	区别要点同形态特征
	三角洲河口	VI					

注：①表列河段为一般情况，如山区河段一般为稳定河段，但也有例外的情况。有的山区河流有次稳定的河段，甚至有不稳定的河段，遇到这类场合，应根据具体河段的实际情况，分析其稳定性，决定采用何种勘测设计方法。
②表中序号表示河段的稳定程度，序号愈小，河段愈稳定；反之，愈不稳定。

附录3
APPENDIX THREE
墩形系数及桥墩计算宽度

编号	墩形示意图	墩形系数 K_ξ	桥墩计算宽度 B_1
1		1.00	$B_1 = d$
2		不带联系梁：$K_q = 1.00$ 带联系梁： { α: 0°, 15°, 30°, 45° ; K_ξ: 1.00, 1.05, 1.10, 1.15 }	$B_1 = d$
3		(图示 K_ξ 随 α 变化曲线，范围 0.90~1.10)	$B_1 = (L-b)\sin\alpha + b$

续上表

编号	墩形示意图	墩形系数 K_ξ	桥墩计算宽度 B_1
4	(示意图)	与水流正交时各种迎水角系数： θ：45° 60° 75° 90° 120° K_ξ：0.70 0.84 0.90 0.95 1.10 迎水角 $\theta=90°$ 与水流斜交时的系数 K_ξ（曲线图）	$B_1 = (L-b)\sin\alpha + b$ （为了简化可按圆端墩计算）
5	(示意图)	(曲线图)	与水流正交： $B_1 = \dfrac{b_1 h_1 + b_2 h_2}{h}$ 与水流斜交： $B_1 = \dfrac{R'_1 h_1 + R'_2 h_2}{h}$ $B'_1 = L_1 \sin\alpha + b_1 \cos\alpha$ $B'_2 = L_2 \sin\alpha + b_2 \cos\alpha$
6	(示意图)	$K_\xi = K_{\xi 1} K_{\xi 2}$ (曲线图) 注：沉井与墩身的 $K_{\xi 2}$ 相差较大时根据 $h_1 h_2$ 的大小，在两线间按比例定点取值。	与水流正交时，则 $B_1 = \dfrac{b_1 h_1 + b_2 h_2}{h}$ 与水流斜交时，则 $B_1 = \dfrac{B'_1 h_1 + B'_2 h_2}{h}$ $B'_1 = (L_1 - b_1)\sin\alpha + b_1$ $B'_2 = L_1 \sin\alpha + b_2 \cos\alpha$

续上表

编号	墩形示意图	墩形系数 K_ξ	桥墩计算宽度 B_1
7		与水流正交时,则 $K_\xi=K_{\xi 1}$ （图：$K_{\xi 1}$ 随 h_2/h 变化曲线，$\theta=120°,90°,60°$，其他角度可插补取值） 迎水角 $\theta=90°$ 与水流斜交时的 $K_\xi=K_{\xi 1}K_{\xi 2}$ （图：$K_{\xi 2}$ 随角度变化曲线，尖端、矩形） 注：沉井与墩身的 $K_{\xi 2}$ 相差较大时根据 $h_1 h_2$ 的大小，在两线间按比例定点取值。	与水流正交时,则 $B_1 = \dfrac{b_1 h_1 + b_2 h_2}{h}$ 与水流斜交时,则 $B_1 = \dfrac{B_1' h_1 + B_2' h_2}{h}$ $B_1' = (L_1 - b_1)\sin\alpha + b_1$ $B_2' = L_2\sin\alpha + b_2\cos\alpha$
8		采用与水流正交时的墩形系数	与水流正交时,则 $B_1 = b$ 与水流斜交时,则 $B_1 = (L-b)\sin\alpha + b$
9		$K_\xi = K_\xi' K_{m\phi}$ K_ξ'——单桩形状系数,按编号(1),(2),(3),(5)墩形确定(如多为圆桩,$K_\xi' \approx 1.0$ 可省略); $K_{m\phi} = 1 + 5\left[\dfrac{(m-1)\phi}{B_m}\right]^2$——桩群系数; B_m——桩群垂直水流方向的分布宽度; m——桩的排数	$B_1 = \phi$

续上表

编号	墩形示意图	墩形系数 K_ξ	桥墩计算宽度 B_1
10		桩承台桥墩局部冲刷计算方法 当承台底面低于一般冲刷线时,按上部实体计算;承台底面高于水面应按排架墩计算,承台底面相对高度在 $0 \leqslant h_\phi/h \leqslant 1.0$ 时,冲刷深度 h_b 按下式计算: $$h_b = (K'_\xi K_{m\phi} K_{b\phi} \phi^{0.6} + 0.85 K_{\xi 1} K_{h2} B_1^{0.6}) K_{\eta 1}(v_0 - v'_0) \times \left(\frac{v - v'_0}{v_o - v'_0}\right)^{n_1}$$ $K_{h\phi} = 1.0 - \dfrac{0.001}{(h_\phi/h + 0.1)^3}$ 为淹没柱体折减系数; $K_{\xi 1} B_1$——按承台底处于一般冲刷线计算; K_{h2}——为墩身承台减少系数; $K_{\eta 1}, v, v_0, v0, n_1$ 见65-1公式; $K'_\xi, K_{m\phi}$ 见编号(9)	

附录4 APPENDIX FOUR
一维河床冲淤数学模型

（1）一维数学模型可利用一维水流、泥沙运动方程及河床变形方程以及适当的辅助方程，计算河道遭遇各种洪水甚至设计洪水过程时河床高程随时间的变化，其中计算河床高程低于初始河床高程之差，即为河床冲刷的厚度。无桥时计算的冲刷为自然演变冲刷；有桥时计算的冲刷为一般冲刷。

（2）一维数学模型应包括下列方程：

①水流方程：

$$\frac{\partial A}{\partial t} + \frac{\partial Q}{\partial x} = 0 \qquad 附式(4-1)$$

②水流运动方程：

$$\frac{\partial}{\partial t}\left(\frac{Q}{A}\right) + \frac{1}{2}\frac{\partial}{\partial x}\left(\frac{Q^2}{A^2}\right) + g\frac{\partial Z}{\partial x} + g\frac{n^2 Q^2}{A^2 R^{\frac{4}{3}}} = 0 \qquad 附式(4-2)$$

③悬移质泥沙连续方程：

$$\frac{\partial(QS)}{\partial x} + \frac{\partial(AS)}{\partial t} = -\alpha B\omega(S - S_*) \qquad 附式(4-3)$$

④河床变形方程：

$$r'B\frac{\partial Z_b}{\partial t} + \frac{\partial(Q_s + Q_b)}{\partial x} = 0 \qquad 附式(4-4)$$

⑤悬移质输沙率 Q_s：

$$Q_s = QS \qquad 附式(4-5)$$

⑥推移质输沙率 Q_b：

$$Q_b = q_b B \qquad 附式(4-6)$$

式中：B——过流断面宽度，m；
$\quad A$——过流断面面积，m^2；
$\quad Q$——流量，m^3/s；

R——水力半径,m;

Z——水位,m;

Z_h——断面平均河床高程,m;

S、S_*——断面平均实际含沙量、水流挟沙能力,kg/m³;

ω——悬移质断面平均沉速,m/s;

γ'——泥沙干重度,kN/m³;

g——重力加速度,m/s²;

n——糙率;

α——泥沙恢复饱和系数;

q_b——推移质单宽输沙率,kg/(m·s),根据具体情况选择具体计算公式;

x——空间坐标,m;

t——时间坐标,m。

(3)初始条件及边界条件应符合下列规定:

①求解附4式方程组,上游入水口边界输入已知水、沙过程,下游出水口边界输入水位过程,并需给定初始河床高程。

②具体计算时,可将水、沙过程划分为若干时段,使每一日时段水流接近于恒定流,然后按恒定流进行计算,可简化上述水流连续方程和水流运动方程。

(4)方程组可采用有限差分法进行数值求解。

(5)一维河床冲淤数学模型的使用应具备下列基本资料:

①实测河床大断面或水下河床地形图。

②实测河床质泥沙颗粒分析成果。

③最新水文分析计算成果资料。

④其他有关资料。

附录5 APPENDIX FIVE
皮尔逊Ⅲ型曲线的模比系数

K_p 值表($C_s = 2C_v$)

C_v \ $P(\%)$	0.1	1	2	5	10	20	50	75	90	95	99	$P(\%)$ \ C_s
0.05	1.16	1.12	1.11	1.08	1.06	1.04	1.00	0.97	0.94	0.92	0.89	0.10
0.10	1.34	1.25	1.21	1.17	1.13	1.08	1.00	0.93	0.87	0.84	0.78	0.20
0.15	1.54	1.38	1.33	1.26	1.20	1.12	0.99	0.90	0.81	0.77	0.69	0.30
0.20	1.73	1.52	1.45	1.35	1.26	1.16	0.99	0.86	0.75	0.70	0.59	0.40
0.25	1.96	1.67	1.58	1.45	1.33	1.20	0.98	0.82	0.70	0.63	0.52	0.50
0.30	2.19	1.83	1.71	1.54	1.40	1.24	0.97	0.78	0.64	0.56	0.44	0.60
0.35	2.44	2.00	1.84	1.64	1.47	1.28	0.96	0.75	0.59	0.51	0.37	0.70
0.40	2.70	2.16	1.98	1.74	1.54	1.31	0.95	0.71	0.53	0.45	0.30	0.80
0.45	2.98	2.33	2.13	1.84	1.60	1.35	0.93	0.67	0.48	0.40	0.26	0.90
0.50	3.27	2.51	2.27	1.94	1.67	1.38	0.92	0.63	0.44	0.34	0.21	1.00
0.55	3.58	2.70	2.42	2.04	1.74	1.41	0.90	0.59	0.40	0.30	0.16	1.10
0.60	3.89	2.89	2.57	2.15	1.80	1.44	0.89	0.56	0.35	0.26	0.13	1.20
0.65	4.22	3.09	2.74	2.25	1.87	1.47	0.87	0.52	0.31	0.22	0.10	1.30
0.70	4.56	3.29	2.90	2.36	1.94	1.50	0.85	0.49	0.27	0.18	0.08	1.40
0.75	4.93	3.50	3.06	2.46	2.00	1.52	0.82	0.45	0.24	0.15	0.06	1.50
0.80	5.30	3.71	3.22	2.57	2.06	1.54	0.80	0.42	0.21	0.12	0.04	1.60
0.85	5.69	3.93	3.39	2.68	2.12	1.56	0.77	0.39	0.18	0.10	0.03	1.70
0.90	6.08	4.15	3.56	2.78	2.19	1.58	0.75	0.35	0.15	0.08	0.02	1.80
0.95	6.49	4.38	3.74	2.89	2.25	1.60	0.72	0.31	0.13	0.07	0.01	1.90
1.00	6.91	4.61	3.91	3.00	2.30	1.61	0.69	0.29	0.11	0.05	0.01	2.00

续上表

C_v \ $P(\%)$	0.1	1	2	5	10	20	50	75	90	95	99	$P(\%)$ \ C_s
1.05	7.35	4.84	4.08	3.10	2.35	1.62	0.66	0.26	0.09	0.04	0.01	2.10
1.10	7.79	5.08	4.26	3.20	2.41	1.63	0.64	0.23	0.07	0.03	0.00	2.20
1.15	8.24	5.32	4.44	3.30	2.46	1.64	0.61	0.21	0.06	0.02	0.00	2.30
1.20	8.70	5.57	4.62	3.41	2.51	1.65	0.58	0.18	0.05	0.02	0.00	2.40
1.25	9.18	5.81	4.80	3.51	2.56	1.65	0.55	0.16	0.04	0.01	0.00	2.50
1.30	9.67	6.06	4.98	3.61	2.60	1.65	0.52	0.14	0.03	0.01	0.00	2.60
1.35	10.177	6.31	5.16	3.71	2.65	1.65	0.50	0.12	0.02	0.01	0.00	2.70
1.40	10.67	6.56	5.35	3.81	2.69	1.64	0.47	0.10	0.02	0.01	0.00.	2.80
1.45	11.20	6.82	5.54	3.91	2.73	1.64	0.44	0.09	0.01	0.00	0.00	2.90
1.50	11.7333	7.08	5.73	4.00	2.77	1.63	0.42	0.07	0.01	0.00	0.00	3.00

K_P 值表 ($C_s = 3C_v$)

C_v \ $P(\%)$	0.1	1	2	5	10	20	50	75	90	95	99	$P(\%)$ \ C_s
0.05	1.17	1.12	1.11	1.08	1.07	1.04	1.00	0.97	0.94	0.92	0.89	0.15
0.10	1.35	1.25	1.22	1.17	1.13	1.08.	0.99	0.93	0.88	0.85	0.79	0.30
0.15	1.56	1.40	1.35	1.26	1.20	1.12	0.99	0.89	0.82	0.78	0.70	0.45
0.20	1.79	1.55	1.47	1.36	1.27	1.16	0.98	0.86	0.76	0.71	0.62	0.60
0.25	2.05	1.72	1.61	1.46	1.34	1.20	0.97	0.82	0.71	0.65	0.56	0.75
0.30	2.32	1.89	1.75	1.56	1.40	1.23	0.96	0.78	0.66	0.60	0.50	0.90
0.35	2.61	2.07	1.90	1.66	1.47	1.26	0.94	6.74	0.61	0.55	0.46	1.05
0.40	2.92	2.26	2.05	I.76	1.54	1.29	0.92	0.70	0.57	0.50	0.42	1.20
0.45	3.26	2.46	2.21	1.87	1.60	1.32	0.90	0.67	0.53	0.47	0.39	1.35
0.50	3.62	2.67	2.37	1.98	I.67	1.35	0.88	0.64	0.49	0.44	0.37	1.50
0.55	3.99	2.88	2.54	2.08	1.73	I.36	0.86	0.60	0.46	0.41	0.36	1.65
0.60	4.38	3.10	2.71	2.19	1.79	1.38	0.83	0.57	0.44	0.39	0.35	1.80
0.65	4.81	3.33	2.88	2.29	1.85	1.40	0.80	0.53	0.41	0.37	0.34	1.95
0.70	5.23	3.56	3.05	2.40	1.90	1.41	0.78	0.50	0.39	0.36	0.34	2.10
0.75	5.68	3.80	3.24	2.50	1.96	1.42	0.76	0.48	0.38	0.35	0.34	2.25
0.80	6.14	4.05	3.42	2.61	2.01	1.43	0.72	0.46	0.36	0.34	0.34	2.40
0.85	6.62	4.29	3.59	2.71	2.06	1.43	0.69	0.44	0.35	0.34	0.34	2.55
0.90	7.11	4.54	3.78	2.81	2.10	1.43	0.67	0.42	0.35	0.34	0.34	2.70
0.95	7.62	4.80	3.96	2.91	2.14	1.43	0.64	0.39	0.34	0.34	0.34	2.85
1.00	8.15	5.05	4.15	3.00	2.18	1.42	0.61	0.38	0.34	0.34	0.34	3.00

续上表

C_v \ $P(\%)$	0.1	1	2	5	10	20	50	75	90	95	99	C_s \ $P(\%)$
1.05	8.68	5.32	4.34	3.10	2.21	1.41	0.58	0.37	0.34	0.33	0.33	3.15
1.10	9.24	5.57	4.53	3.19	2.23	1.40	0.55	0.36	0.34	0.33	0.33	3.30
1.15	9.81	5.83	4.70	3.26	2.26	1.38	0.53	0.35	0.34	0.33	0.33	3.45
1.20	10.40	6.10	4.89	3.35	2.30	1.36	0.51	0.35	0.33	0.33	0.33	3.60
1.25	11.00	6.36	6.07	3.44	2.31	1.34	0.49	0.35	0.33	0.33	0.33	3.75
1.30	11.60	6.64	5.25	3.51	2.33	1.31	0.47	0.34	0.33	0.33	0.33	3.90
1.35	12.21	6.91	5.42	3.59	2.34	1.30	0.45	0.34	0.33	0.33	0.33	4.05
1.40	12.82	7.18	5.60	3.66	2.34	1.27	0.43	0.34	0.33	0.33	0.33	4.20
1.45	13.47	7.45	5.77	3.72	2.35	1.23	0.42	0.34	0.33	0.33	0.33	4.35
1.50	14.12	7.72	5.95	3.78	2.35	1.21	0.40	0.34	0.33	0.33	0.33	4.50

K_P 值表 ($C_s = 4C_v$)

C_v \ $P(\%)$	0.1	1	2	5	10	20	50	75	90	95	99	C_s \ $P(\%)$
0.05	1.17	1.12	1.11	1.08	1.06	1.04	1.00	0.97	0.94	0.92	0.89	0.20
0.10	1.37	1.26	1.23	1.18	1.13	1.08	0.99	0.93	0.88	0.85	0.80	0.40
0.15	1.59	1.41	1.35	1.27	1.20	1.12	0.98	0.89	0.82	0.78	0.72	0.60
0.20	1.85	1.58	1.49	1.37	1.27	1.16	0.97	0.85	0.77	0.72	0.65	0.80
0.25	2.13	1.76	1.64	1.47	1.34	1.19	0.96	0.82	0.72	0.67	0.60	1.00
0.30	2.44	1.94	1.79	1.57	1.40	1.22	0.94	0.78	0.68	0.63	0.56	1.20
0.35	2.78	2.14	1.95	1.68	1.47	1.25	0.92	0.74	0.64	0.59	0.54	1.40
0.40	3.15	2.36	2.11	1.78	1.53	1.27	0.90	0.71	0.60	0.56	0.52	1.60
0.45	3.54	2.58	2.26	1.89	1.59	1.29	0.87	0.68	0.58	0.54	0.51	1.80
0.50	3.96	2.80	2.45	2.00	1.65	1.31	0.84	0.64	0.55	0.53	0.50	2.00
0.55	4.39	3.03	2.63	2.10	1.70	1.31	0.82	0.62	0.54	0.52	0.50	2.20
0.60	4.85	3.29	2.81	2.21	1.76	1.32	0.79	0.59	0.52	0.51	0.50	2.40
0.65	5.34	3.53	2.99	2.31	1.80	1.32	0.76	0.57	0.51	0.50	0.50	2.60
0.70	5.84	3.78	3.18	2.41	1.85	1.32	0.73	0.55	0.51	0.50	0.50	2.80
0.75	6.36	4.03	3.36	2.50	1.88	1.32	0.71	0.54	0.51	0.50	0.50	3.00
0.80	6.90	4.30	3.55	2.60	1.91	1.30	0.68	0.53	0.50	0.50	0.50	3.20
0.85	7.46	4.55	3.74	2.68	1.94	1.29	0.65	0.52	0.50	0.50	0.50	3.40
0.90	8.05	4.82	3.92	2.76	1.97	1.27	0.63	0.51	0.50	0.50	0.50	3.60
0.95	8.65	5.10	4.10	2.84	1.99	1.25	0.60	0.51	0.50	6.50	0.50	3.80
1.00	9.25	5.37	4.27	2.92	2.00	1.23	0.59	0.50	0.50	0.50	0.50	4.00

续上表

C_v \ $P(\%)$	0.1	1	2	5	10	20	50	75	90	95	99	$P(\%)$ \ C_s
1.05	9.87	5.63	4.46	3.00	2.01	1.20	0.57	0.50	0.50	0.50	0.50	4.20
1.10	10.52	5.91	4.63	3.06	2.01	1.18	0.56	0.50	0.50	0.50	0.50	4.40
1.15	11.18	6.18	4.80	3.12	2.01	1.15	0.54	0.50	0.50	0.50	0.50	4.60
1.20	11.85	6.45	4.96	3.16	2.01	1.11	0.53	0.50	0.50	0.50	0.50	4.80
1.25	12.52	6.71	5.12	3.21	2.00	1.07	0.53	0.50	0.50	0.50	0.50	5.00
1.30	13.22	6.96	5.29	3.25	1.99	1.04	0.52	0.50	0.50	0.50	0.50	5.20
1.35	13.92	7.24	5.44	3.29	1.97	1.00	0.52	0.50	0.50	0.50	0.50	5.40
1.40	14.64	7.50	5.59	3.32	1.94	0.96	0.51	0.50	0.50	0.50	0.50	5.60
1.45	15.37	7.77	5.74	3.36	1.91	0.93	0.51	0.50	0.50	0.50	0.50	5.80
1.50	16.10	8.02	5.88	3.39	1.88	0.90	0.51	0.50	0.50	0.50	0.50	6.00

附录6 全国分区 C_s/C_v 经验关系表

分区编号	分区名称	C_s/C_v 的经验关系	分区编号	分区名称	C_s/C_v 的经验关系
1	三江平原区	2.5	21	浅山区	2.5
2	大小兴安岭区	2.5	22	北部高原区	3
3	嫩江流域区	2.0	23		
4	海拉河上游区	2.0	24	太行山北部区	2.5
5	图、牡、绥区	2.5	25	坝下山区	2.5
6	二江、拉区	2.5	26	太行山南部区	2.5
7	鸭绿江区	2.5	27	东北部草原丘陵区	3.5
8	东辽河区	3.0	28	内陆河草原丘陵区	2.5
9	松嫩平原区	无观测资料	29	大青山、蛮汗山土石山丘陵区(北)	2.5
10	洮、蛟山丘区	1.5	30	大青山、蛮汗山土石山丘陵区(南)	2.5
11	霍内上游区		31	黄土流域黄土丘陵沙丘区	2.5
12	西辽河上游区		32	晋北Ⅰ区(雁北地区)	3
13	辽东北部山区	3	33	晋中Ⅱ区	3
14	辽东及沿海山丘区	3	34	晋东南Ⅲ区	3
15	辽河平原区	2.5	35	晋东南特Ⅲ区(浊漳河水系)	3
16	辽西丘陵区	3	36	同34区	
17	辽西山丘区	3	37	晋西南Ⅳ区	3
18	辽西丘陵区	1.5	38	鲁山区	2.5
18′	辽西风沙区	3	39	苏鲁丘陵区	2
19	深山区	2.5	40		
20	沿海丘陵区	2	41	苏西地区	3

续上表

分区编号	分 区 名 称	C_s/C_v 的经验关系	分区编号	分 区 名 称	C_s/C_v 的经验关系
42	淮河平原区	2	77	阿尔旗荒漠区	3
43	黄河流域区	2	78	贺兰山、六盘山区	3
44	淮河山丘区	2.5	79	吴忠盐池区	3
45	长江流域区、梅河流域区	2.5	80	河西走廊北部荒漠区	无资料地区
46	南、堵、蛮、沮	3.5、2.5	81	河西走廊西区	3.5
47	漳、黄柏河区、汉北区	2.5	82	河西走廊东区	3
48	溠、举、巴、倒蘄、浠水区	3.5、2.0	83	祁连山区	3.5
49	皖、浙、赣山丘区	2.0~3.5	84	中部干旱区	3
50	瓯江、椒江、奉化江、曹娥江水系区	2.0~3.5	85	黄河上游区	3
51	闽浙沿海台风区	2.0~3.0	86	陇东泾、渭、汉区	3
52	福建沿海台风区	3	87	陇南白龙江区	3.5
53	福建内陆峰面雨区	3.5	88	青海高原区	2~4 一般取 3
54	赣江区	3	89	陕北窟野区	3
55	金、富、陆、修水区	2.5	90	陕北大理河、延河区	3
56	湖区		91	渭河北岸泾、洛渭区	2.5
57	清江三峡区	2.5、3.5	92	渭河南岸秦岭北麓区	3
58	澧水流域区	2.0	93	陕南山岭区	
59	沅水中下游区	2.5	94	大巴山暴雨区	2
60	沅水上游区	2.5	95	东部盆地丘陵区	2
61	资江流域区	2	96	长江南岸深丘区	2.5
62	湘江流域区	1	97	青衣江、鹿头山暴雨区	2.5
63	内陆区	3	98	安宁河区	2
64	沿海区	3	99	川西北高原干旱区	3
65	郁江、贺江区	3	100	金沙江、雅砻江下段区	2
66	柳江、桂江区、	3	101	贵州东南部多雨区	3.5
67	红水河区	3	102	贵州中部过渡区	3.5
68	左右江区	3	103	贵州西部少雨区	3.5
69	沿海区	3	104	滇东区	4
70	海南岛区(西北) 海南岛区(东区)		105	滇中区	4
71			106	滇西北区	4
72	阿尔泰区	1.5	107	滇南区	4
73	伊犁区	1.5	108	滇西区	4
74	天山北坡区	3.5	109	西藏高原湖泊区	
75	天山南坡区	3	110	西藏东部区	4
76	昆仑山北坡区	3.5	111	雅鲁藏布江区	4

附录7 APPENDIX SEVEN
全国分区 C_v 表

分区编号	分区名称	流域面积（km²）							
		100	250	500	1000	5000	10000	25000	50000
1	三江平原区	采用等值线							
2	大、小兴安岭区	采用等值线							
3	嫩江流域区	采用等值线							
4	海拉河上游区	采用等值线							
5	图、牡、绥区	1.55	1.40	1.30	1.20	1.01	0.94	0.85	0.80
6	二江、拉区	1.31	1.22	1.17	1.11	0.99	0.94	0.88	0.83
7	鸭绿江区	1.08	1.05	1.02	1.00	0.95	0.92	0.90	0.87
8	东辽河区	1.25	1.22	1.20	1.19	1.14			
9	松嫩平原区	缺观测资料							
10	洮、蛟山丘区	1.73	1.61	1.52	1.43	1.26	1.19	1.10	1.04
11	霍内上游区	缺观测资料							
12	西辽河上游区	缺观测资料							
13	辽东北部山区	采用等值线							
14	辽东及沿海山丘区	采用等值线							
15	辽河平原区	采用等值线							
16	辽西丘陵区	采用等值线							
17	辽西山丘区	采用等值线							
18	辽西风沙区	采用等值线							
18′	辽西丘陵区		1.06	1.00	0.94	0.82			
19	深山区	采用等值线							
20	沿海丘陵区	采用等值线							

续上表

分区编号	分区名称	流域面积（km²）							
		100	250	500	1000	5000	10000	25000	50000
21	深山区	采用等值线							
22	北部高原区	采用等值线							
23		采用等值线							
24	太行山北部区	采用等值线							
25	坝下山区	采用等值线							
26	太行山南部区	采用等值线							
27	东北部草原丘陵区	1.30	1.26	1.24	1.20	1.12	1.10		
28	内陆河草原丘陵区	1.42	1.37	1.32	1.28	1.20	1.16		
29	大青山、蛮汗山土石山丘陵区（北）	1.60	1.52	1.47	1.44	1.37	1.32		
30	大青山、蛮汗山土石山丘陵区（南）	1.40	1.25	1.15	1.07	0.88	0.80		
31	黄土流域黄土丘陵沙丘区	1.40	1.30	1.20	1.13	0.95	0.90		
32	晋北Ⅰ区（雁北地区）	1.40	1.40	1.40	1.35	1.14	1.04	0.92	
33	晋中Ⅱ区	1.40	1.30	1.22	1.16	1.00	0.94	0.88	
34	晋东南Ⅲ区	1.22	1.18	1.16	1.12	1.06	1.03	1.00	
35	晋东南（特）Ⅲ区（浊漳河水系）	1.05	1.05	1.05	1.05	1.05	1.05	1.05	
36	同34区								
37	晋西南Ⅳ区	1.32	1.22	1.17	1.12	1.00	0.96	0.90	
38	鲁山区	$C_v = 0.9018/F^{0.0062}$							
39	苏鲁丘陵区	采用等值线							
40									
41	苏西地区								
42	淮河平原区	采用等值线							
43	黄河流域区	采用等值线							
44	淮河山丘区	采用等值线							
45	长江流域区	采用等值线							
46	南、堵、蛮、沮漳、黄柏河区	$F<300$ $C_v = 1.02$	$F>300$ $C_v = 3.84 \times F^{-0.64}$						
47	汉北区	$C_v = 1.7 \times F^{-0.115}$							
48	溵、举、巴、倒蕲、浠水	$F<560$ $C_v = 1.12$	$F>500$ $C_v = 5.68 \times F^{-0.29}$						
49	皖、浙、赣山丘区	$C_v = 2.9 \times F^{-0.2}$							

续上表

分区编号	分区名称	流域面积（km²）							
		100	250	500	1000	5000	10000	25000	50000
50	瓯江、椒江、奉化江、曹娥江水系区	$C_v = 2.15/F^{0.08}$							
51	闽浙沿海台风区	0.76	0.71	0.67	0.67	0.54			
52	福建沿海台风区	0.60	0.57	0.55	0.55	0.48	0.46	0.44	
53	福建内陆峰面雨区	0.60	0.54	0.51	0.51	0.40	0.37	0.34	(0.32)
54	赣江区	0.80	0.71	0.65	0.65	0.47	0.43	0.38	0.34
55	金、富、陆、修水区	$C_v = 0.94F^{-0.06}$							
56	湖区								
57	清江三峡区	$C_v = 2.4F^{-0.2}$							
58	水流域区		0.70	0.50	0.43	0.34	0.34	0.34	
59	水中下游区		0.70	0.64	0.60	0.56	0.54	0.51	0.35
60	沅水上游区		0.70	0.64	0.60	0.56	0.54	0.51	0.35
61	资江流域区				0.60	0.40	0.40	0.40	
62	湘江流域区		0.59	0.55	0.53	0.45	0.45	0.43	0.36
63	内陆区	0.72	0.64	0.58	0.53	0.44	0.40		
64	沿海区	0.72	0.64	0.58	0.53	0.44	0.40		
65	郁江、贺江区	0.80	0.71	0.64	0.58	0.46	0.42		
66	柳江、桂江区	0.80	0.71	0.64	0.58	0.46	0.42		
67	红水河区	0.80	0.71	0.64	0.58	0.46	0.42		
68	左右江区	0.85	0.78	0.71	0.66	0.52	0.47		
69	沿海区	0.85	0.78	0.71	0.66	0.52	0.47		
70	海南岛区（西北区）	0.72	0.64	0.58	0.53	0.44	0.40		
	海南岛区（东区）	0.88	0.85	0.83	0.80	0.76	0.74		
71	台湾地区								
72	阿尔泰区	采用等值线							
73	伊犁区	采用等值线							
74	天山北坡区	采用等值线							
75	天山南坡区	采用等值线							
76	昆仑山北坡区	采用等值线							
77	阿尔旗荒漠区								
78	贺兰山、六盘山区	1.20	1.10	1.04	0.98	0.84	0.78		
79	吴忠盐池区	1.20	1.10	1.04	0.98	0.84	0.78		
80	河西走廊北部荒漠区								

续上表

分区编号	分区名称	流域面积(km²)							
		100	250	500	1000	5000	10000	25000	50000
81	河西走廊西区	采用等值线							
82	河西走廊东区	采用等值线							
83	祁连山区	采用等值线							
84	中部干旱区	采用等值线							
85	黄河上游区	采用等值线							
86	陇东径、渭、汉区	采用等值线							
87	陇南白龙江区	采用等值线							
88-Ⅰ	黄河上游区	$C_v = 3.51F^{-0.21}$							
88-Ⅱ	湟水、大通河区	$C_v = 3.10F^{-0.21}$							
88-Ⅲ	青海湖区	$C_v = 1.68F^{-0.14}$							
88-Ⅳ	柴达木区								
88-Ⅴ	玉树区	$C_v = 0.01F$							
88-Ⅵ	祁连山区	$C_v = 3.51F^{-0.21}$							
89	陕北窟野区	1.55	1.45	1.30	1.23	1.06	1.00	0.92	0.86
90	陕北大理河,延河区	1.55	1.45	1.30	1.23	0.06	1.00	0.92	0.86
91	渭河北岸泾、洛渭区	1.52	1.42	1.31	1.24	1.09	1.03	0.97	0.92
92	渭河南岸秦岭北麓区	0.92	0.87	0.81	0.76	0.67	0.64	0.59	0.56
93	陕南山岭区	1.52	1.42	1.31	1.24	1.09	1.03	0.97	0.92
94	大巴山暴雨区		0.72	0.68	0.62	0.52	0.48		
95	东部盆地丘陵区	0.81	0.72	0.66	0.62	0.51	0.47		
96	长江南岸深丘区		0.70	0.63	0.57	0.45	0.41		
97	青衣江、鹿头山暴雨区		0.38~0.80	0.34~0.72	0.32~0.64	0.25~0.52	0.22~0.45		
98	安宁河区	0.75~1.85	0.56~1.20	0.46~0.88	0.36~0.64	0.25~0.30	0.18~0.22		
99	川西北高原干旱区		0.57	0.52	0.49	0.41	0.38	0.34	
100	金沙江、雅砻江下游区	0.69~1.50	0.52~1.10	0.42~0.92	0.34~0.76	0.21~0.47	0.18~0.38		
101	贵州东南部多雨区	采用等值线							
102	贵州中部过渡区	采用等值线							
103	贵州西部少雨区	采用等值线							
104	滇东区	采用等值线							
105	滇中区	采用等值线							
106	滇西北区	采用等值线							

续上表

分区编号	分区名称	流域面积(km²)							
		100	250	500	1000	5000	10000	25000	50000
107	滇南区	采用等值线							
108	滇西区	采用等值线							
109	西藏高原湖泊区	采用等值线							
110	西藏东部区	采用等值线							
111	雅鲁藏布江区	采用等值线							

附录8 APPENDIX EIGHT
教学参考意见

公路工程在规划、勘测、设计和营运过程中,经常遇到处理与水的关系的问题,如公路跨越河流、溪沟而设置的桥梁和涵洞,为防护沿河路堤的冲刷而设置的调治构造物;为保证桥涵安全使用而进行的墩台抗冲刷设计等,这些内容在公路工程中非常重要。

《桥涵水力水文》课程的内容包含了水力学和水文学知识,通过本课程的学习,学生能够进行设计流量的计算、冲刷计算、大中桥孔径计算、桥面中心最低高程计算、小桥涵孔径的设计等,了解河流基本知识,对水进行压强和压力计算,为以后《桥涵设计》《结构设计原理》等专业课程的学习打下基础,为将来从事公路、桥梁设计工作奠定良好基础。

《桥涵水力水文》课时安排表(仅供参考)

章节及内容	课时	重　点	备注
§1.1 静水压强及分布规律	2	静水压强公式及其表示方法	
§1.2 静水总压力计算	2	图解法及解析法	
§2.1 概述 §2.2 恒定流的连续性方程	2	恒定流的连续方程	
§2.3 恒定流的能量方程	2	能量方程表达式及其含义	
§3.1 明渠均匀流的水力特性和基本公式 §3.2 明渠水力计算	2	χ、v、A、R、b、h 等计算	时间不允许可减少课时或不讲这一部分
§4.1 断面比能及临界水深 §4.2 非均匀流方程及水面曲线的定性分析	2	理解 E_s 并会求 h_k	
§4.3 水面曲线的计算与绘制 §4.4 水跌与水跃	2	①理解12种水面曲线及其发生位置; ②了解水跌与水跃	
第五章　河流基本知识	2	了解河段分类	
§6.1 河床断面测量和水文观测 §6.2 水文调查	2	了解断面测量和水文调查内容	

续上表

章节及内容	课时	重　点	备注
§6.3 流量观测、流量计算	2	流量计算	
§7.1 水文统计基本知识 §7.2 经验频率曲线	2	计算统计三参数,绘制经验频率曲线	
§7.3 理论频率曲线	2	绘制理论频率曲线	
§8.1 资料的准备和分类 §8.2 有观测资料时规定频率流量计算	2	计算 Q_p	
§8.3 利用洪水位推算设计流量	2	计算 Q_p	
§9.1 形态调查法 §9.2 暴雨推理法	2	求小桥涵 Q_p	
§9.3 直接类比法 §9.4 小桥涵位设计流量的推算和各种计算方法的比较	2	计算 Q_p	
§10.1 桥位选择和桥位调查 §10.2 桥孔长度和桥孔布设	2	桥孔长度计算和桥孔布设	
§10.3 桥面设计高程	4	桥面中心最低标高确定	
§11.1 水文调查与勘测 §11.2 水文分析与计算 §11.3 浸水路基高度 §11.4 冲刷防护	2		
§12.1 桥下一般冲刷	2	桥下一般冲刷计算	
§12.2 墩台局部冲刷计算	2	局部冲刷计算	
§12.3 确定墩台基底最小埋置深度 §12.4 调治工程	2	确定墩台基底最浅埋置深度	
第十三章　小桥涵孔径	2	小桥涵孔径确定	
第十四章　工程实例	0		工程参考

注:本书的重点内容在后半部分水文知识,任课教师可根据课时安排,调整教学重点。

参考文献

[1] 中华人民共和国交通运输部.公路工程技术标准:JTG B01—2004[S].北京:人民交通出版社,2014.

[2] 中华人民共和国交通运输部.公路工程水文勘测设计规范:JTG C30—2015[S].北京:人民交通出版社,2015.

[3] 叶镇国.水力学与桥涵水文[M].北京:人民交通出版社,2001.

[4] 叶镇国.土木工程水文学原理及习题解法指南[M].北京:人民交通出版社,2002.

[5] 俞高明.桥涵水力水文[M].北京:人民交通出版社,2002.

[6] 向华球.水力学与桥涵水文[M].北京:人民交通出版社,1993.

[7] 顾克明.公路桥涵设计手册(涵洞)[M].北京:人民交通出版社,1993.

[8] 高冬光.桥位勘测设计[M].北京:人民交通出版社,2000.

[9] 高冬光.桥涵水文[M].北京:人民交通出版社,2003.

[10] 陆浩,高冬光.桥梁水力学[M].北京:人民交通出版社,1991.

[11] 铁道部第三勘测设计院.铁路桥梁设计手册(桥渡水文)[M].北京:中国铁道出版社,1993.

[12] 高冬光.公路桥梁设计手册(桥位设计)[M].北京:人民交通出版社,2000.

[13] 舒国明.桥涵水力水文[M].北京:人民交通出版社,2005.